Me cago en el amor

Me cago en el amor

Cómo superar una ruptura amorosa

Doctora Pérfida

VERGARA

Papel certificado por el Forest Stewardship Council®

Primera edición: mayo de 2024

Printed in Spain – Impreso en España

ISBN: 978-84-19820-28-0
Depósito legal: B-5.980-2024

Compuesto en Llibresimes, S. L.

Impreso en Black Print CPI Ibérica
Sant Andreu de la Barca (Barcelona)

VE 20280

ÍNDICE

Quinta parte. ZANCADILLAS

Sexta parte. MASOQUISMO EMOCIONAL

Séptima parte. DUDAS

Octava parte. CONVALECENCIA

Novena parte. ADIÓS, MI CORAZÓN

A mis follogüers
porque sin ellos, la Doctora Pérfida no existiría

ADVERTENCIA

SOBRE LA COMUNICACIÓN

La comunicación que he utilizado está dirigida al lector en femenino, porque la mayoría de mis lectores son mujeres y porque me resulta más cómodo expresarme de esta manera. He escrito este libro usando un lenguaje coloquial, como si se lo estuviera contando a una amiga. Pero, por supuesto, la información aquí plasmada es válida para cualquier persona que esté pasando por esta situación, independientemente de su género, sexo u orientación sexual.

SOBRE LA INTENCIÓN DE ESTE LIBRO

Las recomendaciones que aquí se muestran son generales, pueden variar en cada circunstancia particular y, de ningún modo, sustituyen una terapia. Este libro no está dirigido a personas que salen de una relación de maltrato o abuso, aunque podría ser de ayuda si se complementa su lectura con una terapia con un profesional, la cual aconsejo siempre en estos casos.

Prólogo

Como vaca sin cencerro

Si estás leyendo este libro, es porque seguramente tu relación se fue a tomar viento. Por eso, o porque eres alguno de mis familiares y amigos y has tenido que comprarlo bajo amenazas de morir entre terribles sufrimientos. Si la opción correcta es la primera, sigue leyendo. Si es la segunda, te diré, para tu tranquilidad, que no hace falta que lo leas, basta con que lo compres. Necesito hacerme rica más bien pronto que tarde. Analizando mi situación económica, a ser posible, en los próximos veinte minutos.

En *La flor de mi secreto*, una de mis películas favoritas que, si no la has visto, te recomiendo, Marisa Paredes se encuentra atravesando un duelo afectivo de lo más dramático. Su marido, del que está profundamente enamorada, la deja más tirada que una colilla. Y ella busca consuelo en su madre, Chus Lampreave, que, con mucho acierto, le dice que, cuando te separas, te encuentras «como vaca sin cencerro». Esta expresión siempre me ha encantado, porque me parece que ilustra muy bien el concepto. Sientes que tu vida entera se fue al carajo y, aunque objetivamente no sea así, en ese momento, para ti todo se ha ido a la mierda. Te ves a ti misma como en medio de una tormenta de arena, intentando orientarte en plena ventisca y sin GPS. Perdida, sin rumbo y en el lodo.

Te voy a dar dos noticias, una buena y una mala. ¿Cuál quieres primero? Venga, la mala. No hay modo de que esto pase de forma rápida. No existe nada que vaya a quitar tu dolor inmediatamente, no hay medicina ni bálsamo. No hay técnicas milagrosas. Si alguien te promete un método —o más bien, te lo vende— para que olvides a tu ex en quince días, te está mintiendo como una perra. Lo único capaz de hacer que te olvides de tu ex, de sus recuerdos, que dejes de sufrir y de sentir lo que sientes se llama lobotomía. Pero lo prohibieron hace sesenta años.

No te voy a edulcorar la realidad, en una ruptura se sufre, irremediablemente. Vas a sufrir más que el hombre lobo haciéndose la cera. Pero la buena noticia es que esto pasará. Aunque ahora te parezca imposible que este dolor desaparezca, lo hará más tarde o más temprano. Lo vas a conseguir igual que yo he conseguido entrar en la talla 38. Otra cosa es que pueda salir.

En este libro, la Doctora Pérfida —o sea, yo, que no sé por qué hablo de mí en tercera persona como Aída Nízar—, haciendo alarde de una profesionalidad que nunca ha tenido, te acompañará en este duro pero necesario camino de recuperación. Te ayudará a entender por qué te sientes así, de dónde viene tu dolor y qué puedes hacer al respecto. Para ello, va a usar, además de una sabiduría que no le cabe en el útero, la mejor herramienta terapéutica que existe en el mundo: el humor.

¿QUÉ ES EL DUELO?

En una de mis publicaciones en las redes sociales, hablando del duelo por ruptura, alguien comentó: «¿Pero qué duelo ni qué duelo? ¡Ni que se hubiera muerto alguien!».

No, no es necesario que se muera alguien para pasar por un duelo. El duelo es el proceso a través del cual tu cerebro y tu corazón tiene que asumir, entender y adaptarse a una pérdida que es importante para ti. Tiene que asimilar una nueva realidad, el hecho de que alguien no esté ya en tu vida. Esto puede ser desde —la más habitual y dolorosa— la muerte de un ser querido, hasta una ruptura amorosa, la pérdida de una mascota, de un embarazo que no llegó a término, de un trabajo o, incluso, el embargo de tu casa. Cuando nos referimos a una relación, implica un cambio de rutinas prácticamente total, sobre todo, si compartíais vivienda, amigos y, en ocasiones, hasta trabajo. Yo, por ejemplo, pasé un duelo cuando perdí mi juventud y se me cayeron las tetas. Y hay quien pasa un duelo cuando se queda calvo. No, mentira. Jamás lo superé.

Vamos a imaginar que un fin de semana cualquiera te dejas liar y decides ir a hacer escalada. No sé en qué momento de enajenación mental piensas que tus aptitudes físicas están a la altura de las circunstancias, pero el caso es que te vienes arriba, te has tomado el triptófano con magnesio de Ana María Lajusticia y estás en todo lo alto. Te crees King Kong en la escena en que trepa el Empire State, cuando, en realidad, pareces más la mona Cheeta puesta de ácido. Te pegas una hostia de las de tener que ponerte el betadine con rodillo y acabas despatarrada viva y enseñando la braga faja. Encima, por no hacer caso a tu madre cuando te dijo que te pusieras ropa interior limpia por si tenías un accidente, en urgencias te ven los calcetines llenos de tomates y la goma de las bragas dada de sí. Diagnóstico: una pierna rota y pérdida parcial de la dignidad. Parcial o tal vez total, si pides una segunda opinión.

¿Qué haces con una pierna rota? ¿Te vas a correr la San Silvestre Vallecana? Lo normal, en este caso, es que sigas las recomendaciones del traumatólogo, hagas reposo, tomes tu medicación y, cuando te quiten la escayola, vayas a rehabilitación. Cuando esa pierna cure, si lo consideras oportuno, puedes volver a escalar —o igual, mejor no—. ¿Crees que alguien en esa situación te diría: «Venga, anímate, vamos a escalar otra montaña, era una mierda de montaña, no merece tu dolor?». Supongo que no, nadie en su sano juicio te propondría ir a hacer *trekking*, a patinar o a bailar salsa cubana con una pierna rota. Porque la pierna no va a soldar por cambiar de actitud. Y el dolor que tienes en la pierna no se va a ir porque pases de él, seguirá estando ahí. Si no hacemos esto cuando alguien se abre la cabeza o se rompe un metatarso, ¿por qué sí sucede cuando nos rompen el corazón y estamos jodidos del todo? ¿Por qué pensamos que ese dolor va a desaparecer simplemente ignorándolo?

El corazón, igual que la pierna, necesita curarse. Hace falta un tiempo, un reposo, para que esos pedazos se recompongan. Por supuesto, va a doler. Y es normal que duela, porque has perdido algo muy valioso para ti. Ojalá fuera tan fácil como cuando te rompes un metatarso, ojalá hubiera unos tiempos y unos plazos que pudiera darte. Quisiera poder decirte: «Haz reposo tres meses, no te tires a nadie en ese tiempo y toma Melasuda Complex cada ocho horas». Pero, amiga, no existe medicina para el mal de amor. Oye, qué cursi me ha quedado. Ignóralo, no he dicho eso.

Solemos escuchar en la cultura popular frases del tipo «el tiempo todo lo cura», como si para superar la ruptura y dejar de sufrir solo tuviéramos que dejar pasar los días y ya. Como si toda esa montaña rusa de emociones que sentimos fuera una especie de tormenta, que solo tenemos que cerrar las ventanas, hacernos un café y esperar tranquilamente a que pase. El tiempo es fundamental, sin duda, porque no vas a superar la ruptura de una relación en dos días. Pero el tiempo por sí solo no lo cura todo, el tiempo cura los jamones, no a las personas. Si no hay una elaboración del duelo y una gestión de las emociones, podemos pasar meses o años enganchados en ese sufrimiento. Si no trabajas toda esta avalancha de sentimientos, te puede costar más pasar página que a Ramón Sampedro.

La psiquiatra Elisabeth Kübler-Ross, que era una tipa muy lista, pero lista de las de sacar notable en plástica, definió las etapas del duelo en cinco:

- **Negación/shock:** La realidad nos atiza en la cara y nos negamos a aceptar lo ocurrido. «Esto no está pasando».
- **Negociación:** Intentamos recuperar la relación a toda costa y creemos que todo se va a arreglar. «Esto es solo un bache».
- **Rabia:** Empezamos a aceptar que la relación ha acabado y surge la ira como respuesta al sentimiento de injusticia. «¿Por qué a mí?».
- **Tristeza:** Comenzamos a asumir la pérdida y nuestro cerebro ya está entendiendo que algo muy importante se ha ido y no va a volver, y surge la tristeza. «*Aaaaall by myseeeelf...!*».
- **Aceptación:** Dejamos las emociones atrás y empezamos a afrontar nuestra vida mirando al futuro. En los duelos afectivos hay una última subetapa, que se caracteriza por la neutralización, y es cuando hemos conseguido integrar la experiencia en recuerdos sin que signifiquen nada doloroso para nosotros. Técnicamente, esta última fase ya no formaría parte del duelo en sí, porque, una vez que llega es que, definitivamente, ya lo hemos superado.

Más adelante, veremos en detalle todas ellas y qué podemos hacer para gestionar mejor cada etapa. Este proceso no es lineal y no es igual para todas las personas. No hay que pasar por todas las fases y no tiene por qué darse en este orden. Además, como cualquier proceso, pueden producirse altibajos, retrocesos y recaídas. Puede ser que un día te encuentres con buen ánimo, otro día seas Calimero y, al siguiente, estés mejor. Y luego vuelves a estar cabreada sin saber muy bien por qué, que abres la boca y se te escapa el *fensui*. Un día estás en la fase 2, después, en la 4 y, de nuevo, retrocedes a la 3. Todo esto es completamente normal, tu mente es un tsunami de emociones, así que no debes alarmarte cuando suceda. A lo que sí puedes aprender es a gestionarlo.

Así que el duelo es el camino de sanación por el que tiene que pasar tu corazón. Camino muy cuesta arriba, a las tres de la tarde y a 40 grados a la sombra, pero camino. Y este es mi pequeño manual de instrucciones.

PRIMERA PARTE

BIOQUÍMICA DEL AMOR

1

Enamoramiento

El cerebro es algo increíble. Ojalá todo el mundo tuviera uno.

«Es la fuerza que te lleva, que te empuja y que te llena, que te arrastra y que te acerca a Dios...». No tenemos pruebas, pero tampoco dudas de que Alejandro Sanz estaba al borde del coma diabético cuando escribió semejante cursilada.

¿Cuando nos enamoramos, nos volvemos gilipollas? Seguramente, si preguntamos a tus amigos, nos dirán que, cuando te enamoraste, estabas para pegarte dos hostias. Todo el día con cara de panoli cuando recibías un mensaje en el móvil, monotemática perdida y más moñas que el Instagram de un gato. No van nada desencaminados. Llámame escéptica, frívola o muy práctica, que tengo carnet de las tres cosas, pero el enamoramiento no es más que una emoción cognitivizada resultado de una combinación de respuestas químicas. Que cuando nos enamoramos nos volvemos más idiotas no lo digo yo, lo dice la ciencia. El enamoramiento y los trastornos psicológicos comparten más cosas en común de las que pensamos.

La psiquiatra Donatella Marazziti descubrió que, bioquímicamente, no hay ninguna diferencia entre el estado de enamoramiento y el trastorno obsesivo-compulsivo. Actualmente, y tal como plantea el principal manual de psiquiatría, el *Manual Diagnóstico y Estadístico de los Trastornos Mentales* (DSM-5), no podemos afirmar que el enamoramiento sea una condición médica, pero sí lo son todos sus síntomas.

Alteración perceptiva. No importa si el objeto de tu amor es feo como un kiwi con ojos, tú lo vas a ver con el filtro de belleza activado, con las gafas rosas del amor. ¿Sabes los filtros que se ponen las *influencers*, que no las reconoce ni su padre? Pues así lo ves tú todo el rato. Y crees, realmente estás convencida de que es guapísimo, fibradísimo y una especie de Adonis al que todas desean. No entiendes cómo no hay hordas de mujeres persiguiéndolo con las bragas en la mano. Aunque a algunos no os guste escuchar esto y lo neguéis por activa y por pasiva, cuando uno está enamorado, ve a su amado mucho más guapo de lo que es en realidad. Recuerdo perfectamente una conocida que hablaba de su novio como si estuviera saliendo con el puñetero Brad Pitt. A pesar de que yo, como psicóloga, soy muy consciente de este fenómeno y ya daba por hecho que seguramente el chico no era para tanto, también sé que los chicos guapísimos existen, y oye, ¿por qué no iba a ser el suyo uno de esos? Por mucho que sean difíciles de ver, hay dioses que, de vez en cuando, bajan a la tierra y nos dan alguna alegría, así que sentía mucha curiosidad por ver al maromo en cuestión. Ella lo definió como «alto, fuertote y guapetón». Lo único indiscutible es que el chico era alto. Por lo demás, era una mezcla entre Alfredo Landa y Arsacio, el de la serie *El pueblo*.

Trastorno atencional. «No hago otra cosa que pensar en ti», cantaba Serrat, y es que, cuando nos pillamos por alguien, no pensamos en nada más que en esa persona. Hay una focalización total hacia la pareja, todo el santo día colgada del WhatsApp. A tus amigas las tienes hasta el *parrús* con el monotema. Te cuesta mantener la concentración en otras cosas, por ejemplo, en el trabajo. Parece que estás abducida. La culpable de que te sientas así es la serotonina, un neurotransmisor que, cuando nos enamoramos, cae en picado haciendo que tengamos pensamientos obsesivos constantes.

Trastorno ejecutivo. Al haber una alteración del lóbulo frontal, las planificaciones que hacemos son muy poco realistas. Planeáis casaros en Ibiza, en Bali, tener cuatro hijos, fugaros juntos a Brasil y montar un chiringuito de caipiriñas. Promesas que no vais a cumplir ni de coña y que os recomiendo que, la próxima vez, pongáis por escrito. O que guardéis pantallazos. Para poder demandar y sacar algo bueno, por lo menos, aunque sea una compensación económica.

Impulsividad e hiperactividad. Si a alguien que está enamorado lo cableamos y le hacemos un electrocardiograma o un hemograma, el resultado es que, fisiológicamente, se encuentra al borde de un ataque de pánico. La única diferencia es que lo interpretamos de forma positiva, como si fuera algo deseable. Si sintiéramos todo esto en ausencia de alguna persona a la que se lo pudiéramos atribuir, creeríamos que nos está dando un infarto y que nos va a petar la patata, y llamaríamos al 112 de inmediato. Sin embargo, como todo este chungo nos da cuando nuestro *churri* nos envía los whatsapp con la berenjena, la interpretación que hacemos es que nos pone como el fogón de las paellas. Ay, el amor.

A pesar de tener todos los ingredientes para que a una persona enamorada se la pueda diagnosticar como mal de la azotea, la diferencia radica en dos aspectos fundamentales: primero, que es un trastorno necesario para la perpetuación de la especie; y segundo, como dijo la antes citada psiquiatra, «es algo que le pasa a todo el mundo. Si solo el tres por ciento de la población se enamorase, sería considerado un trastorno mental».

Pero esto no es todo, amiga. Hay otra serie de hormonas y neurotransmisores que se van a poner a meterle caña a tu cerebro desde que esa persona se cruza en tu camino, hasta darle la vuelta a todo tu mundo como un calcetín.

Dopamina. Puede que sea la más relevante de todas, pues es, por excelencia, la reina del placer y la responsable de los sistemas de recompensa. Que te tumbas en el sofá después de un día agotador, tu cerebro libera dopamina. Que te comes un paquete de Donettes, chute de dopamina. Que te hacen un masaje en los pies, dopamina. Si tienes un orgasmo, bomba dopaminérgica. Y así, en gradiente, podemos poner en el top de liberación de dopamina el consumo de drogas, como la cocaína o los opiáceos. Esta hormona se empieza a liberar cada vez que ves a tu pareja, cada vez que recibes un mensaje o escuchas su voz. Estrecha los lazos entre las personas y hace que no nos ponga nadie más. Da igual si te mandan a organizar un casting de gladiadores, tú solo tienes ojos para él. Nos volvemos mucho menos críticos, convirtiendo en cierta la tan manida frase de que «el amor es ciego».

Oxitocina. Se conoce como la hormona del apego y se libera para ayudarnos a establecer relaciones monógamas, de la sensación de confort, de hogar, de sentirnos a gusto con alguien; ese sentir que quieres estar con esa persona, solo con esa persona y nadie más. Se activa con el contacto físico: cuando las madres amamantan a sus hijos, cuando nos cogemos de la mano, cuando nos comemos los morros, cuando nos damos un achuchón y, finalmente, en cantidades más grandes, cuando hacemos el baile del conejo con pértiga y tenemos un orgasmo, se activa esta hormona y los lazos se estrechan. El topillo de la pradera, que es uno de los animales con mayores niveles de oxitocina que existen, es de las pocas especies que se emparejan de por vida. Cuando los científicos bloquean los receptores de oxitocina en estos animalillos, estos pasan olímpicamente de la pareja y se van a buscar otra. Vamos, que se van de picos pardos. Así que, si tu ex era un *follaor* —de la pradera también, como el topillo— y era incapaz de mantener la bragueta cerrada, no seas tan dura con él, tal vez lo que el muchacho tiene es un desequilibrio hormonal de padre y muy señor mío.

¿Adivinas cuándo se dan los picos más altos de liberación de oxitocina? Sí, has acertado, después de tener un encuentro sexual. Esa liberación masiva es la que hace que, después de echar un casquete, nos pongamos tontorrones y nos den ganas de mimos y abrazos. Curiosamente, se libera de forma mucho más significativa en mujeres que en hombres, lo que puede ser una posible explicación a por qué las mujeres somos más propensas a establecer lazos afectivos con nuestros follamigos y a empezar a sentir cosas por alguien cuando llevamos cuatro polvos. Así que la próxima vez que sientas que te empiezas a enganchar de ese tío al que solo llamabas cuando querías que te pelasen el cebollino, ya sabes a quién echarle la culpa.

Cortisol. Si la oxitocina es la hormona del confort, de sentirse a gustito, de los abrazos y los mimos, el cortisol es todo lo contrario. El cortisol es la hormona del estrés, la que se ocupa de ponerte mala de los nervios cuando sube una baja la otra. Se activa ante situaciones de alta incertidumbre, sobre todo, al principio de la relación, cuando aún nos estamos conociendo. Muchas veces, he escuchado la frase de «si sientes mariposas, es que es el adecuado». Pues eso es una gilipollez como un templo de grande. Las famosas mariposas de las que tanto hemos oído hablar no son amor, son ansiedad. No se trata de un sexto sentido que nos avisa de cuándo estamos ante la persona correcta, no es Cupido lanzándote flechas directamente a la barriga. Solo es tu cuerpo liberando cortisol ante una situación incierta que te produce ansiedad. Cuando nos encontramos en fases iniciales de la relación, cuando estamos en plena conquista, todo es incertidumbre. Es todo más incierto que el IBEX 35. No sabemos qué siente exactamente el otro, si nos va a corresponder, si va a venir a buscarnos en un caballo alado mientras mata dragones que encuentra a su paso o si, por el contrario, nos va a mandar a cagar a la vía. Nuestro cerebro se encuentra en alerta y se activa el «modo caza». Nos focalizamos en conquistar a esa persona, en conseguir nuestro objetivo. A nivel cognitivo, estamos motivados en conseguir esa «recompensa», conseguir ese amor. Y, cada vez que nos vemos, que sentimos que nos corresponde y que nos acercamos a recibir nuestro «premio», se libera dopamina, se activa el cortisol y se te encogen las tripas.

Serotonina. La serotonina es la encargada de muchas cosas, está la pobre *full of work*, como una *influencer* haciendo maletas. Una de las tareas que tiene es controlar las funciones cognitivas y generar tranquilidad y control. Y tú dirás: «Pero Antonia, si cuando te enamoras lo que menos haces es controlar». Pues efectivamente. Durante el enamoramiento, la serotonina se va al carajo, baja hasta el sótano y pierde el control de la situación por completo, lo que conlleva que seamos capaces de hacer las mayores gilipolleces de nuestra vida. Perdemos la capacidad de razonar conscientemente y somos incapaces de ver en nuestra pareja defectos gordísimos, aunque nos estallen en la cara. Todas tenemos alguna amiga, o amigo, que ha estado saliendo con el mayor mequetrefe de la historia. Todo el mundo alrededor veía sus defectos, los veías tú, los veía su madre, su vecina, los veía el perro y los veía mi tía. ¿Los veía ella? Pues no. Más ciega que un topo en una sauna.

Norepinefrina. Es la responsable del efecto montaña rusa. Esta hormona se ocupa del aumento en el ritmo cardiaco, la subida de la presión arterial, que parece que nos esté dando un ictus, que sudemos como Camacho en la banda y que nos pongamos coloraos como un tomate cada vez que aparece nuestro amor. Esa sensación de que estamos a punto de perder la cabeza y esa euforia y nerviosismo desproporcionado que hace incluso que se desactiven las sensaciones de sueño y hambre, aunque a mí eso de que se me quite el hambre no me ha pasado, la verdad.

Feniletilamina. Como tal vez ya has adivinado porque tienes el COU, es de la familia de las anfetaminas y es la que se encarga de que todo se viva de forma más intensa. La feniletilamina es como el cilantro en los platos, la sal rosa del Himalaya que hace que todo tenga mejor sabor. Ese plan romántico de hacer un pícnic en el parque, que a mí en cualquier situación me parecería un plan de mierda, gracias a esta sustancia, se convierte en el día más maravilloso de tu vida. La feniletilamina se encuentra en altas dosis en el chocolate, de ahí la tan famosa frase de que el chocolate sustituye al sexo. No sé qué clase de sexo tuvo el que dijo semejante soplapollez, pero o no lo hizo bien o no se lo hicieron por donde él quería. Porque, para igualar los niveles de feniletilamina del sexo comiendo chocolate, tendrías que atracar la fábrica de Willy Wonka hasta el coma diabético. Aunque sí, después de una ruptura, igual comer chocolate ayuda en algo. O comer, en general, lo que sea.

Así que, entre la dopamina, la oxitocina, la vasopresina, el cortisol y todo este cóctel de neurotransmisores hacen que la experiencia de enamorarse sea absolutamente agotadora. El enamoramiento puede ser para nuestro cerebro la cosa más estresante que hay, es peor que una mudanza. Tanto es así que no es posible estar locamente enamorado durante más de novecientos días. Y esto no lo digo yo, ni lo dice Sabina, lo dice la ciencia. El cerebro tiene tal bombardeo de química, que sería imposible mantenerse en ese estado a largo plazo, nos explotaría la cabeza, nos petaría la patata. Una vez pasados los primeros seis meses, cuando ya se ha conquistado a la persona y la relación empieza a cuajar, la serotonina y la dopamina pasan a recuperar sus niveles normales y, poco a poco, la vasopresina y la oxitocina toman el mando. Aunque la pasión en esta fase sigue siendo alta, la intimidad y el compromiso comienzan a aumentar hasta llegar, aproximadamente, a los tres años, cuando se inicia la fase de desencantamiento.

Así que, cuando sientas que te estás pillando como una perra, pon el contador a funcionar, porque ese sentimiento, esa montaña rusa y esa cara de tonta redomada que tienes en este momento tienen fecha de caducidad.

Afortunadamente.

2

Desencantamiento

No eres tú, es mi dopamina.

Entonces ¿qué sucede después de los aproximadamente tres años? ¿Mi relación ha muerto, estoy condenada a dejar de sentir? Pues no exactamente. Aunque el estado de enamoramiento se acabe, y esto es algo que no podemos evitar, el amor es un concepto más amplio que una serie de relaciones químicas. Ya hemos comentado que, para el cerebro, sería imposible vivir enchochado todo el tiempo, porque acabaríamos como las maracas de Machín. Algunos ya lo estamos de forma natural, así que enamorados imagínate el plantel. Es tal el nivel de activación cerebral que resultaría insostenible. A nivel químico, sería como estar metiéndonos rayas de cocaína a todas horas. Y como el cerebro no quiere que nos muramos, poco a poco, va a intentar equilibrar esta situación. Este sentimiento tan profundo y arrebatador de los primeros años va a ir evolucionando a un estado de más calma, dejando paso a otros sentimientos más maduros, pero también, para qué negarlo, más aburridos. Cuando tu pareja se acerca por detrás y te arrima la mazorca a punto de hacer palomitas, el corazón ya no se te acelera como un fandango zapateao ni sientes esa chispa que te hacía sentir tan viva. No te remolinean las tripas cuando lo ves en el WhatsApp «escribiendo».

Muchas parejas, cuando empiezan a notar esta pérdida de químicos cerebrales, cuando sienten que el subidón ya no existe, tienden a malinterpretarlo. Piensan que están dejando de querer a su pareja. Se dan cuenta de que ya no sienten lo mismo, que sí, que hay amor y la quieren mucho, pero que la ilusión que había al principio y las cosquillitas en la barriga, que no era más que químicos liberados por el cerebro, ya no están. Y no están no porque el amor se haya acabado, sino porque tu mente ha empezado a poner en marcha mecanismos reguladores para que no acabes con el cerebro como un queso gruyer.

Conocí a una pareja que llevaba cuatro años juntos y había puesto fecha para su boda. Meses antes, ella le confesó que ya no sentía lo mismo que al principio, que la ilusión se había ido y que ya no lo veía de la misma manera. Para colmo, le dijo que había aceptado casarse con él para ver si un proyecto en común conseguía reavivar la llama. Nos ha jodido, claro que no sentía lo mismo. Ni ella ni nadie. Y eso no tiene por qué significar que la relación no funcione. Lo que ocurre es que hay personas que viven constantemente «enamoradas del amor». Necesitan vivir en un eterno cuento de hadas y no son conscientes de que no se puede estar en un estado de encoñamiento perpetuo. Eso no existe, es una quimera. Si lo que buscas es sentir una pasión arrebatadora y esa sensación de que se te hace el coño Pepsicola cada vez que lo ves, y que se mantenga durante años y años, siento decepcionarte, pero no va a suceder. Durará un tiempo, pero luego, conforme empieces a desidealizar a tu pareja, desaparecerá. Y no se puede hacer nada por evitarlo. Tenemos tan interiorizado el concepto del amor romántico de vivir con corazones en los ojos constantemente, que no nos damos cuenta de que no es una opción realista. Si quieres permanecer en un estado de enamoramiento tan intenso como el primer día, en una nube rosa toda la vida, el único secreto es cambiar de pareja cada novecientos días. Día arriba, día abajo.

Seguro que todos hemos oído hablar de la crisis de los tres años. Que todas las parejas pasan por esa crisis y, si la superan, es mucho más probable que sea una relación duradera y estable. Según la antropóloga Helen Fisher, existe un punto de inflexión en el que la probabilidad de ruptura es alta. Lo que sucede en esa crisis es que, a causa del cambio en la química cerebral, empiezas a ver a tu pareja como es en realidad. Y eso no resulta tan fácil de asimilar. Estamos empezando a pasar del amor pasional al amor compañero, que está más basado en afinidades y en proyectos comunes. Una vez acabada la pasión arrebatadora, es mucho más difícil seguir adelante. La pepita no nos palpita como al principio. La idealización, que al inicio de la relación estaba tan presente, ya se va difuminando y tu príncipe azul empieza a desteñir. Ese «ay, Paco, qué gracioso eres, es que me parto contigo» al cabo de tres años es «Paco, hijo, para ti todo es broma, pareces idiota». Ese hombre que al principio te parecía que se daba un aire a Jason Momoa, ahora empiezas a ver que a quien se parece realmente es a Zapatero. Hasta que un día te despiertas y lo ves recién levantado con el pijama de cuadros rascándose el culo, con el pelo que le empieza a clarear como la raíz de una cebolleta y, media hora después, entras al baño y ves el crocanti que ha dejado en la taza del retrete. Entonces, te das cuenta de que tu caballero andante está empezando a convertirse lenta pero inexorablemente en Homer Simpson.

Lo peor no es que se haya convertido, es que siempre lo fue. Pero tú no lo veías. Porque estabas ciega, lo veías todo con las gafas rosas iridiscentes del enamoramiento. Sin embargo, esa ceguera temporal cumple una función adaptativa. El motivo por el que durante tres años idealicemos a nuestra pareja y la veamos maravillosamente perfecta sin que lo sea en absoluto es porque a la especie le interesa que nos reproduzcamos y permanezcamos juntos el tiempo necesario para tener hijos y criarlos. Si desde el principio viéramos a nuestras parejas con un realismo apabullante, la mayoría de las parejas ni existirían y, mucho menos, tendrían hijos porque nos iríamos con otro a la mínima de cambio. A nuestro cerebro le interesa mantenernos algo ciegos para que cumplamos el objetivo de la reproducción. ¿Habrías tenido hijos con tu ex si lo hubieras visto con los mismos ojos que lo ves ahora? Seguramente no. Yo no solo no habría tenido hijos, sino que le habría sacado un espray de pimienta.

Pero, incluso en esta fase, la neuroquímica sigue siendo protagonista. Toman el mando moléculas como la oxitocina, que es mucho más tranquila y que, además de ser crucial en la facilitación del parto y la lactancia, es la responsable de establecer lazos afectivos en la pareja. Ese amor pasional y arrebatado del principio se ha convertido en esa sudadera calentita tres tallas más grandes con la que te sientes tan cómoda. Los polvos que echabais hasta hacer fuego por fricción se han transformado en noches de sofá y serie, con los calcetines por encima de los pantalones del pijama. ¿Te acuerdas de la serotonina, que en la fase de enamoramiento descendía y se iba a por uvas? Pues, en esta etapa, recupera sus niveles normales, vuelve poco a poco el raciocinio y empezamos a ver a nuestra pareja de forma mucho más objetiva. Y, en ocasiones, esto significa verlo como un auténtico patán.

LA QUÍMICA DEL ABANDONO

Ya hemos visto que estar cerca de la persona con la que te has encoñado viva hace que tu cerebro emita una serie de neurotransmisores que son increíblemente gratificantes. Estos neurotransmisores son los mismos, agárrate los machos, que cuando tienes un orgasmo potente o te pones de coca hasta las cejas, de ahí que sean poderosamente adictivos. Por tanto, se puede establecer un paralelismo entre el amor y la adicción, puesto que el primero reproduce todas las características de cualquier proceso adictivo: tolerancia, abstinencia y recaída.

Por eso, cuando se produce la ruptura, tu cerebro tiene que separarse de golpe de estos químicos. Cuando acaba la relación, nuestro malestar no es tanto por la persona que se va, sino por todas las sustancias que tu cerebro deja de producir en su ausencia. Químicamente, es un síndrome de abstinencia en toda regla. Sí, amiga, no eres tonta, estúpida o débil. Eres una yonqui. El Barajas a tu lado es Carlos Ríos. Y, por las pintas que llevabas la semana que rompiste, además parece que vienes de la Cañada Real.

Esta especie de mono amoroso se interpreta a menudo como que todavía hay amor, que necesitas a tu ex o que quieres volver con él, y eso casi nunca es así. Lo que echas de menos no es tanto a la persona, sino a todas esas sensaciones que te hacía sentir, toda esa química cerebral que ya no está.

Según estudios realizados sobre las vías neuronales, el duelo de una ruptura consiste, básicamente, en que el cerebro tiene que volver a establecer nuevas formas de conexión, vías diferentes a las que había antes. Se tiene que volver a cablear, realizar conexiones nuevas y otras sendas de placer que no incluyan a tu expareja, y eso requiere mucha fuerza de voluntad por tu parte. Es como un proceso de rehabilitación cerebral y no es algo que vaya a suceder en dos días.

Durante este periodo de abstinencia, en tu cerebro todavía existen viejas redes neuronales, rutas de recompensa que intentarán buscar el placer inmediato, o más bien, el alivio momentáneo. Esas vías intentarán llevarte a un acercamiento con tu ex, traerán recuerdos a tu mente, sensaciones e incluso olores. En terapia, esto se llama «conductas de búsqueda». Para el cerebro, es muy importante un poco de placer instantáneo, un alivio del dolor de un nanosegundo en el metaverso, aunque sea peor a largo plazo. Se asemeja a como cuando estamos a dieta. Sabemos que, dentro de unos meses, obtendremos una gran recompensa, que es la talla o el peso que queremos alcanzar, pero eso al cerebro le importa un huevo. Solo quiere gratificación de forma rápida, quiere ese dónut glasé que hay en la estantería del Mercadona. Porque el placer que obtienes al comerte el dónut ocurre ahora, es en este momento, solo tienes que alargar la mano y sentir ese sabor dulce y esponjoso. Preferimos un refuerzo breve y rápido que uno más grande al cabo de semanas o meses. Por eso, el cerebro busca agarrarse a los recuerdos positivos que hemos vivido con nuestro ex para aliviar el malestar que siente. Te parece verlo por la calle, escuchas sus audios o sus mensajes en el móvil una y otra vez, hueles su ropa para sentirlo cerca y te desespera notar cómo el olor va desapareciendo poco a poco. Lo que sucede es que tu cerebro, yonqui perdido, está buscando desesperadamente esa dopamina y esa oxitocina que ya no tiene. Y como tu ex ya no está presente, busca esa droguita en las cosas que encuentra que más se le parecen, que también liberan dopamina en menores cantidades. Los recuerdos, hablar con tu ex cuando ya habéis roto, mirar vuestras fotos o escuchar vuestras canciones son la metadona de tu cerebro adicto en ausencia del verdadero origen de esa droga.

A corto plazo, supone un gran alivio. Cada vez que miras su foto, el cerebro libera un poco de dopamina, solo un poquito. Esa pequeña dosis es su pildorita, su chute de recuerdos felices, que es lo más parecido posible a la metadona del amor. Pero ese alivio de tu cerebro cortoplacista es temporal y no hace más que retrasar tu proceso de curación. Ya que, para tener esa pequeña dosis de anestesia, necesitas volver a lo que te causó dolor en primer lugar. Y este es el mismo ciclo en el que se ven atrapados los adictos.

PILDORITAS DE METADONA

Estas conductas de búsqueda pueden resultar adaptativas en otro tipo de procesos de duelo, como, por ejemplo, la muerte de un ser querido. Pueden actuar como una especie de analgésico que hace que la pérdida no se viva de forma tan drástica. Sin embargo, en una ruptura de pareja, es completamente distinto, porque mantener un recuerdo idealizado y distorsionado de tu ex no te ayuda en absoluto a superarlo, más bien todo lo contrario. Estás dándole un espacio en tu vida a una persona que ya no quiere estar en ella o que tú misma has decidido que se vaya. Se convierten en conductas disfuncionales que tienen como objetivo restaurar la pérdida y, de alguna manera, seguir manteniendo un pseudocontacto con tu ex. Es como si tu cerebro se negase a dejarlo marchar y lo mantiene presente en tu mente y en tu vida.

Veamos cuáles son las conductas disfuncionales más típicas.

Hablar de él a todas horas

Estás tan pendiente de tu ex que no solo ocupa tus pensamientos, sino también tus conversaciones. Aprovechas cada oportunidad para dirigir cualquier tema hacia su persona y tus amigos ya ni se sorprenden cuando, de nuevo, te las ingenias para que cualquier cosa sea una excusa para nombrarlo una vez más. Empiezan a comentarte que te notan diferente, que desde que rompisteis has cambiado, lo cual es una forma educada de decirte que te has convertido en un auténtico coñazo. Por supuesto que es normal que quieras desahogarte y los amigos están para eso, además de para iros de fiesta y ayudarte a enterrar cadáveres. Y también es comprensible que una persona con la que hayas compartido muchos momentos de tu vida lleve también asociados muchos recuerdos. Pero de verdad que no es necesario que, cada vez que algo te recuerda a él, lo tengas que nombrar y contar esa historia por enésima vez. Estás con una amiga en un restaurante mexicano y te acuerdas de que él se ponía malísimo con el chile y se lo comentas a tu amiga. Pero eso no queda en un simple comentario, porque también te has acordado de que, una vez, confundió el wasabi con guacamole y casi acabáis en urgencias, y tienes que referir la anécdota a tu amiga de nuevo. Y eso que es la quinta vez que se lo cuentas. Esta semana. Además, te tomas todo lo que hace de forma personal y tienes la necesidad de comentarlo con alguien para ver qué opina. Si te ha dado *like* a una foto donde salías tú sola, pero no a otra donde salías con un chico monísimo, tú piensas que es porque está celoso. Y seguramente lo que ha pasado es que ni la ha visto. Puede que tu ex publique en sus redes alguna frase ambigua, porque tiene el día tonto, o vete tú a saber por qué motivo, o sube una foto con alguien y tú lo interpretas como que lo hace para provocarte o hacerte daño. De verdad, cállate un mes, no todo lo que tu ex hace tiene que ver contigo. Si publica en las redes «no puedo más», no tiene que significar que está sufriendo por ti y te echa de menos, a lo mejor es que se está cagando.

Si te cuesta mucho estar sin hablar de su persona, haz el propósito de centrarte en él solo durante 15 minutos. Aprovecha ese rato para contar lo que quieras, para desahogarte o para darle vueltas, y luego, para ya. Comparte este propósito con tus amigos para que te ayuden e incluso te digan «basta» cuando llegue el momento. Porque, si depende de ti, puedes estar hablando de él hasta mañana.

Espiarle las redes sociales

Pero si hasta Kendall Jenner admitió haberse creado un perfil falso para espiar a su ex en Instagram... Aunque Kendall es como Britney Spears: no sé si cuentan mucho como ejemplo porque están locas del coño. Husmear a ver qué está haciendo la otra persona es bastante habitual, a pesar de que sabemos sobradamente que no nos va a hacer sentir mejor. Y como veas que aparece alguien en sus selfis, una chica nueva que no conoces de nada con la que posa sonriente, más feliz que una termita en el Ikea, se te activa la luz de alarma y aparece la otra vertiente de este comportamiento: ponerte a mirar las redes de su supuesta nueva pareja. O la que te crees que puede ser su nueva pareja, porque tu imaginación no tiene límites. Te pones a tirar del hilo y espiar el perfil de la susodicha en plan ninja, y entras en un pozo sin fondo donde acabas creándote una cuenta de Instagram falsa —con la foto de Britney Spears—, con la esperanza de que te acepte la solicitud y poder meter las narices a tus anchas. Y acabas no solo espiando a la nueva novia, sino al ex de la nueva novia y a los amigos de la nueva novia, y cuando te das cuenta, has agregado como amigo hasta a su tío abuelo. Y lo peor es que no te sientes mejor después de haberlo hecho, porque, cuando vuelves a la realidad, han pasado tres horas y tú estás en el sofá en plan *loser* con peor cara que los pollos de Simago. Puede que sientas un alivio momentáneo si lo que ves te da una idea de que él está casi o más jodido que tú, pero como veas que se lo está pasando bien y está conociendo a gente nueva, tu ansiedad aumenta. O frenas este bucle o puedes acabar como Spiderman, subiéndote por las paredes.

No quiere decir que siempre sea un comportamiento preocupante. Entrar de forma puntual a ver el perfil de tu ex es algo normal, a veces, lo hacemos por puro cotilleo o porque estamos más aburridos que la taquillera del teleférico. Pero ¿cómo saber dónde está el límite? Pues depende básicamente de la frecuencia con la que lo hagamos, de la intensidad, de si somos capaces de controlarlo y, sobre todo, de cómo nos sentimos después. No es lo mismo estar en el trono que cambiándole el agua a las albóndigas, y, después de que has visto todas las actualizaciones de Instagram, Facebook y... TikTok, no, porque no te carga, y te has leído hasta las etiquetas del champú, te preguntas «¿qué estará haciendo el mameluco este?», y entras a su perfil a ver si este finde ha estado tan aburrido como tú. Llevar a cabo estas acciones de forma puntual no tiene nada de preocupante. Yo creo que cada persona sabe distinguir perfectamente lo que es algo pasajero de lo que se convierte en una conducta hipervigilante.

Tienes que saber que este comportamiento es bastante habitual, sobre todo, al inicio de la ruptura, y no quiere decir que exista una dependencia emocional. Vamos, que quien no haya hecho esto alguna vez es más raro que un huevo con cejas. Al no tener a esa persona físicamente en nuestras vidas, buscamos una especie de sustituto virtual. Intentamos a toda costa mantenerlo presente, como una manera de llenar ese vacío. Pero si no cortamos rápidamente esta conducta, sí puede convertirse en algo obsesivo y no te ayudará a cerrar el ciclo. Más adelante, veremos en detalle cómo podemos cortar este bucle.

Estar pendiente del móvil

Miras el móvil más que cuando estabais juntos, comprobando si hay un mensaje nuevo o su estado de WhatsApp. Lo miras de reojo, como quien no quiere la cosa, como temerosa de que el móvil te juzgue. Necesitas desesperadamente saber algo de tu ex, si está en línea, si hablando con alguien, si ha conocido a otra persona. Tú que siempre tenías el móvil en silencio, ahora tienes activadas hasta las notificaciones de SMS. Cada vez que recibes una, corres a mirar si se trata de un mensaje suyo. Solo te falta ponerte a esperar en la ventana mientras tocas el arpa por si te envía una paloma mensajera. Esta necesidad de contacto nos perpetúa en una posición obsesivo-compulsiva que, encima, se retroalimenta y siempre necesitamos saber más y más, aunque seamos conscientes de que nos estamos autoflagelando.

Recrearte en fotos, recuerdos y objetos personales

Todas las cosas que guardamos de nuestras parejas son como fragmentos materializados de cada momento. Una relación no solo deja una huella emocional, sino también una digital, cantidad de fotos, archivos compartidos, megas y gigas que, si lo tiene que revisar el enano que espía nuestros datos personales, al pobre le da un soponcio. El hecho de negarse a desprenderse de todas esas cosas es completamente natural y es que cuesta cerrar una etapa marcada por tantos momentos. Vuelves a leer una y otra vez las conversaciones de WhatsApp donde hacíais esas coñas que eran tan vuestras o cuando os mandabais fotos en bolingas y acababais más calientes que el queso de un sanjacobo. Es normal que eches de menos esa sensación, esa felicidad, pero volver sobre esos recuerdos una y otra vez hace que no consigas avanzar en la ruptura. Te da miedo enfrentarte al dolor y levantarte un día comprobando que todas esas cosas que simbolizaban vuestra relación ya no están y eso es comprensible. Pero si insistes en permanecer en esa espiral, es muy posible que crezca en ti una obsesión que no te la vas a quitar ni con salfumán.

Cuando sales de una relación, te llevas contigo algo muy valioso de esa persona y lo agarras muy fuerte, te aferras como un koala a su eucalipto, porque quieres que siga estando cerca de ti para siempre. Pero eso es como que yo me haga vegana, yogui y *runner*: imposible. Porque esa persona ya no está en tu vida. Así que llega un momento en que tienes que dejarlo ir, porque tu ex debe empezar a formar parte del pasado.

Tampoco hay que dejarse llevar por impulsos o por la rabia y el dolor, y borrar todas las fotos y todas las conversaciones reduciendo vuestra relación a una triste nada. Todos esos recuerdos son una parte de tu historia y tal vez no es el momento de recrearte en ellos, pero borrarlos sería como arrancarte un brazo. Tómate el tiempo que necesites, pero empieza a marcarte como objetivo hacer esa limpieza. Más adelante, en el capítulo 4.2, veremos cómo podemos llevarlo a cabo.

Pensamientos obsesivos

No hay nada como intentar quitarte un pensamiento de la cabeza para que se agarre a tus neuronas como una ladilla al vello púbico. ¿No me crees? Hagamos una prueba. No pienses en Mariano Rajoy con un liguero rosa bailando *El chuminero*. ¿Qué has pensado? ¡Exacto! Esa imagen ya está ahí y no te lo puedes quitar y, posiblemente, no lo podrás conseguir en días porque mi maldad no tiene límites. Hacer el esfuerzo por no pensar en algo hace, de forma paradójica, que lo pensemos todo el rato. Y es que nuestra mente conceptual no procesa la palabra «no». Para que nuestro cerebro pueda neutralizar un pensamiento, primero tiene que visualizarlo y luego borrarlo, así que decirle que no piense en algo, le lleva, precisamente, a todo lo contrario.

Cuando intentamos no pensar y desviar una idea de nuestra mente, nuestro cerebro lo interpreta como que ahí hay un problema que se debe solucionar cuanto antes. Al rechazar un pensamiento que surge en tu cabeza de manera espontánea, le estás dando al cerebro una razón para que crea que eso es algo trascendental. ¿Y qué hace? Traernos ese pensamiento a nuestra mente una y otra vez para obligarnos a resolverlo. Esto es como cuando eras un tierno púber y tu madre te repetía hasta que le dolía la boca que ordenases la habitación, que la tienes tan llena de mierda que te va a dar una triquinosis, y tú intentabas ignorarla a ver si se callaba. ¿Conseguías que tu madre se callara a base de fingir que no estaba ahí? No, ¿verdad? Pues eso.

Cuando queremos dejar de pensar en algo, la estrategia no consiste en luchar contra esos pensamientos, ya que eso es algo incontrolable y lo único que vamos a conseguir es que se multipliquen, como *gremlins* en un spa. La estrategia que mejor funciona radica en evitar que se queden y que tomen el mando de tu pantalla mental. Hay que aceptarlos, sin intentar luchar contra ellos, puesto que solo conseguiremos hacerlos más fuertes.

Descartado el comando de «no pensar», porque tu cerebro no le va a hacer ni puto caso, te voy a presentar unas herramientas para ayudarte a gestionar esos pensamientos obsesivos. Entrenar la mente para que deje de joderte la vida es posible y aunque ya dije que en este libro no encontrarás ninguna fórmula mágica, sí algunas técnicas que te ayudarán a acercarte a tu objetivo.

Parada de pensamiento. Esta técnica es un clásico. Consiste en darle a tu cabeza una orden mental en el momento en que empiezas a entrar en bucle. Es importante acompañarla de algún gesto y un comando. Por ejemplo, «¡STOP! ¡Para! ¡Basta!». El gesto puede ser una palmada, un golpe en la mesa o algo muy útil, una goma de pollo en la muñeca y darle un pequeño tirón, de manera que pique un poco, pero no mucho.

De esta forma, logramos cerrar el bucle y salir del pensamiento, de modo que, cuando tu cabeza quiera volver a entrar, ya no sabrá muy bien por dónde estaba. Es como cuando estás pensando en algo y, de repente, te distrae alguna cosa, que luego dices: «¿Qué estaba haciendo yo?». Algo te ha sacado de tu línea de pensamiento y te cuesta volver al camino que estaba llevando tu cabeza.

Interferencias. Esta es mi favorita y se basa en que nuestra mente es incapaz de mantener el foco de atención en más de una cosa al mismo tiempo. Es como si fuera un cañón de luz, un foco de esos que usa la policía en los interrogatorios en las películas. Si el foco ilumina algo, el resto de los objetos que caen fuera del foco quedan en total oscuridad. ¿No te ha pasado que estás viendo una película y alguien se pone a hablarte, y eres incapaz de prestar atención a las dos cosas a la vez, por más que lo intente? O estás con una amiga en una cafetería y te está contando algo, pero como cotilla de pro que eres, te quieres enterar del chisme de la mesa de al lado y no puedes por más esfuerzos que hagas.

Así que aprovecharemos esta pequeña limitación de nuestra capacidad atencional para introducir una distracción, algo que haga que el foco cambie de dirección dejando los pensamientos sobre tu ex en un segundo plano. Cada vez que notes que su imagen aparece en tu cabeza, desvía automáticamente tu mente hacia otras cosas que requieran atención, por ejemplo:

- Buscar todos los coches con matrícula impar.
- Contar cuántas personas te cruzas que llevan gafas, a no ser que tu ex lleve gafas, entonces no, porque te vuelves a acordar de él y no salimos de la espiral en la puta vida. Entonces, mejor pendientes o reloj.
- Contar mentalmente de tres en tres. Puedes complicarlo más y contar de tres en tres y, cada vez que llegues a un número múltiplo de tres o que acabe en tres, lo cuentas como un pitido.
- Contar en números romanos, de adelante hacia atrás, contar de dos en dos o de tres en tres: palito, palito, palito, uve, uve, palito. Claro, para esto no te vale con tener la ESO, debes tener, como mínimo, el BUP y el COU.

Estas dos técnicas son perfectamente combinables. Cuando empieces a notar que tu ex te viene a la cabeza porque ha pasado un perro caniche que tenía el pelo igual que él, porque estás en el lineal de los huevos en el Mercadona y él era calvo por lo que sea, automáticamente, comando «STOP», toque en la gomita y a contar: tres, seis, nueve, *pip*, quince, dieciocho, *pip*...

Tiempo basura. A pesar de estas herramientas, tu ex sigue dando vueltas por tu cabeza sin GPS ni mapa ni nada, así que démosle un espacio para que deje de aparecer cuando resulta más incómodo. Vamos a reservar un tiempo para estos pensamientos, una franja determinada con un horario —no más de 30 minutos, tampoco te pases— en la que dejaremos que estas ideas indeseables campen a sus anchas. Puedes hacerlo como prefieras: puedes escribir, analizar, tumbarte a pensar con los ojos cerrados, lo que mejor te vaya. Si estos pensamientos aparecen a lo largo del día, les das cita a las 20 horas, que es cuando tienen su espacio reservado. «Ahora no es el momento, idea intrusiva, tendré tiempo para ti más tarde. Horario de atención a pensamientos *porculeros* de 20 a 20.30».

¿Qué sucede si un día no puedo ocuparme de mis pensamientos okupas a la hora acordada porque tengo partido de pádel? ¿Puedo dedicar una hora al día siguiente? No, mi *ciela*, no son Avios de Iberia, no se acumulan. Si hoy no puedes, les das cita para mañana, como en el dentista. Si te propones pensar en tu ex un rato todos los días, llegará un momento en que te sorprenderás al comprobar que ya no lo necesitas, o incluso que se te olvidó, se te pasó la cita con tus propios pensamientos y ni te diste cuenta. Un día, serán las 21 horas y te percatarás que no te ha venido a la cabeza ni un solo momento porque estabas ocupada haciendo cosas más interesantes.

Aunque creas que estas estrategias se quedan cortas y, por supuesto, no son la panacea y no van a evitar que la imagen de tu ex aparezca en tu cabeza una y otra vez, te acercan poco a poco a tu meta. Si piensas en él 18 horas al día y, gracias a esta técnica, consigues pensar solo 15, ya son tres horas que has ganado. Y esas tres horas dentro de unos días serán cuatro y luego, serán cinco. Son pequeñas batallas a través de las cuales estamos empezando a debilitar las redes neuronales que te lo traían a la cabeza constantemente, espacios que ganas en tu mente para lograr que deje de dar por culo, hasta que, finalmente, desaparezca por completo.

Entonces, ya tenemos claro que nuestro cerebro necesita de estas pildoritas de metadona, sufre un síndrome de abstinencia bueno, bueno. Pero vamos a dárselas sin involucrar absolutamente nada que tenga que ver con tu ex. Tenemos que buscar nuevas experiencias y personas que desencadenen estas hormonas del bienestar. Igual que el metatarso roto, los corazones también se curan.

- **Recuerda lo que eras antes.** Ni naciste el día que lo conociste ni morirás el día que se vaya. Tú ya existías antes de estar con esa persona. Sé que ahora mismo piensas que jamás volverás a ser feliz, que nunca serás la misma, que nunca amarás a nadie igual y todas esas frases melodramáticas. Pero intenta visualizar lo bueno que tenías antes de estar juntos, no lo conocías y estabas bien (claro que, a lo mejor, estabas bien por eso).

- **El deporte libera endorfinas.** No son tan potentes como la dopamina, pero constituyen un excelente sustituto. Y, quién sabe, a lo mejor, a fuerza de apuntarte a *kick boxing* para liberar ese estrés que te nubla la mente, acabas con un cuerpazo que ríete tú de Ana

Delia de Iturrondo. Además, por muy mal que te sientas, es probable que, en cuanto empieces a hacer ejercicio, te des cuenta de que tu estado físico es mucho peor que tu estado emocional.

- **Escucha música feliz.** Por favor, intenta que sean canciones con más de tres notas musicales, así que evita el trap y el electrolatino. Mantente también alejada de Álex Ubago o Amaia Montero. He dicho feliz, no deprimente.

- **Abraza a tu perrete.** Esas adorables bolas de pelo, calentitas y amorosas, son uno de los mayores productores de oxitocina que existen. También el ronroneo de un gato, esa pequeña vibración relajante y arrulladora hace que tus receptores de oxitocina se pongan a funcionar. Y ya sabemos que nuestras mascotas captan cuándo estamos mal, su sola presencia es maravillosamente terapéutica.

- **Practica la terapia ocupacional.** Como su propio nombre indica, esto se basa en lo terapéutico que resulta mantenerse ocupado. En lugar de prohibirle algo a nuestra mente, podemos darle alternativas en las que centrarse. Piensa en las cosas que te gustaba hacer antes de conocer a tu ex o si hay algún hobby que te gustaría retomar. Aquello que siempre quisiste hacer, pero nunca encontrabas tiempo, apuntarte a yoga o a clases de salsa. Ver una serie, hacer punto de cruz, podar bonsáis, hacer esculturas con pelotillas de moco... Cualquier cosa que te haga sentir útil y mantenga tu mente centrada en algo que no sea tu ex.

SEGUNDA PARTE

EL DUELO AFECTIVO

3

Negación/shock

El amor es una goma sujeta por dos infelices que, si uno la suelta, al otro le da en las narices.

Nunca pensé que una frase escrita en una de mis carpetas del instituto, junto con fotos de Bon Jovi y de Michael J. Fox, encerrase tanta sabiduría.

Aceptar que nuestra relación ha acabado puede ser algo más difícil de digerir que un bocadillo de morcilla antes de irte a nadar al río. La fase en la que negamos la ruptura no es más que un mecanismo de defensa de nuestro cerebro para protegernos del dolor de la pérdida. Tiene una muy buena utilidad, es como si nos colocáramos un antifaz para no ver la realidad. Si no nos pusiera esa venda momentánea, sería muy complicado procesar toda esa bomba de golpe. Nuestra mente nos protege para no empotrarnos de morros contra la evidencia y quedarnos ahí atascados y, encima, sin dientes. «Esto no está sucediendo, es un mal sueño, no me está pasando a mí».

Esto cambia bastante dependiendo de si eres tú quien ha decidido dejar la relación o, sin embargo, eres a quien han abandonado. Normalmente, el que decide romper, el que toma la iniciativa ya ha pasado con anterioridad por esta fase. Para esa persona, la relación hace tiempo que estaba más muerta de la carrera de Fran Perea y, cuando definitivamente se acaba, ya ha tenido tiempo de digerirlo. Al otro, por el contrario, puede que esto le caiga por sorpresa como un jarro de agua fría. Entonces, es cuando se te pone cara de perro buscando la pelota. Y te quedas ahí, sin reaccionar, parpadeando como el rúter y perreándote un ojo.

En esta fase, sabes que la relación ha terminado, pero te niegas a aceptarlo. Nos obsesionamos con encontrar una explicación que encaje más en lo que estamos viviendo, algo que no nos cause tanto dolor. Es típico fantasear con volver o creer que se trata de una discusión y que se va a arreglar. «Esto ha sido una peleílla tonta, lo vamos a solucionar. Seguro que se arrepiente y vuelve, anda que no hemos discutido veces». En realidad, te estás engañando más a ti misma que cuando yo me compro ropa de una talla menos pensando que me la pondré cuando adelgace.

Habitualmente, este estado de shock suele durar desde horas a unos días, pero puede prolongarse durante semanas, y eso depende de lo que nos cueste asumir que se ha acabado. Algo que nos impide aceptar la realidad es el llamado «sesgo de confirmación»: «Sé que todavía me quiere, aunque él no se ha dado cuenta». Este sesgo consiste en la tendencia a prestar atención tan solo a los elementos que confirman nuestra teoría o, más bien, aquello que queremos creer. Interpretamos cualquier gesto, cualquier señal, como una prueba irrefutable de que el susodicho va a volver.

¿Por qué en ocasiones nos atascamos en esta fase? Hay situaciones que no ayudan a procesar la nueva realidad y es que, cuanto más borrosas y difusas sean las razones de la ruptura, más va a costar asimilarla.

LA RELACIÓN SE HA ACABADO DE GOLPE

Estabais bien y, de repente, todo se fue a tomar por el hojaldre. Por ejemplo, descubres que tu pareja te los estaba poniendo con la vecina del quinto y, cuando te decía que se iba a cavar agujeros, no iba precisamente a labrar al campo. En este caso, la cuestión no es que la relación se haya acabado de repente, sino que TÚ te has enterado de repente. Que puede parecer lo mismo, pero no es igual. Salvo honrosas excepciones, cuando te dejan es porque la decisión ya lleva tiempo madurando, ya se le ha dado muchas vueltas al asunto y, cuando por fin uno de los dos reúne el valor para comunicarlo, es porque ya no hay mucho que rascar. Te lo están diciendo para que la decisión se materialice y romper definitivamente. No te están pidiendo opinión, solo te están informando.

Recuerdo el caso de una chica a la que llamaremos Sara para preservar su intimidad —en realidad, se llama Rebeca—, que un buen día se encontró con las maletas de su marido en la puerta diciéndole que se acabó, que ya no podía más y que adiós, muy buenas. ¿Cómo, perdona? Ella se quedó *marimuerta*, patidifusa, patitiesa. Vamos, como nos quedaríamos cualquiera. Pero ¿cómo puede ser, si estábamos bien? Normalmente, ese «estábamos bien», cuando te pones a analizarlo, no es tan «bien» como uno pensaba. Nadie deja a nadie de un día para otro o se despierta por la mañana y ve que su amor, que anoche era inmenso, se ha desinflado como un globo y ya no existe. Por lo general, nos lleva tiempo decidir si queremos dejar la relación o no. Lo que pasa es que solemos volvernos completamente ciegos ante las señales que no queremos ver. De nuevo, nuestro cerebro nos protege de cualquier cosa que pueda resultarnos dolorosa. Cuando suceden este tipo de rupturas abruptas, es normal que nuestra cabeza se niegue a procesarlo, pero, con el tiempo, cuando podemos ver las cosas con una cierta distancia, nos damos cuenta de que había muchas señales que habíamos obviado, aunque las tuviéramos delante. Y es que la negación puede darse mucho antes de que sobrevenga la ruptura.

GHOSTING

Ahora se le llama *ghosting*. En mi época, era hacer bomba de humo. ¡Qué manía de cambiarle el nombre a todo para hacernos los políglotas, de verdad!

Sergio conoció a Roberto en unas vacaciones. Fue una relación breve pero intensa, el clásico amor de verano apasionado, de los de «aquí te pillo, aquí te mancillo». Durante tres meses, estuvieron enganchados el uno al otro como dos puñeteros siameses, tratando de exprimir una relación que sabían que tenía fecha de caducidad. Días inolvidables de correr por la orilla de la playa a cámara lenta, salpicarse agua y compartir el mismo cucurucho de helado. Y todo el día amorrados al *tuttifruti* haciendo las mil posturas del zumba-parrús. —un deporte que me acabo de inventar, pero que, seguramente, lo acabe patentando.

Pero el verano acabó y cada uno volvió a su vida. Se despidieron llorando como en una telenovela turca. Roberto vivía en París y, durante la breve relación, los dos hablaron y fantasearon con que

Sergio iría a visitarlo y todo lo que harían juntos en esa ciudad tan romántica —y tan cliché, por Dios—. Se intercambiaron direcciones, correos electrónicos y Roberto le dio el número de su móvil francés. Así que se despidieron acordando volver a verse.

Días después, Sergio lo llamó. Lo echaba mucho de menos y había encontrado un vuelo a buen precio para el próximo puente. El móvil no dio señal. Aunque se quedó más mosqueado que Peppa Pig en una barbacoa, intentó no darle demasiada importancia. Volvió a llamar los días siguientes, pero el móvil seguía sin dar señal. Le mandó un correo, no obtuvo respuesta. Algo desesperado, le escribió una carta, una carta manuscrita como las de antes, de las que se llevaban con un mensajero en diligencia. Quince días después, la carta le vino devuelta: «Destinatario desconocido».

Sergio se quedó en shock, estuvo días llorando, no entendía nada. Intentaba buscarle una explicación, pero ¿cuál? Todo había sido perfecto, estuvieron meses enganchados como chimpancés, ¿había sido todo mentira? ¿Cómo se finge algo así? Y ¿cómo podía sentirse tan mal por una relación tan breve, que además, de antemano, sabía que iba a acabar?

Desvanecerse de la vida de alguien es algo tan recurrente que, como media, nos tocan un par de *ghosting* por persona a lo largo de nuestra vida. O incluso, puede ser que seamos nosotros mismos los que lo llevemos a cabo. Cuando se produce una ruptura algo traumática, el cerebro interpreta que el dolor es tan grande que el motivo de ese dolor tiene que ser igualmente grande. Y cuando los pretextos por los que todo terminó no son claros, nuestra mente tiene que completar estos huecos de información con algo, necesita darle un significado coherente. Fíjate, por ejemplo, en la siguiente imagen. ¿Qué es lo que ves?

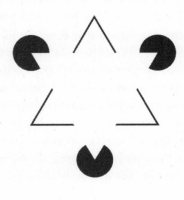

Supongo que ves un triángulo equilátero. Incluso, un triángulo blanco superpuesto a otro triángulo y a tres círculos. La realidad es que no hay ningún triángulo. Lo que hay son tres vértices y tres fragmentos del disco de Pac-Man. Lo que hace nuestro cerebro es crear, de forma ilusoria, los contornos del triángulo, de tal manera que la figura aparece sin realmente estar ahí, e incluso podríamos afirmar que se ve de un blanco brillante más intenso, destacando sobre el resto.

Este efecto se llama «triángulo de Kanizsa» e ilustra bien cómo funciona nuestra mente. Necesita generar información que no existe, en este caso, los contornos del triángulo, para darle un significado a esa imagen, para otorgarle coherencia y así poder asimilarla mejor. Si esto sucede con una figura tan sencilla, ¿qué pasará con otros fenómenos en los que es mucho más difícil ser objetivo? Cuando nos hacen *ghosting*, el cerebro rellena esas lagunas que no tiene información, esos datos que le faltan para formar algo razonable, algo con sentido, algo que pueda procesar con más facilidad.

Sergio pensó mil opciones: que estaba casado y no había querido decírselo, que era un agente secreto y le dio un número falso para protegerlo, que había muerto, que había sido abducido por los ovnis... Su relación había sido tan idílica que, en ese triángulo de información, no encajaba lo que posiblemente fuera la realidad: que Roberto era un tarado emocional incapaz de romper con él de forma madura. No solo tuvo que enfrentarse a una historia con un final inexplicable, sino a la desidealización de una relación aparentemente perfecta.

Años después, haciendo una mudanza, Sergio encontró el papel manuscrito de puño y letra de Roberto donde estaba escrita su dirección de París. Por supuesto, él ya lo había olvidado, pero solo por curiosidad buscó la dirección en Google. El resultado fue que no existía, era una dirección completamente inventada.

Si cuando aquello pasó hubiera existido Google Maps, seguramente, el duelo que tuvo que pasar Sergio habría sido más fácil al poder darle un sentido a la historia. Un sentido real, sin tener que elucubrar posibles explicaciones. La verdadera razón de la misteriosa desaparición es que aquel hombre no fue abducido por ningún ovni, ni era James Bond en misión secreta. La realidad es que, cuando le prometió todo aquello, le estaba mintiendo y no tenía ninguna intención de volver a verlo. Lo engañó deliberadamente. Vamos, que si llega a ser Pinocho, le saca un ojo a la pobre criatura. Fue un cobarde y un auténtico capullo. Y resulta mucho más fácil olvidar a un capullo que al hombre de tus sueños, eso es así.

CUANDO NO SE HAN EXPLICADO BIEN LOS MOTIVOS DE LA RUPTURA

Todos recordamos una de las rupturas más sonadas de la cultura pop de este país, la de David Bisbal y Chenoa. Cómo olvidar aquella imagen de Chenoa, pobrecita mía, atendiendo a la prensa en el portal de su casa, con cara de haber salido del *after* sin desayunar y los párpados de haber llorado como los toldos de un merendero. Con los brazos cruzados en actitud de protección y sorbiéndose los mocos, completamente despojada de la máscara del triunfo, pedía respeto para los duros momentos que estaba pasando. Ese 1 de abril de 2005 esa imagen quedó grabada en nuestra retina y aquella sudadera gris del Caprabo pasó a ser un símbolo, una representación de algo que hemos vivido todos en algún momento. Esa sudadera representaba el abandono, la tristeza y el drama más absoluto. Todos alguna vez hemos sido Chenoa, si hasta yo, que no hago cardio porque ni corazón tengo, alguna vez he sufrido por amor. ¿Cómo no sentirnos identificados con ella?

Veamos cómo relata Chenoa la sucesión de los hechos (extracto de un artículo de *El País*): «Una semana antes de regresar de su viaje, David me envió un ramo precioso con una nota que decía algo así como "Ya llego". Yo seguía flotando, en mi nube de amor y flores blancas, ¿cómo no iba a hacerlo? Cuando regresó, yo estaba trabajando y, al volver a casa, me lo encontré con la maleta hecha. "Tengo que pensar, necesito tiempo, mejor lo dejamos". Ya había pasado otra vez y él había vuelto al poco tiempo, arrepentido y con las cosas claras: él me quería. Y punto. "Tómate tu tiempo. No hay problema. Veremos qué pasa". Cuando le llamé al día siguiente, no noté nada raro».

Más tarde, Chenoa revela que, efectivamente, se enteró de la ruptura por la prensa, como el resto de España: «Alguien me llamó por teléfono: "Pon la tele". Allí estaba David en una rueda de prensa, encantado de la vida, diciendo que no estaba con nadie. Era el peor día de mi vida. Le llamé y una voz contestó que aquel número no pertenecía a ningún usuario. Llamé a su hermana, vaya papelón, la pobre. Me dijo que lo entendiera, que no podía darme el número nuevo. Había cambiado de teléfono».

David no solo la dejó sin darle una explicación clara, sino que, encima, cambió el número de teléfono. Unos huevos más grandes que la granja de Chicken Run.

En realidad, no hay ninguna ley escrita que diga que, cuando dejamos a alguien, le tengamos que explicar el porqué. No está tipificado en el Código Penal: «Artículo 29.7: abandono flagrante de la pareja sentimental sin explicación convincente, tres años de cárcel limpiando letrinas de leprosos y escuchando en bucle *La salchipapa*». No, cuando dejas a alguien de mala manera, no apareces en el BOE. Nadie nos obliga a tener esa incómoda conversación final ni a enumerar las razones de nuestra decisión. No hemos firmado ningún contrato donde se nos pueda demandar por incumplimiento. Sin embargo, existe la responsabilidad afectiva. Un término que ahora está muy de moda, que implica un cierto sentido de la ética y del respeto hacia la persona con la que hemos estado vinculados sentimentalmente. A veces, esto no se hace de forma consciente, es una estrategia de evitación que supone más daño que la ruptura cara a cara, pero que, para la persona que lo lleva a cabo, es una práctica la mar de cómoda. Evitan tener que pasar por el trago de ver el sufrimiento de la otra persona, desvinculándose emocionalmente y protegiéndose del dolor ajeno. Ojos que no ven, corazón que no siente. Si no te veo llorar, no te he hecho daño.

Cuando alguien desaparece así de tu vida, te está haciendo un favor. Puede sonar a topicazo, pero es verdad. En cualquier relación, es necesario confrontar las cosas que nos molestan, expresar, hablar de lo que no nos gusta o de lo que hay que cambiar. Es necesario para crecer y funcionar como pareja. Alguien que reacciona así ante cualquier atisbo de incomodidad te está demostrando que no está preparado para mantener conversaciones complicadas, que no tiene la madurez emocional para expresar sus sentimientos y que, además, de empatía anda *regulero*. Con alguien así, la relación os hubiera durado hasta el primer recibo de Iberdrola. Así que, aunque ahora duela lo más grande, que alguien así salga de tu vida es como si la basura se sacara sola.

Cuando el motivo de la ruptura no es claro, es abrupto o ni siquiera lo conocemos, es normal que necesitemos saber, rellenar esas lagunas de información para darle un sentido a la historia. Es como si estás viendo una serie y te saltas un capítulo. Tu cerebro confabulará para darle una coherencia a lo que ha pasado. Intentamos indagar, obtener información, empezamos a repasar las conversaciones de WhatsApp o preguntamos a los amigos para saber en qué momento se empezó a estropear todo, cuál fue el detonante, por qué no lo vimos venir. Y encima, cuando elaboramos esas informaciones que nos faltan, siempre lo hacemos de modo que salvaguarde nuestra propia autoestima. Para nuestro amor propio es menos doloroso suponer que nuestro amado ha tenido un accidente y ha perdido la memoria que plantearnos la posibilidad de que, sencillamente, no quiere saber nada de nosotros. Lo cual no ayuda mucho, porque en esa ansia de salir bien parados, estamos idealizando una relación que seguramente no lo fue en absoluto. El afán de querer averiguar la verdad, lejos de ayudarnos, solo nos aleja de iniciar el proceso de duelo.

Para no quedarnos atascados en esta fase, hay que intentar dirigir los cañones hacia nuestra persona. Sí, como la Pantoja, pero sin cobrar por la entrevista.

Acepta lo evidente. Ha desaparecido de tu vida, no te coge el teléfono, te ha bloqueado o se ha ido sin más. No hay más preguntas, señoría. La relación se ha acabado y las evidencias no pueden ser más claras, solo le ha faltado escupirte. Sentencia: capullo integral. Como dice el refrán, «al enemigo que huye, puente de plata». O mejor, «exnovio muerto, abono para mi huerto».

Deja de intentar retomar la comunicación o encontrar explicaciones. Ya hemos visto que nuestro cerebro necesita dar un sentido a lo sucedido y el no saber por qué nos han dejado dificulta el proceso de duelo, pero después de varios intentos infructuosos, tal vez es hora de aceptar que se ha acabado sin una conversación final y que, posiblemente, nunca se vaya a producir. Se parece a como cuando nos cancelan una serie de Netflix antes de la última temporada. Jode, pero es lo que hay. Piensa que conocer las posibles causas de la ruptura no va a resucitar la relación y llega un punto en que hay que empezar a asumir que vas a tener que hacer el cierre tú sola. Estar intentando compulsivamente buscar explicaciones por parte de la otra persona nos deja la autoestima a la altura del pecho de una culebra. Son conductas perjudiciales que van menoscabando nuestra dignidad. Tener la misma incógnita dando vueltas en tu cabeza, como un garbanzo en la boca de un viejo, puede retrasar el proceso natural del duelo y volverse algo obsesivo. Así que respira hondo, cuenta hasta diez y levanta la cabeza, reina, que te sale papada y se te cae la corona.

Asume si hay parte de responsabilidad por tu parte. Aunque la culpa es del que desaparece sin dejar rastro, las relaciones siempre son cosa de dos, de manera que las dinámicas que se establecen influyen en los comportamientos de ambos. Haz un trabajo de introspección, analiza si tienes tendencia a relaciones asfixiantes, a mostrar desesperación cuando tu pareja no se encuentra disponible o a montar un drama siciliano en cualquier discusión. Si tu pareja quiere dejarte y sabe que le vas a montar un pollo de los de «pásame con tu madre, que le voy a poner una reclamación», pues es más comprensible —aunque no justificable— que haya preferido ahorrarse ese mal trago. Se trata de identificar patrones de conducta para no repetirlos en el futuro, asumiendo la parte responsable de forma razonable. Intenta realizar este análisis de manera sana, sin culpabilizarte por lo que pasó ni hacerte el harakiri. Y obra en consecuencia, pidiendo disculpas si es necesario.

No te aferres. Como diría la Pantoja. No haces más que darle vueltas y vueltas al asunto, que si te conectas unos auriculares a la nariz te sale un pódcast. No dejas de hacerte preguntas del tipo: «¿Qué hubiera pasado si hubiera hecho esto o aquello? ¿Se fue por aquello que hice/dije? ¿Y si hubiera dicho lo que pensaba? ¿Cómo no me di cuenta de tal cosa o tal otra? ¿A qué huelen las nubes? ¿Se expande el universo? ¿Por qué el Coyote nunca atrapa al Correcaminos?». Son preguntas sin respuesta, porque la única persona que las puede responder te ha bloqueado hasta en el Messenger, que ya ni existe. No vas a conseguir nada comiéndote la olla con pensamientos que no te llevan a ningún sitio y lo único que lograrás es ocupar ancho de banda en tu cerebro. ¿Cuántas preguntas sin respuesta hay en este mundo y aprendemos a vivir con ellas? Cientos. Qué digo cientos, miles. Y esta es una más. Así que deja de rumiar, no eres una vaca.

Haz las preguntas desde el YO. No desde ÉL/ELLA. «¿Cómo me siento con esto que ha pasado? ¿Qué puedo hacer para sentirme mejor?». Ya sé que no vas a encontrar respuesta a la mayoría de estas preguntas y, si las encuentras, seguramente sean un soberano mojón, pero, al menos, te ayudarán a entrenar tu cerebro para dejar de centrarte en el punto equivocado. Te harán recuperar el control y te darán perspectiva de la situación. Sí, nos han dejado más tirados que una colilla, pero no podemos abandonarnos también a nosotros mismos. Hay que retomar las riendas y entender que no somos responsables de que nos hayan dejado, pero sí lo somos de nuestra propia recuperación.

4

Negociación

No corras detrás de alguien que ya sabe dónde estás.

Esta fase puede darse a veces en combinación con la primera y suelen ir de la mano, ya que, parte de no aceptar lo ocurrido, implica querer arreglarlo, que todo vuelva a ser como antes. Más que negociación, yo la llamaría fase de desesperación. En la negación, no vemos la realidad y, en la negociación, ya empezamos a verla, pero lo hacemos muy despacio. La negociación nos permite ir aceptando la pérdida, ser consciente de los cambios que se están produciendo. Es como cuando tienes que dar una mala noticia a alguien y se la das poco a poco. Nuestro cerebro está intentando procesar lo que ha pasado, pero no lo hace de golpe, sino pasito a pasito. Porque asimilar lo que nos está ocurriendo de sopetón podría ser demasiado doloroso.

Aunque tengas la realidad delante de tu cara, no la quieres ver. Piensas: «Seguro que podemos darnos otra oportunidad». Hay una especie de fuerza interior que te lleva a creer que esto no es un adiós, sino una especie de ultimátum, que tu pareja te está diciendo que te deja para ver si espabilas, abres los ojos y cambias de una vez. Y prometes que vas a ser otra persona, alguien completamente nueva, diferente y renovada, que todo será como al principio. Entonces, es cuando cometemos el error de suplicar, insistir, intentar convencerle de que se está equivocando, de que una segunda oportunidad podría salir bien. Intentas tocar su corazoncito, apelando a sus sentimientos por ti, que están más muertos que Mufasa. Es cuando empiezas a ir a verle al trabajo, hacerle algún regalo, provocar un encuentro casual. Tu cabeza se convierte en una máquina de idear planes para hacerle ver lo mucho que le quieres y lo que se está perdiendo. Tienes que demostrarle tu amor, que compruebe que estás poniendo de tu parte. Además, desde pequeñitos, nos han enseñado que tenemos que luchar por lo que queremos, es más, hasta tienes una taza que lo dice: «Lucha por tus sueños». De Mr. Wonderful es la taza, tírala ya. Pero no, criatura. Te está dejando, te está dejando de verdad. Y si sigues aferrándote a la premisa de «quien la sigue la consigue», lo único que vas a lograr es una orden de alejamiento.

«Se va a dar cuenta de que me echa de menos, se va a arrepentir y va a volver». Y tú esperando a que vuelva y tu ex como un *boomerang* de AliExpress, que no vuelve. Y sigues teniendo todos sus objetos personales en su lado del armario. Si te invita a pasar a recogerlos, intentas alargar ese momento, le pones excusas. «No, hoy no me va bien». Porque te niegas a aceptar que se ha terminado, que no hay opción de arreglar nada. Sigues durmiendo en tu lado de la cama, como un berberecho en lata. Todavía tienes en la mesita de noche la foto de vuestras vacaciones en Bali. Sigues sin tirar a la basura su cepillo de dientes.

Recuerdo el caso de una chica cuya pareja la había dejado prácticamente de un día para otro y ella todavía estaba en esta fase, confiando en que, en cualquier momento, él se arrepintiese y volviera. Yendo al aeropuerto a recoger a un amigo, se encontró con su ex de morros, por sorpresa. Al verla, él se puso como un tomate y empezó a mostrarse muy nervioso. Puesto que el amigo al que iba a recoger era común de los dos, ella interpretó que él estaba tan loco por verla que, sabiendo que el susodicho amigo iba a venir y que ella iba a recibirlo, se había hecho el encontradizo. «Me ha visto y se ha puesto hecho un flan, estaba completamente rojo y hasta tartamudeaba». Ella volvió a casa como en una nube, pensando que verse había reactivado sentimientos en su ex y que la reconciliación era inmediata. Pobre diabla, que diría Don Omar. La realidad es que el encuentro había sido puramente azaroso y el motivo por el que su ex se había puesto tan nervioso al verla era porque había ido a recibir a su nueva pareja y no quería que la viera y descubriera la verdad: que, en realidad, llevaba tiempo poniéndole los cuernos y que esa era la verdadera razón de la ruptura. Días después, ella se enteró de todo y se sintió completamente estúpida, pero, al menos, aquello le sirvió para salir de la fase en la que estaba. A veces, la única manera de ver la realidad es que te estalle de lleno en toda la cara.

Superar a tu ex empieza, no por dejar de sentir, sino por aceptar que la relación ha acabado y que no va a volver: cerrar la puerta a toda esperanza, incluso cuando sigues enganchadísima a él. ¿Y cómo hago esto? ¿Cómo puedo salir del engaño y empezar a aceptarlo?

No hagas chantaje emocional

Es normal que, en tu desesperación por salvar la relación, intentes hacerle sentir culpable. No es algo que uno haga conscientemente. Si tenéis hijos en común, no los utilices como arma arrojadiza, diciéndole que los niños van a sufrir. O que a su madre le va a dar un *parraque* cuando se entere, porque la mujer está mala de los nervios. En casos extremos, hay quien amenaza con cometer una locura. Piensa bien qué efectos tendría retener a tu pareja con todas estas técnicas rastreras. Si accede a tus manipulaciones y se queda contigo solo por los hijos, por no hacer daño a otras personas o por evitar que hagas alguna tontería, al final seréis infelices todos. ¿De verdad quieres que se quede contigo por pena o porque se sienta culpable?

No aceptes el *BREADCRUMBING*

La montaña rusa de emociones que se siente al terminar una relación nos puede llevar a malinterpretar muchas cosas. Hay veces en las que echar un último polvo solo se trata de una especie de ritual de despedida, un modo de acabar la relación con un buen sabor de boca —no, no voy a hacer ningún chiste malo al respecto—. Es una manera de despedirse y de quedarse con un buen recuerdo. Pero esto solo funciona cuando ambas personas quieren dejarlo. Cuando uno de los dos no quiere, esto ya no es una despedida, es más bien un «¿estás seguro?».

En ese caso, estaremos cayendo en el error de creer que, si nos acostamos o echamos el polvo de despedida, podemos recuperar la chispa. Así, como por arte de magia. Si el sexo entre vosotros era bueno, puede que se te pase por la cabeza utilizar tu *frutti di mare* para que se quede contigo. Lo que viene siendo agarrar a un tío por los huevos, pero, en este caso, literalmente. Piensas que, si seguís viéndoos y echando un polvo de vez en cuando, poco a poco se volverá a enamorar de ti, empezará a verte como te veía antes y volverá contigo. Pues las probabilidades de que eso suceda son las mismas de que yo decida comerme hoy el brócoli que tengo en la nevera en lugar de la pizza cuatro quesos: ninguna.

Con esto, aunque momentáneamente creas que has ganado una batalla cada vez que te hociquea el chicharrón, eso no significa que vaya a volver contigo. Tampoco estás ganando terreno ni tiempo ni nada. Lo único que estás consiguiendo es prolongar un final inevitable con todos los sentimientos que acarrea, engancharte más todavía mientras él está tan tranquilo. Por un momento, te sentirás bien, pero en cuanto empieces a buscar tus bragas y cada uno se vaya por su lado, te vas a sentir como el culo. No te conformes con las migajas. Tú te mereces el pan entero. O más bien, una barra de pueblo. A ser posible, con una buena caña de lomo.

No recurras a fuerzas esotéricas

Hay personas que, en su desesperación, recurren a fuerzas espirituales o sobrenaturales para que le devuelvan el amor perdido. Desde hacer amarres, ir a la consulta del tarot esperando que les digan lo que quieren oír, hasta brujería, esoterismo o chamanes. En psicología, estas conductas obedecen a un sesgo cognitivo llamado «pensamiento mágico». Consiste en pretender conseguir algo o establecer relaciones de causa-efecto que carecen de fundamento, atribuyendo la causa al efecto de algo sin que se pueda establecer ningún tipo de causalidad.

«Si pongo tres velas y doy dos vueltas de campana, mi ex volverá a mí. Si cojo su foto y la baño con mis babas mientras bailo el *Aserejé*, mañana lo tendré llorando en la puerta. Si me baño con leche de siete doncellas vírgenes y agrego uno de sus pelos púbicos volverá arrastrándose a mi felpudo» (a mi felpudo de casa, mente sucia). ¿De verdad crees que haciendo una estrella de poder en el parquet con un cúter —con el dineral que te costó, anda que te ha quedado *bonico*—, poniendo velas e invocando a Carlos Jesús desde Raticulín, vas a conseguir que vuelva contigo? ¿En serio piensas que el universo, en su infinita bondad y por el simple hecho de que tú se lo pidas, te va a devolver a tu ex intacto, tu relación como nueva? El universo no sabe ni quién eres, le importas tres pelotas. Da igual las veces que te leas la ley de la atracción. Si eso de verdad funcionase, yo estaría en este momento siendo empotrada salvajemente por Jason Momoa, como si fuera una alcayata, en su mansión de Topanga.

En internet puedes encontrar una caterva de gurús, o supuestos *coaches* emocionales, con menos vergüenza que yo cuando le digo a mi vecina que va muy guapa, que te intentarán vender manuales y estrategias para volver con tu ex usando diversos métodos. El típico manual infalible recuperarle en diez días. O «Cómo lograr que tu ex vuelva a ti en siete sencillos pasos». Esto lo he visto yo con estos dos luceros que tengo por ojos. Ya te adelanto que ni son efectivos ni son gratis. Si tu ex quisiera estar contigo, lo estaría. Este tipo de promesas y de métodos milagrosos solo sirven para que te aferres a una posibilidad que no existe y esos supuestos coaches se lucren a costa de tu desesperación.

El esoterismo es una válvula de escape para muchas personas. Creer que haciendo un amarre vas a conseguir que tu ex piense en ti te está creando una falsa idea de control, creyendo que estas acciones influirán en el mundo externo. Esta creencia no tiene ninguna base científica y recurrir a técnicas de dudosa efectividad solo logrará que estés mucho más tiempo aferrándote a una esperanza que hace mucho que debería haberse ido. Cuanto más te empeñes en recuperarlo, más te vas a obsesionar y más vas a sufrir, y este padecimiento no te permite cerrar el ciclo. De lo que se trata es de que asumas tu destino estoicamente y que cierres la puerta a toda esperanza cuanto antes.

Podemos decir que hemos llegado al final de la fase de negociación cuando nos resignamos a aceptar que la cosa está finiquitada. Pese a haberlo intentado todo para recuperar la relación, nos damos cuenta, por fin, de que no solo no ha funcionado nada, sino que hemos creado el efecto contrario, haciendo que nuestro ex se aleje más todavía, por cansina. Además, el hecho de vernos arrastrándonos como una rata y perdiendo la dignidad hace que nuestro autoconcepto se vea revolcado por el fango y nuestra autoestima se resienta.

Y ahí es cuando comprendes la importancia de soltar, aceptar que es una situación completamente fuera de tu control. No puedes controlar la conducta de otra persona ni que te vuelva a querer ni hacer que regrese contigo. Poniéndome un poco cursi, o cursi del todo, en los sentimientos no se manda. Pero lo que sí podemos controlar es nuestra propia conducta y forma de proceder. No llames a quien no quiere hablar contigo, no busques a quien no te quiere encontrar. Eso solo prolongará tu dolor y te dejará la autoestima más tocada que la puerta de un taxi. Así que empieza por recoger tu dignidad del suelo, dale una fregadita y deja la relación atrás.

5

¿Qué son las emociones?

Por supuesto que tengo sentimientos. Ni idea dónde, pero los tengo.

Ahora que, por fin, has asumido que tu relación se fue al garete, empieza la parte más dura de todas: lidiar con todas las emociones y sentimientos que vienen en el lote del proceso de duelo. Superar la fase de shock y de negociación es como abrir la puerta de una presa. Vas a experimentar un tsunami que se caga la perra. Vas a tener emociones para poner una tienda. Así que es conveniente que entendamos qué son y cómo podemos tratar con ellas.

Las emociones son un mecanismo de autorregulación filogenético. ¿Un mecanismo auto-filo-qué? Sí, es algo que viene en nuestro código genético, que nadie te enseña, con lo que uno nace. Junto con un montón de fluidos corporales, unos pulmones como Pavarotti y unas ganas intrínsecas de dar por culo, todos nacemos con un kit de emociones básico. Pack de iniciación 2.0. Es como el sistema operativo que viene preinstalado en nuestro cerebro, con lo que venimos de serie y lo poco con lo que contamos para ayudarnos a adaptarnos a nuestro entorno y sobrevivir.

Da igual si eres un niño de Somalia, un esquimal en Alaska o si vives recolectando arroz en Ho Chi Minh, todos somos capaces de sentir estas emociones independientemente de nuestra edad, cultura o momento histórico. Además, resulta curioso que todas ellas posean un correspondiente patrón facial, todas tienen su respectivo emoticono. La expresión de un bebé llorando activa el mismo patrón muscular viva donde viva y aunque la criatura no haya visto a ningún otro bebé llorar jamás.

Estas emociones básicas son las siguientes: **alegría, tristeza, rabia, miedo, asco y sorpresa.** Todas ellas son adaptativas y positivas. Hay emociones más agradables que otras, algunas son un soberano coñazo, pero no hay emociones malas *per se.* Cumplen una función muy importante: están aumentando tus capacidades de supervivencia, de adaptación a la vida, al entorno y a los peligros. Más que emociones negativas, debemos hablar de emociones desagradables, porque es evidente que a nadie le gusta estar triste o cabreado. Pero no dejan de ser completamente necesarias. Sí, la tristeza, la rabia y el asco son emociones positivas, aunque sean más desagradables que dejar migas de pan en la mantequilla. Más adelante lo veremos en detalle.

Por ejemplo, un día vas a comer y abres la nevera para ver qué encuentras. Abres un táper de algo que, a simple vista, parece brócoli. Pero lo abres y no es brócoli, son dos filetes de pollo que dejaste hace dos meses y que han creado una capa de moho y putrefacción que hace que parezca el coto de Doñana, solo faltan los flamencos anidando. Ese táper se ha convertido en la puñetera caja de Pandora de la próxima pandemia. ¿Cuál es tu primera reacción? Seguramente, una arcada. Y la segunda, sacar una lata de queroseno y pegarle fuego, porque ni para lavar eso tiene nadie estómago suficiente.

Muy bien, acabas de sentir asco, una emoción básica. ¿Para qué te ha servido? Pues para no comerte ese pollo putrefacto y acabar con una diarrea de esas de tirarte una semana cagando como un bote de ketchup vacío. El asco también es muy útil, por ejemplo, para mantener una higiene básica y no ir por la vida con más mierda que el cromo de un Bollicao, o para no acabar devorada por las pelusas de tu casa. Tus emociones te están protegiendo, te ayudan básicamente a no morirte.

Las emociones están directamente relacionadas con el ciclo de regulación biológica, con lo básico. Visto así, son como las ganas de cagar. Tu cuerpo te está diciendo que tiene que soltar algo. Lo necesita para volver a estar en equilibrio. Piensa qué pasa si tienes ganas de soltar al topo y no lo haces. Posiblemente, te entren unos retortijones que acabes temblando como una lombriz intentando abrir un butrón y, por mucho que aprietes el hojaldre, ese tronco va a acabar saliendo. Además, en lugar de hacerlo en el baño como una persona civilizada, lo vas a tener que hacer detrás de dos coches, en la vía pública. Y, encima, sin papel. La intención de reprimir ese zurullo no ha servido de nada, porque ha acabado saliendo más tarde o más temprano y de mala manera. Pues las emociones son igual, tienes que liberar a Wally, *my darling*. De nada te va a servir tomar Fortasec.

Utilizando una alegoría, las emociones son como el testigo del coche. Si vas conduciendo y se enciende una luz roja en el panel, te está indicando que algo no va bien. Puede ser el aceite, el lubricante o la presión de las ruedas. Pueden ser muchas cosas, pero si ignoras esa luz y sigues tu camino, ese problema no va a dejar de estar ahí. Sé que tienes miedo de afrontarlo, sé que ese simbolito rojo puede que te esté indicando que está por venir una factura del mecánico que te va a dejar la Visa más tiesa que el tanga de Obélix. Pero ignorarlo no va a hacer que desaparezca y un problema menor puede transformarse en un contratiempo peor en el futuro, si no hacemos algo. Ignorar esa señal de alerta en el coche puede hacer que evites el problema hoy, pero a lo mejor mañana tienes un accidente que tiene que venir a recogerte el forense con espátula.

Al principio de nuestra vida, las emociones que sentimos son muy básicas, prácticamente, se pueden resumir en estas seis. Son las emociones puras, la materia prima con la que venimos al mundo. Conforme crecemos, estas emociones se van mezclando entre sí en una especie de cóctel y, junto a ellas, se añaden pensamientos, construcciones sociales y culturales que dan lugar a sentimientos más elaborados, como pueden ser los celos, la nostalgia, el orgullo o la ilusión.

En este libro, hablaremos de muchos sentimientos, pero daremos especial protagonismo a dos de las emociones básicas, la tristeza y la rabia, que te van a acompañar durante todo este camino, porque, si me pongo a analizar todas y cada una, esto va a ser más largo que la infancia de Heidi. Bueno, es posible que, al pensar en tu ex, también sientas algo de asco e incluso te den ganas de vomitar hasta la tarta de la primera comunión, pero eso vamos a obviarlo.

6

Rabia

Cuando sientas que pierdes el control, respira hondo y cuenta hasta diez. No te calmarás, pero te servirá para mejorar el insulto.

Como ya comentábamos en capítulos anteriores —se me está poniendo una cara de narrador de Netflix que no puedo con ella—, la rabia es una de las emociones que te va a acompañar hasta que empieces a cerrar el duelo. Y como todas las emociones, es necesaria y adaptativa. Y tú te preguntarás: «¿A mí de qué me puede ayudar el estar cabreada como Chuck Norris el día que no le suena el despertador?».

La rabia es la emoción encargada de establecer los límites, de prepararte para la lucha y defenderte. Aparece para protegerte de un daño, te ayuda a identificar situaciones injustas y te da una patada en el culo para que te muevas y salgas de ahí. Te está enseñando a priorizar, a defender tus intereses y decirte que ahora tú eres lo primordial. Te hace mover para alejarte de aquello que sea doloroso o perjudicial para ti, es cuando te das cuenta de que estás hasta el coño y que no vas a seguir aguantando esta mierda. La rabia es tu madre pegándote una colleja para que espabiles. En definitiva, es la hostia que te pone a vivir.

Si no pudieras experimentar la rabia, a día de hoy, todavía seguirías en aquel trabajo donde no te pagaban las horas extras. Sin la rabia, seguirías teniendo una relación con aquel impresentable que te ponía los cuernos con todo lo que le tocaba al timbre. Fue la rabia la que te llevó de la mano a denunciar por acoso a aquel jefe que te restregaba la cebolleta en el cuarto de la fotocopiadora. Cuando sentimos rabia, lo que nuestro cerebro quiere decirnos es que no queremos estar en este sitio, que esta situación te está jodiendo viva y que tienes que poner en marcha mecanismos para salir de ahí.

Normalmente, según cómo se haya dado la ruptura, la rabia estará presente en mayor o menor medida y puede durar más o menos tiempo dependiendo de las circunstancias. Supongamos que habéis terminado porque se os rompió el amor, como a la Jurado. Pese a que la relación iba bien, ya erais como dos compañeros de piso, teníais poco de qué hablar y menos sexo que David el gnomo y su mujer. Entonces, tenéis una conversación de hasta aquí hemos llegado y decidís que ya no os aportáis nada el uno al otro y que el tiempo juntos ha terminado. Si la ruptura ha sido desde el mayor de los respetos, dialogada y de mutuo acuerdo, y sigues teniendo cariño y aprecio por tu ex, porque es una gran persona, posiblemente, lo que sientas en una profunda tristeza. Tal vez pueda haber cierto sentimiento de malestar porque la relación no acabó como esperabas, algo de frustración o nostalgia. Puede que aparezcan sentimientos de culpa por no haber luchado lo suficiente. Pero rabia, lo que es rabia, pues no.

Sin embargo, si tu ex te ha puesto los cuernos con tu mejor amiga, en vuestra cama, en la víspera de vuestra boda y los has pillado en pleno mete saca mientras ella sacaba burbujas por el kiwi, pues, posiblemente, estés más cabreada que una tonadillera en el aeropuerto. Ahora mismo no es que sientas rabia, es que serías capaz de hacerte un juego de maletas con la piel de sus pelotas. Y de las de ella. Normal.

Identificar la rabia y sentirla en todo su esplendor es algo fundamental. Cuando la rabia no se expresa y se acumula en exceso, se puede llegar a perder el autocontrol y la racionalidad. No conseguirás bloquearla, sino darle más fuerza a esa emoción y que se desborde por canales inadecuados. Las emociones son como un pedo, da igual que te endiñes un tapón en el culo, ese pedo va a salir, te pongas como te pongas. Y cuanto más aprietes el culo, más gases vas a acumular y peor olerá cuando salgan.

La rabia reprimida o mal gestionada suele desembocar en sentimientos primos hermanos, que no tienden a ser nada adecuados: la frustración, el resentimiento o el despecho son una manifestación de que alguna emoción no se está trabajando bien. Mucha gente que pasa por una ruptura acostumbra a adoptar una actitud de falso empoderamiento. Van por ahí en plan «me da igual, no me importa, estoy mejor sin ti». Parece que, si te muestras cabreada o afectada —porque lo estás—, estás proyectando una imagen de alguien débil, que no controla sus emociones. Y, sobre todo, que no quieres darle el gusto a tu ex de verte jodida. Eso, a la larga, desemboca en un despecho de padre y muy señor mío. Hacerte la dura no te va a ayudar y solo conseguirás acabar avinagrada y con cara de acelga.

Por otro lado, mucho cuidado con hacer caso a esos mensajes que andan por ahí sobre practicar el desapego, no permitirnos enfadarnos porque es algo que no nos conduce a nada y que tenemos que ser seres de luz que están por encima de todo eso. Mucho ojo con esos mensajes de positivismo barato, *WARNING!* Hay demasiados coaches sabiondos con cursos del CCC que dan consejos alegremente como si fueran el puñetero Dalái Lama, que pretenden que nos desvinculemos de toda emoción «negativa». Cualquier persona que te dé un mensaje de ese tipo es que no tiene ni zorra idea de cómo funciona la psicología humana, no te quepa la menor duda. Sentir esa rabia es muy necesario. Reprimirla, como reprimir un pedo, puede provocar que nos hinchemos y salgamos volando como la tía de Harry Potter.

¿En qué puede desembocar que llevemos la rabia *regulinchi*?

FRUSTRACIÓN

La frustración suele ser hija de una rabia mal gestionada y de una falsa idea de justicia divina. Solemos creer que hay una especie de karma que se encarga de poner a la gente en su sitio. Mi abuelo decía: «Siéntate en la puerta de tu casa y verás pasar el cadáver de tu enemigo». Pobre hombre, tan inocente. Qué más quisiera yo que eso fuera así, pero no. Ojalá existiera una especie de declaración del karma anual, algo así como: «Usted el año pasado rescató tres gatitos abandonados, ayudó a una niña que había perdido a sus padres y a cuatro ancianitas a cruzar la calle. La declaración del karma le sale a devolver, aquí tiene usted el ascenso que esperaba. Si dedica tres meses a construir pozos en África, le desgrava para un décimo de lotería premiado». Molaría que fuera así ¿verdad? El mundo sería un lugar mejor y todos seríamos mejores personas, aunque solo fuera por propio interés. Pues no. El tiempo no pone las cosas en su sitio. Yo, por ejemplo, llevo una semana esperando a que la ropa de la colada se meta en el armario, que es su sitio, y ahí sigue. La justicia divina es el timo del tocomocho, algo que nos creemos para convencernos a nosotros mismos de que seremos recompensados por ser buenas personas. Pensar que alguien que te ha hecho daño recibirá su merecido algún día es, de alguna manera, un consuelo, una especie de antídoto para no sentirnos gilipollas.

Pero, aunque es cierto que el karma se pasa la mayor parte del tiempo tocándose la centolla, a veces nos da alguna que otra alegría. Por ejemplo, a mí una vez me pasó que me encontré con un ex en una entrevista de trabajo. Y sí, es lo que estás imaginando, él era el candidato y la entrevistadora era yo. No estaba sola en esa reunión, sino que había otra gente, con lo cual tuve que fingir que no lo conocía y poner una sonrisa como una valla de jardín. Ahí estaba yo, manteniendo el tipo y más falsa que cuando mi madre me decía «ven, que no te voy a castigar», cuando lo que realmente me apetecía era decirle: «Antes preferiría contratar a Ted Bundy que a ti, rata de dos patas». Pero tuve que conformarme con decirle «ya le llamaremos» y limpiarme el culo con su currículum, que estaba más lleno de mentiras que nuestra relación. Sobra decir que no le di el trabajo y que aquel día dormí como un cochinillo recién nacido. Sí, a veces, la vida puede ser maravillosa.

Pues, aunque en alguna ocasión la justicia kármica se ponga a trabajar, eso puede ser que nunca pase. Tal vez tu ex te haya hecho mucho daño, que sea más malo que el peluquero de los futbolistas y, aun así, que le vayan bien las cosas. Y que, encima, le sigan yendo bien, porque, normalmente, las malas personas miran por ellos y por sus intereses, pisando a quien haga falta y eso hace que consigan sus objetivos más rápidamente. Entonces, tú, que estás hecha polvo, luchando por superar todo lo que te hizo y llegando a fin de mes más apretada que los tornillos de un submarino, lo ves pasar con su nueva novia, su cochazo y más fresco que el chocho de una rana. Y te quieres morir.

Vivimos en una era de positivismo tóxico, rodeados de mensajes *buenrollistas* del tipo «si das amor, recoges amor» y de rodearte de energía positiva y demás pamplinas. Pero, en la vida, por muy bien que escojas a tu persona vitamina, a veces nos ocurren cosas malas y no todo el mundo va a dejar algo positivo en nuestras vidas. Y no pasa nada, no se acaba el mundo por eso. Que tu relación haya terminado como el rosario de la aurora no era lo que planificaste ni lo que esperabas. El primer paso para superar esa frustración es asumir que, en ocasiones, a las personas buenas les suceden desgracias, y que hay personas que actúan con maldad. Y eso es algo que no podemos controlar. No siempre recoges lo que siembras, ¿por qué estoy recogiendo mierda, si yo no sembré mierda, yo sembré amor y cariño? Pues porque sí, porque la vida es más perra que Laika. Y sí, tendrás relaciones con parejas que te harán daño, aunque tú no te lo merezcas, y posiblemente nunca pagarán por ello. Y es normal que eso te haga sentir fatal porque es injusto. Así que entender y asumir que la vida es injusta es el primer paso para dejar la frustración a un lado. La felicidad de otra persona, lo merezca o no, nada tiene que ver con la tuya.

ODIO

Si te han traicionado, engañado, mentido o cualquier otro acto vil y rastrero que pisotee tu confianza y tu amor propio, es natural que odies a tu ex con toda tu alma. No te sientas mala persona o poco madura por sentir todo eso, en esta etapa, aparecen sentimientos muy intensos que te harán cagarte en todo más de una vez. Lo normal es experimentar eso y luego dejarlo ir para cerrar con éxito cada ciclo. Sin embargo, esas ganas de vomitar que sientes cuando piensas en tu ex no deben alargarse mucho en el tiempo, porque podría volverse patológico.

«Del amor al odio hay un paso; por aquí no vuelvas, hazme caso». Del amor al odio no es que haya un paso, es que hay un acceso directo. El odio no es más que una mezcla de amor y rabia, así que lo contrario del amor no es el odio, es la indiferencia. El odio tiene una gran intensidad emocional y odiar a tu ex te une a él casi tanto o más que cuando lo amabas locamente. Ese sentimiento puede ser más vivo y pasional que el amor más profundo y hace que ese vínculo se mantenga con la fantasía de volver a retomar la relación en algún momento. Es algo así como tener todavía todos sus objetos personales en casa, como cuando te niegas a tirar su cepillo de dientes y, cada vez que vas al baño, lo ves, con las cerdas más desgastadas, que eso parece un tejón con lepra. No, no queremos sentirnos vinculados a nuestro ex, ni de esta ni de ninguna otra manera.

Muchas personas se quedan atrapadas en ese odio por miedo a las emociones que puedan sentir después, que suelen ser tristeza o soledad. Si odias a alguien, es más fácil enmascarar un sentimiento que implica desvincularse y asumir la pérdida, y eso no siempre es fácil. Sé el pánico que da desligarse por completo de alguien, dejar de sentir lo que sea que sentimos, romper ese vínculo y pasar a la indiferencia. Porque ahí sí que se acabó, se acabó del todo. Pero ahora se trata de centrar tus energías en ti. Y soltar —ya sé qué pensabas que iba a hacer otro símil escatológico. Pues no—. ¿No crees que ha llegado el momento de tirar a la basura, de una vez, su cepillo de dientes?

DESPECHO

Si metemos en una coctelera una rabia y una tristeza mal gestionadas y le agregamos una pizquita de traición, un poquito de drama y una cucharadita de amor que todavía queda, aunque no quieras admitirlo, obtenemos la receta perfecta de un despecho que, como no lo sepas dominar, te lo vas a tener que quitar como el plástico de los tranchetes. Estás un día en el trabajo y abres Instagram de puro aburrimiento. Y te azota en la cara la imagen del comemierda de tu ex en una playa de arena blanca y aguas cristalinas. ¿Dónde se ha ido este gilipollas? Miras la localización: Atoll Malé Sud, Maldives. ¿Maldivas? ¿Y con quién está, perdona? ¿Se ha ido a las Maldivas con ella? ¿Con la arpía por la que te dejó después de ponerte unos cuernos que te ibas llevando por delante los cables del alumbrado? Pero si nunca quiso ir contigo, que decía que era un aburrimiento, que ahí solo había arena y agua. ¡Ha sido capaz! Toda la vida veraneando en Roquetas y ha tenido los santos huevos de irse con ella, ¿estamos de coña? Y tú con cara mustia en el curro sin aire acondicionado. Esto no puede ser verdad, debe de ser una broma de esas de la tele, una cámara oculta. Por favor, que entren ya con el ramo de flores. Mientras vas pasando las fotos del carrusel, la *water villa*, la *infinitipul*, la cena con langosta a la orilla del mar, a ti te empieza a dar una subida de leche y se te hincha la vena como a la Patiño. Si en este momento te pilla por banda Bizarrap, te hace un álbum entero y una gira por Soria.

A no ser que seas Shakira y te vayas a forrar viva poniendo a caldo a tu ex, o te hayan llamado del Sálvame *Delús* y te vayan a pagar una lana, el despecho es un sentimiento de valencia negativa. No es bueno sentirlo, no nos aporta nada, pero, a veces, se presenta en nuestra puerta como un testigo de Jehová. No es una emoción, es un sentimiento fruto de una mala gestión, una turbación que se está desbordando por cauces inadecuados. Para que te hagas una idea, la rabia es un gremlin y el despecho es el gremlin cuando le das de comer después de medianoche. Lo cual no quiere decir que no sea normal sentirlo, ojo. No es fácil lidiar con el abandono, la humillación y la ofensa. Si te han dejado por otra persona y encima tienes que verlos pasear su amor por delante de tu cara, lo más natural es querer abofetearlos con un calcetín mojado en babas. A los dos.

Sentirse despechada cuando te han herido el orgullo es lo más natural del mundo. Así que no te sientas débil o mala persona por odiar a tu ex con todas tus fuerzas y desear hacerte un bombo rociero con la piel de su escroto. Eres un ser humano, coño. El problema, como casi siempre, es que ese sentimiento se alargue demasiado en el tiempo y acabe cogiendo las riendas de tu vida.

Sin embargo, hay quien utiliza el despecho como un refugio para victimizarse y culpar a la otra persona de todo lo que le ha pasado. Las relaciones son cosa de dos y, seguramente, ambos habéis cometido errores. Si culpas únicamente al otro del desenlace de vuestra historia quiere decir que estás huyendo de tus propias responsabilidades y le estás dando a tu ex demasiado peso sobre las cosas que te pasan en la vida. Entender tu parte de responsabilidad, por pequeña que sea, ayuda a reducir el odio y el despecho hacia tu ex y te saca del papel de víctima. Te sientes engañada y humillada, es normal. Pero autopercibirse como única damnificada te puede llevar a usar eso como justificación para cualquier acto de represalia hacia el otro, además de minar claramente tu autoestima. Saber identificarlo, aceptarlo y gestionarlo resulta esencial para poder pasar página. Todo ese batiburrillo emocional alimenta, como podemos imaginar, deseos de venganza.

DESEOS DE VENGANZA

Es comprensible que, en este momento, quieras ver sufrir a tu ex y someterlo a las peores de las torturas: sacacorchos, electrodos, sierras eléctricas, quesos veganos, discos completos de Quevedo... Pero primero vamos a hacer una reflexión. Cuando uno decide empezar una relación, de manera implícita está aceptando los términos y condiciones. Lo sé, nadie se lee todo ese tocho, pero, en una relación de pareja, estamos asumiendo muchos riesgos. Tienes muchas posibilidades de salir escaldada. No hay garantía de no sufrir, estás depositando la confianza en otra persona ciegamente, a fondo perdido. Te pueden poner los cuernos, mentirte como un bellaco, jugar con tus sentimientos hasta que salgas disponible en la sección de juegos de la App Store. No tienes ninguna seguridad de que algo de esto no vaya a suceder.

El factor común que tienen todos los deseos de venganza es un intento de restaurar el equilibrio en la pareja. Cuando sentimos que la otra persona nos ha hecho mucho daño, intentamos devolver la hostia en dirección opuesta, para equilibrar la balanza y que el otro se quede, como mínimo, igual de jodido que tú. Al hablar de venganza, estamos hablando de procesos que no se han trabajado correctamente, emociones reprimidas o mal gestionadas y de capítulos no resueltos. He oído mucho eso de «que no se crea que se va a ir de rositas; donde las dan, las toman; el que la hace la paga, se va a enterar de quién soy yo». En la escala de venganza están el conde de Montecristo, John Wick, Christina Aguilera cuando dejó de seguir a Britney Spears en Instagram y, luego, tú. Sentir rabia y odio hacia alguien que se ha portado contigo como un auténtico *gentuzo* es normal, pero cuando algo que te quema por dentro te dice que le pegues fuego a su descapotable, te está señalando que hay algo más profundo y que la rabia se está convirtiendo en una emoción problemática. No se trata de dejarnos llevar por el deseo vengador, sino de entender de dónde viene y qué es lo que realmente estamos buscando y qué vamos a obtener. Muchas veces no es más que un intento de llamar la atención de la otra persona, aunque sea jodiéndolo vivo. Y puede llegar a volverse adictivo. Te puedes obsesionar con imaginar planes maquiavélicos, mecanismos para hacer daño al otro. Y eso es un bucle del que es muy complicado salir.

He de admitir que me encantan las historias de venganza y, además, son muy cinematográficas. ¿Qué gracia habría tenido si *Los vengadores* se llamase *Los perdonadores*? Pues ninguna. Aunque sé que estás esperando una larga lista de ideas sibilinas para hacerle la anchoa a tu ex, que las vas a leer mientras te frotas las manos y estallas en una carcajada maligna, siento decepcionarte, pero no voy a hacer más el mal. Estoy acumulando puntos de karma y solo me quedan 120 para que me den la yogurtera. Además, tengo que decirte la verdad, la venganza no es dulce. Sé que hay muchas ideas que rondan tu cabeza: acostarte con su mejor amigo, publicar ese vídeo comprometido que sabes que lo hundiría vivo o contar secretos que conoces y de los que tienes pruebas. Sé que estás pensando en romperle las lunas del coche, no lo hagas. Y, si lo vas a hacer, rómpele las traseras, que son las que no cubre el seguro —me lo dijo una amiga—. Aunque dicen que la venganza es un plato que se sirve frío, en realidad, la mayoría de las venganzas son en caliente. Por más tentador que pueda sonar y aunque por un momento te sientas como Soraya Montenegro, la venganza no te va a traer ninguna paz. Lo más probable es que, una vez ejecutado el malévolo plan y visto desde la distancia —seguramente desde la cárcel—, te arrepientas y te avergüences de ello. Con lo cual, además de tener que lidiar con la ira, el amor, el odio y el despecho, te vas a echar a la mochila un sentimiento de culpa. Otro más, como si tuviéramos poco.

Las redes sociales se han convertido en la herramienta preferida de todos los vengadores y despechados del mundo, dando mil y una opciones para llevar a cabo terribles revanchas. El problema es que, una vez que publicamos algo en internet, perdemos completamente el control sobre ello, e incluso, cuando nos arrepintamos y lo borremos, esa información que hemos publicado puede estar ya vete a saber dónde.

Un *modus operandi* tan típico como lamentable consiste en liarse con otra persona para que tu ex te vea y se muera de celos. Que, bueno, eso de que se muera de celos es lo que te crees tú, porque a él no le puede importar menos. Pero tú quieres darle en los morros y demostrarle que no estás muerta de amor y que incluso has encontrado a alguien mejor. Subes fotos a las redes con tu nuevo bigardo y un texto que dice: «Me cambiaste por una más delgada y yo me busqué una más gorda». Delicada, sutil. Te ha faltado etiquetarlo.

Este tipo de actitudes resulta bastante evidente y patética. Los despechados suelen desarrollar una proyección y piensan que la otra persona piensa y siente lo mismo que ellos. Sin embargo, eso nunca es así, porque si tu ex te ha dejado, es porque le chupa un pie con quién te líes o con quién te dejes de liar. Incluso puede que, mostrándote así, solo consigas quedar como una loca desequilibrada que no está bien de la buhardilla y hasta le quite un peso de encima saber que estás con otra persona y vas a dejar de darle el coñazo. Te ha abandonado, te ha dejado, se fue, a no ser que se trate de un ególatra narcisista que quiera tenerlo todo y, en ese caso, casi mejor que no quiera estar contigo, porque te va a amargar la existencia más bien pronto que tarde, si es que no lo estaba haciendo ya.

Antes de hacer nada, reflexiona sobre todas las energías que vas a invertir en eso y si de verdad te va a ayudar en algo. Porque, como decía *El Chavo del 8*, «la venganza nunca es buena, mata el alma y la envenena». Vengarse da mucho gustito, no lo niego, tampoco voy a ir yo de madre Teresa de Calcuta, pero estaremos desviando el foco de atención de ti hacia la otra persona. Enfocándote en el pasado, en quien te hizo daño, estás creando un vínculo afectivo muy perjudicial. Cada vez que llamas su atención del modo que sea, lo estás volviendo a involucrar en tu vida y derivando las energías al objetivo equivocado. Y las necesitas todas para ayudarte a ti misma. Centrémonos.

Para curar el dolor de la ruptura, lo que de verdad conviene es marcar distancia y olvidarte de cualquier excusa que te motive a seguir centrada en tu ex. Puede que en algún momento sientas que necesitas vengarte, devolverle todo el daño que te ha hecho, se te enciende la bombilla y se te ocurre un plan que haría palidecer de envidia a Terminator. En ese caso, vas a hacer algo. Párate un momento. Escribe ese plan en una hoja de ruta, un diario, un Word, un Excel, lo que te dé la gana. Describe el plan que estás maquinando con todo lujo de detalles, elementos y ejecución. Y guárdalo durante una semana. En ese tiempo, no hagas nada, no lo mires, date ese plazo para reposar la idea, déjala que se enfríe. Transcurrido ese lapso, lo vuelves a leer y a valorar. Estoy segura de que tu venganza perfecta ya no te va a parecer tan buena idea.

Así que, como somos personas civilizadas, vamos a aceptar y canalizar ese sentimiento y vamos a desearle el mal internamente. No te preocupes, por pensar algo o por verbalizarlo no se va a hacer realidad, lo tengo comprobado, si por el simple hecho de desear alguna cosa se fuera a materializar, yo ahora mismo estaría casada con Chris Hemsworth y tendría a Elsa Pataky haciéndome los baños. Los baños de mi mansión de tres millones de euros, por supuesto, porque, puestos a proyectar, lo hacemos a lo grande. Así que puedes desear el mal sin miedo, no te preocupes. Aún más, si se lo merece, lo mismo encuentras al karma con cobertura y se hace justicia. Piensa en tu ex y repite: «Ojalá te salga un grano en el culo que te sirva de taburete y seas catapultado a un pozo de mierda del que solo puedas salir tragando». Y oye, que si eso se cumple, llámame, que te encargaré cosas.

¿CÓMO GESTIONAR LA IRA?

No niegues la rabia

Admite que estás más cabreada que el casero de *El fugitivo*. No intentes ir de digna, eso no hará más que enmascarar tus verdaderos sentimientos y se formará un tapón que no va a salir ni con sosa cáustica. Te han jodido, tienes derecho a enfadarte todo lo que te dé la gana. No aguantas a tu ex, lo aborreces, lo odias. Te gustaría estrangularlo, provocarle una muerte lenta, pisarle el escroto con el tacón de tus sandalias de Marypaz y, como diría Siniestro Total, bailar sobre su tumba. Porque es malo, más malo que el Windows 8. Es como Demian y Voldemort juntos, como un puñetero híbrido entre Kim Jong-hun y un funcionario sin desayunar. Te gustaría hacer que desaparezca de la faz de la tierra, meterlo en un cohete y enviarlo a tomar por culo, pagarle un viaje en el submarino del Titanic con tal de perderlo de vista. Quieres viajar al pasado con el DeLorean para que semejante *infraser* nunca hubiera sido concebido.

Bien, ya hemos reconocido la ira, ahora identifica por qué estás enfadada exactamente y con quién. ¿Qué es lo que más te jode? ¿Que no haya luchado por vuestra relación, que te haya sido infiel, que haya incumplido todas las promesas que te hizo? Posiblemente, la lista sea más larga que el zurullo de una anaconda, pero, si es necesario, escríbelo todo. Y no te dejes nada.

Analiza cómo esa rabia se proyecta a diferentes niveles, dónde tiendes a buscar culpables:

1. **En tu ex:** «cómo pudo hacerme eso, el muy hijo de su madre», «con lo que yo he hecho por él, puto desagradecido», «confié en él y así me lo paga».
2. **En la situación:** «en qué hora nos fuimos de vacaciones a Torremolinos y se tuvo que liar con la socorrista», «toda la culpa la tienen sus amigos, son unos *metemierda*», «si no nos hubiéramos mudado aquí, ahora aún seguiríamos juntos».
3. **En tu persona:** «si es que soy idiota, ¿cómo no me di cuenta?», «siempre me lío con imbéciles, si es que no aprendo», «¿cómo he podido portarme así? Toda la culpa es mía».

Cada persona actúa pensando desde su ombligo y con las herramientas y los conocimientos de la situación que tiene en ese momento, basándose en sus emociones, heridas y mochilas personales. Por eso, no hay culpables directos, sino responsables de cada circunstancia de la vida. Analiza los errores que hayáis cometido ambos e intenta entender por qué se hicieron las cosas como se hicieron, aceptando que actuamos según la situación y el momento.

Canalízala

No quiere decir que puedas escudarte en esta emoción para justificar cualquier respuesta o reacción. La diferencia entre la rabia mal y bien gestionada es que esta última respeta los límites. Por más que creas erróneamente que te estás desahogando, expresarla de forma brusca, destructiva o violenta no te va a ayudar, sino que empeorará la situación. Montarle un pollo a tu ex y ponerte en plan *kale borroka*, gritar, golpear cosas o liarte a hostia limpia con las puertas como en *Hermano mayor*, no significa que estés conectando con tu rabia, significa que eres una cafre.

Puedes canalizar la rabia con técnicas que no estén castigadas por el Código penal y por las que no te puedan poner una orden de alejamiento. Tal vez te resulte típico o infantil, pero ¿has pensado en hacer una diana con su cara? No, lo digo en serio. Imprimir su foto y pegarla en una diana o en un saco de boxeo. O a una pelota con la que luego te líes a patadas. A lo mejor hasta descubres que se te da bien y que eres la nueva Ronalda. Puedes crear un falso muñeco vudú con el que ensañarte a gusto. Aunque tal y como te van las cosas últimamente, lo mismo le clavas agujas y le curas la ciática con acupuntura.

Hay gente con una buena visión comercial que ha inventado negocios para romper cosas. Increíble pero cierto. Si vives en una ciudad, puedes encontrar locales que, por el módico precio de 25 euros, te incluyen el alquiler del equipamiento de seguridad, herramientas, monos y casco para que no te hagas daño, y tienes a tu disposición toda una serie de objetos que puedes reventar a tu antojo: menaje, televisores, muebles, botellas, etc. Es una experiencia catártica que se lleva a cabo en un entorno controlado y supervisado por un equipo. No he ido nunca, pero no me cabe la más mínima duda de que sales de ahí nueva. Luego, te vas a que te den un masaje en los pies, te haces las uñas y ya has echado el día.

Desahógate con alguna amiga, drena toda tu ira, llora, grita, suelta sapos y culebras por la boca si hace falta. Una buena manera de gestionar la ira es crear un grupo de WhatsApp contigo misma. De hecho, estoy segura de que ya tienes uno, el típico donde apuntas la lista de la compra o los libros que quieres leer. Si te ayuda a meterte en el papel, pon la foto de tu ex de perfil, como si estuvieras hablando con él. Y despáchate a gusto. Escríbele lo que piensas, mándale audios, llámale perro judío y aborto de sabandija, márcate un Laura Escanes. Cada vez que te dé la oleada de coraje, coge el móvil y te desahogas. Esta técnica te va a ayudar no solo a identificar tus emociones y gestionarlas de forma efectiva, sino a ver cómo te comportas y cómo te comunicas cuando estás enfadada. Volver a leer o escuchar esos mensajes te va a dar mucha información de cómo manejas tu ira.

Carta de la rabia

El objetivo de este ejercicio es, de forma rápida, desatascar las emociones que nos embotan. Es como si los sentimientos se hubieran quedado atorados en el codo del desagüe y estuvieran provocando un atasco que ríete tú de la operación salida. Esta carta no tienes que dársela, ni debes, es algo que hacemos para identificar nuestras emociones, plasmarlas y materializarlas para, a continuación, dejarlas ir.

En una hoja en blanco, escribe todo lo que se te pase por la cabeza, da igual si tiene sentido o no, si es censurable o si son tacos que harían enrojecer a un camionero ruso. No borres, no taches, no arranques hojas, olvídate de la censura o la vergüenza. Nadie va a verlo, solo tú, así que insulta, cágate en sus muertos, miéntale a su madre, jura venganza como si fueras Íñigo Montoya, pon todo lo que sientas. Puede ser un folio, dos, tres, como si son quince. Escribe todo lo que te hace sentir como el culo hasta que ya no te quede nada dentro. Que toda la rabia que has acumulado quede plasmada en el papel.

Una vez que te hayas quedado a gusto, rómpela o quémala. Se trata de un acto simbólico para dejar todas esas emociones atrás.

Después, usa otra hoja nueva y escribe cómo te gustaría sentirte ahora mismo. Cómo quisieras que fueran tus sentimientos. ¿Olvidarlo, dejar de pensar en él, dejar de odiarlo, estar tranquila? No tienes por qué destruir esta carta, puedes hacer lo que te pidan tus tripas en este momento, lo que te haga sentir mejor. Si quieres romperla, rómpela. Si no, puedes guardarla y meterla en la cápsula del tiempo, será como dejar todos esos sentimientos conservados en una caja, donde no molesten (veremos con más detalle cómo hacer una cápsula del tiempo en el capítulo 15).

Aunque es significativo conectar con ella, la rabia es una emoción que es conveniente transitar lo más rápidamente posible. Cuando esta fase se alarga en el tiempo, nos puede llevar hasta el polo opuesto y, en lugar de actuar como un factor protector ante el daño ocasionado, puede gestionarse de forma destructiva y que no nos permita cerrar adecuadamente este capítulo. No te recrees, déjala que salga, pero no que te domine. Darle demasiadas vueltas al tema regurgitando y tragando tu propia bilis puede causar el efecto contrario y no permitirnos avanzar.

Ya has llorado lo que no está escrito, has contado la historia por vigesimoquinta vez y tus amigos están hasta el parrús de escuchar mil veces la misma cantinela, así que llegó el momento de dejar de torturarlos. Deja el monotema, ya has deseado una y otra vez que le vaya mal en la vida y que le parta un rayo y que un perro le muerda el prepucio. Es hora de ir cerrando y borrando carpetas. El grupo de WhatsApp que creaste contigo misma para llamar a tu ex de todo menos guapo bórralo. La diana con la foto de tu ex, a la basura. La pelota a la que dabas patadas, desinflada y al contenedor amarillo. Es hora de pasar página. Quítate el traje de *madame* Butterfly y bájate del escenario. La función terminó.

7

¿Perdonar o no?

Perdonar es divino. Pero mandar a la mierda es sensacional.

Cuando ya hemos sentido nuestro despecho, nuestra rabia y podemos decir que hemos soltado el cuesco, tenemos que preguntarnos si es posible llegar a perdonar. Esto no significa volver con nuestro ex o reconciliarnos, sino que, más bien, es una especie de «absolución». No borra el daño ni exime de la culpa, se trata de liberar de la deuda y aceptar lo que no podemos cambiar. Resulta un proceso complejo que solo nosotros podemos hacer y es realmente curativo, porque significa dejar atrás el resentimiento, el rencor y el odio. No implica olvidar, sino ser capaces de recordar sin que nos duela. Es soltar una brasa que te está socarrando por dentro, como quitarte los tacones y el sujetador al llegar a casa. Es un trabajo interno que hacemos para quitarnos un peso a nosotros mismos, no para quitárselo a la otra persona.

Perdonar implica neutralizar las emociones asociadas al recuerdo de la relación o a la persona que nos ha hecho daño y conseguir que eso que nos ha pasado deje de tener tanto efecto en nosotros. Ese odio y esa rabia que hemos sentido y que hemos canalizado ya es hora de dejarlos atrás y no permitir que se conviertan en una mochila que llevemos de por vida. Supone quitarle el poder que tiene sobre nosotros, que deje de influir en nuestra existencia y nuestras decisiones. Cuando algo es muy doloroso, sin darnos cuenta, nos encontramos hablando de ello con demasiada frecuencia, porque necesitamos darle un sentido, analizarlo para tratar de encajarlo. Lo que pasa es que, por muchas vueltas que le demos, no vamos a llegar a ningún sitio y lo único que conseguimos es quedarnos bloqueados en esta fase. Porque vivir con odio no es vivir y solo nos sirve para seguir regodeándonos en ello, atascados en el pasado. Perdonar trae un tipo de paz que hace que podamos centrarnos en nosotros y seguir avanzando.

Usa esta frase: «No te guardo rencor. Tampoco te voy a desear el mal porque ya te lo deseé antes y porque bastante tienes con lo que tienes».

No obstante, puede que lo que te hayan hecho sea realmente imperdonable. Hay situaciones que no perdonaría ni el mismísimo Dalái Lama puesto de Lexatin. Maltrato físico o psicológico, a ti o a tus hijos, alienación parental, estafas económicas, etc. Somos buenos, no gilipollas y, sobre todo, somos humanos. No tenemos por qué ser capaces de gestionar todas las emociones y todas las mierdas que nos caigan. Solo faltaría.

Perdonar a alguien tiene que ser algo que hagas tú desde dentro, porque sientas que te va a ayudar a soltar lastre. Pero hay veces que lo único que tienes ganas de soltar es una hostia con la mano abierta que le recoloque la mandíbula. Si no lo sientes, si crees que jamás podrías perdonar a esa persona, no lo hagas. Ni te presiones a ti misma echándote otra responsabilidad más ni te sientas culpable por ello, no eres el papa de Roma. Hay veces que el dolor nos queda grande y es perfectamente comprensible. Lo importante aquí es que no te fuerces y si no eres capaz de perdonar, quizá sí lo seas de seguir trabajando en las secuelas que te ha dejado. Conocí a una chica que había tenido una relación de maltrato y no solo no quería perdonar lo que le había hecho su ex, al que seguía odiando con todo su ser —lo cual cualquiera entendería—, sino que extendía su odio hacia cualquier persona que fuera sagitario, porque su exnovio lo era. Tienes todo el derecho a no perdonar, pero eso implica ser consciente, entre otras cosas, de que el rencor que sientes hacia tu expareja, por muy carnuzo que haya sido contigo, no se debe trasladar a otras personas que conozcas en el futuro. El hecho de que alguien te haya traicionado no quiere decir que otras personas vayan a hacerlo. Solo así podrás avanzar.

8

Tristeza

«No llores por quien no te merece» y otras frases de mierda.

Sí, amiga. Vas a acabar con los tímpanos pelados de escuchar este tipo de frases. Porque, a la que se te ocurre nombrar a tu ex, lo mal que lo estás pasando o que estás jodida, va alguien y te suelta: «No llores por él, no te merece», que «llorar no sirve de nada», «vendrán tiempos mejores» y, la mejor de todas, «anímate». Perdón, se me olvidaba la tan colosal «pasa de él, no te rayes».

Y tú, automáticamente, piensas: «Vaya, gracias, ¿qué sería de mí sin vuestra todopoderosa sabiduría? Dejar de estar triste y jodida, no se me habría ocurrido nunca. Voy a dejar de estar triste enseguida, inmediatamente. Y, de paso, voy a dejar de estar preocupada cuando me quieran embargar la casa, voy a dejar de ser bajita y también voy a dejar de llorar cuando me choque el dedo meñique con la mesita de noche. ¿Dónde está el botón de apagar sentimientos? *Alexa, turn off my feelings.* Ah, no, que no hay botón. Y también, ya que me pongo, voy a dejar de ser pobre. Hombre, por favor, ser pobre... ¡Qué ocurrencia! Si es que son ganas de sufrir a lo tonto».

La gente, por lo general, tiene mejor intención que sentido común, que es, paradójicamente, el menos común de los sentidos. Cuando una escucha ese tipo de frases, hechas sin que hayan pasado el filtro de la materia gris con la que aparentemente vinimos a este mundo, piensa que, realmente, tenemos que tener un control sobre nuestras emociones, como si para dejar de estar triste, bastase con desearlo. Son frases muy dañinas, porque, además, añaden más presión y estrés, como si estar mal, fuera culpa tuya, como si no estuvieras poniendo lo suficiente de tu parte. Tienes todo el derecho a estar triste y te están faltando al respeto e invalidando tus emociones si te dicen algo así.

Y si, para más inri, tu ex en cuestión es un capullo redomado que realmente no merece que ni tú ni nadie llore por él, entonces, te sientes el doble de estúpida. Porque estás invirtiendo esfuerzos en alguien que no vale tus lágrimas. Esto solo añade más culpa y frustración a toda la colección de sentimientos a gestionar. Como si no tuviéramos suficiente.

Ya hemos comentado antes que la tristeza es una emoción y, como todas las emociones, es absolutamente necesaria. Pero socialmente, se percibe como algo negativo. Las personas, en general, no se sienten cómodas ante este tipo de emociones y van a intentar contenerlas. Solo hay que fijarse en cómo reacciona la gente ante una persona que se pone a llorar. La mayoría no saben muy bien qué hacer y se limita a decirle que no llore. En realidad, lo que quieren es que esa situación termine cuanto antes porque les hace sentir incómodos. No toleramos que una persona sufra y, por eso, esas frases nos salen tan a la ligera. No nos han enseñado a lidiar con la tristeza y a percibirla como lo que es, algo natural que nos enseña a soltar, a asumir las pérdidas, a cerrar ciclos. Es urgente aprender a normalizar estas emociones como parte de nosotros, para evitar que desemboquen en otros trastornos, como depresión, ansiedad o duelos patológicos.

Volvamos al ejemplo de la pierna rota de la que hablamos al principio. ¿Crees que importa si yo me rompí una pierna escalando el Naranjo de Bulnes, si fue subiendo un pedrusco en un ribazo o si me resbalé con una cáscara de plátano y me despatarré en plena Gran Vía porque iba borracha como una tarta? ¿Piensas que la causa de mi dolor hace que sea más o menos real, más o menos válido? No importa si tu ex es un psicópata narcisista más malo que los tipos de interés o si es un dechado de virtudes con la cara y el cuerpo de Tyson Beckford. Cuando lloras, no le estás dedicando tus lágrimas a nadie. No lloras por él, lloras por ti. Tal vez hayas amado a un mentecato integral, que se ha portado contigo como el culo, pero los sentimientos que albergabas por él sí eran de verdad. El vínculo que tenías con él sí era real, aunque el objeto de este amor no fuera merecedor de él. Y lloras porque llorar te conecta con tus emociones, te hace sentir la pérdida. El dolor es parte del proceso. Como decía mi abuela cuando me echaba agua oxigenada en las heridas: «Si duele, es porque está curando».

Aquí te dejo algunos consejos de mierda que, en su mayoría, procederán de amigos y gente que te quiere. No los culpes ni vuelques tu frustración en ellos, todos hacemos lo que buenamente podemos y, por desgracia, no se nos ha educado para afrontar emociones complicadas.

Hay más peces en el mar, ¡será por hombres! Ya sé que hay más peces en el mar, ¿y a mí qué me importa? A mí me importaba la relación que tenía con este pez en concreto, con este besugo, los demás me dan igual, a los demás no los quería. Tal y como comentaremos más adelante, aunque hubiera más personas dispuestas a quitarte la pena, aunque empezaras otra relación, eso no iba a solucionar nada. Una relación no es una batidora que, cuando se rompe, puedes ir a por otra al MediaMarkt y que los gazpachos te sigan saliendo igual de ricos. ¿Te has quedado sin tu pareja? Pues sal con otro, mira que te preocupas por tonterías. Modo sarcasmo ahí, bien *a full*.

Pues yo, cuando lo dejé con Paco, me duró la pena dos días. Pues mejor para ti, pero cada persona tiene su proceso y lo que una puede gestionar en días, a otra le puede llevar meses. Además, lo que para alguien puede ser una tontería y no darle importancia, para otra puede ser una auténtica tragedia griega. No te compares con personas que aparentemente gestionaron el duelo de manera genial. No sabes lo que llevaban por dentro y hasta qué punto era una fachada más falsa que el desayuno de una *influencer*.

Hay gente que está peor. Sí, por ejemplo, tú. Que eres más tonta que Lois Lane, que no se daba cuenta de que Clark Kent era Superman con gafas. Porque lo mío se pasa, pero lo tuyo ni se pasa ni se disimula. Este mensaje es doblemente peligroso. Por un lado, te obliga a ponerte un punto en la boca ante tus propios problemas, que ya parecen intrascendentes si piensas en el drama de los refugiados kurdos. Y, por otro, te hace sentir tan mala persona que hasta Ted Bundy te miraría con desaprobación, por andar llorando por tu ex en lugar de por el accidente ferroviario de Odisha. Pero, a ver, alma de cántaro, ¿en qué me puede ayudar a mí saber que hay gente que está peor? ¿A mí qué me importa? Ya sé que hay gente que está peor, que hay personas pasando dramas humanitarios, pero a mí me jode lo mío. ¿O acaso solo puedo quejarme si soy la persona más desgraciada del planeta, algo estadísticamente poco probable? No entiendo por qué debería reconfortar a alguien el hecho de comparar sus problemas con los del resto. Además, me parece completamente razonable llorar a moco tendido, mientras empaquetas tus enseres personales en una cajita de cartón y piensas qué coño vas a hacer con tu vida a partir de ahora, y dejar de preocuparte por un momento por la crisis humanitaria de Yemen y que hay chinos mutilando tiburones para hacer sopa de aleta.

Intenta no pensar. Intenta tú no respirar y así le hacemos un favor a la humanidad. Claro, espera, voy a vaciar la papelera de pensamientos sobre mi ex. O mejor, la de pensamientos que me joden la vida en general. Vaya, me debieron de dar la versión de cerebro desactualizada, porque no encuentro el comando de dejar de pensar por ninguna parte. ¿Desea usted restablecer los valores de fábrica? Sí, confirmar. ¡Por favor...!

¡Sonríe! Que sonría tu madre. Pero ¿qué clase de consejo es ese? ¿Cómo voy a sonreír?, estoy jodida. Lo he dejado con el amor de mi vida —o, al menos, el que creía que era el amor de mi vida hasta antes de ayer—. Si te pasan cosas malas, lo normal es estar triste, y si te pasan cosas buenas, lo normal es estar alegre. Si te acontecen desgracias y tú sonríes, no es que seas positivo, es que eres idiota. Además, sonreír sin ganas no te hace parecer feliz, lo único que vas a conseguir es que parezca que te está dando una apoplejía.

Todo pasa por algo. Si todo pasa por algo, entonces, supongo que, si no me hubiera pasado esto, me habría pasado otra cosa. ¿Y esa otra cosa que me hubiera pasado también habría sido por algo? Sí, admito que algunas cosas pasan por algo, por ejemplo, muchas cosas me pasan por imbécil. Pero ¿de verdad que con esta frase nos intentan hacer creer que hay algo bueno detrás? ¿Alguna especie de designio divino que nos tiene preparado algo perfecto y maravilloso?

O, como he escuchado recientemente, Dios manda a la batalla a sus mejores guerreros. Pues que me digan dónde hay que darse de baja de ese ejército, que yo paso. Suponer que existe un plan establecido y que si te sucede algo malo es porque el destino te está preparando algo mejor es un pensamiento tan simple como el mecanismo de un botijo. Al universo le importas una mierda, ni te conoce. Bien es cierto que, si tu pareja era un narcisista más tóxico que Godzilla después de sorber las centrales nucleares o un *nini* con cero días cotizados que pensaba que los *youtubers* son celebridades y que se comunicaba a base de emojis, cualquier cosa que te vaya a suceder después de esa ruptura será para mejor. Más que nada, porque ir a peor ya es difícil. Pero, en otros casos, no lo sabes. No hay manera de saber si te van a pasar cosas buenas o malas, si vas a conocer a otro amor mejor o te vas a quedar sola hablando con tus gatos —que, oye, tan a gusto—, porque la vida te manda las cartas como le da la gana, no en función de tu sufrimiento previo. Lo verdaderamente importante aquí es saber afrontar y superar lo que venga, con todo tu coño moreno.

Las mujeres ya no lloran, las mujeres facturan. Con esta frase por todas partes, en carteles, memes, tazas, camisetas, en un amplio surtido de objetos de *merchandising*, que casi se ha convertido en un lema feminista, las mujeres —y también algunos hombres— asumimos un mensaje nada adecuado. El hecho de no querer mostrarnos débiles, de querer dar una imagen de mujer que no llora porque está por encima de todo eso, lo que realmente conlleva es enmascarar una tristeza que no va a desaparecer solo porque la ignoremos. Dejemos de hacer caso de frases baratas de coach y de tazas motivacionales y actuemos como personas emocionalmente estables, que no tienen miedo de mostrar su vulnerabilidad.

Esto te hará más fuerte. Si quiero ser más fuerte, me apunto a clases de CrossFit. ¿Que me dedico yo al *pressing catch* para necesitar ser más fuerte? No quiero ser más fuerte, maldita sea, quiero ser feliz. Sí es cierto que algunas crisis, una vez se superan, nos dotan de las herramientas adecuadas para afrontar otros reveses de la vida. Nos hace más experimentados, de tal manera que, la próxima vez que nos pase algo parecido, sabremos gestionarlo mejor. Sí, algunos problemas te pueden hacer crecer como persona. Sin embargo, también hay otros muchos que te crean un trauma de mil pares de narices y te hunden en la miseria durante una buena temporada. En esos casos, no aprendes ni creces ni nada, sino que logras salir de estas situaciones como la niña de *The Ring* emergiendo del pozo, arrastrándose y comida de mierda. Lo único que consigues es sobrevivir a duras penas, como un besugo con la cabeza fuera del agua. Los eventos traumáticos no nos ayudan a nada y no siempre logran una mejor versión de nosotros mismos. Así que no debes dar las gracias al universo por ellos. Ya es suficiente mérito que hayas conseguido salir del trance manteniendo la cabeza pegada a los hombros.

Seamos claros: a nadie le gusta estar triste. La tristeza es, sin duda, la emoción más marginada de todas. No es algo agradable, por eso, se le llama tristeza y no «fiesta de la espuma». Como todas las emociones, es un mecanismo de autorregulación filogenético. Como dijimos cuando hablamos de ellas, la tristeza es algo adaptativo. Pero ojo, que sea adaptativo no quiere decir que sea guay, quiere decir que es útil, que nos sirve para algo, no significa que nos tenga que gustar. Entonces ¿en qué me puede ayudar a mí sentirme como un mojón?

La tristeza es la emoción encargada de cerrar etapas, de hacernos entender el final de un ciclo. Anda, esto me suena, ¿no? Es exactamente lo que intentamos hacer cuando rompemos con alguien, olvidarlo y pasar página. Por eso, en cualquier proceso de ruptura, la tristeza es tan importante. Si estamos tristes, tendemos no solo al recogimiento físico, a la inactividad, sino también a pensar en algo constantemente. Cuando estamos muy jodidos por algún motivo, nos cuesta quitárnoslo de la cabeza. Y dirás: «Pero a ver, Antonia, si yo lo que quiero es olvidarme de mi ex, ¿de qué me sirve pensar en él todo el tiempo?». Estar en tu casa unos días, sin ver a nadie y dándole vueltas al tarro, te ayuda a entender por qué tu pareja ha sido tan relevante en tu vida. Te está ayudando a reorganizar y ordenar tus pensamientos, a elaborar la pérdida. Tu cerebro necesita un tiempo para comprender y procesar que algo se ha ido para siempre.

Si no has visto la película *Inside Out*, te recomiendo que lo hagas, porque ilustra a la perfección lo fundamental que es, a veces, dejar que la tristeza tome el mando de la situación. Aunque no te guste, ha venido para ayudarte. Así que déjala pasar y que limpie la porquería que llevas dentro.

POR QUÉ NO REPRIMIRLA

El hecho de que te convenzas a ti misma de que estás bien, de que no debes llorar y de que no vas a sufrir más por ese tío no hará que la pena desaparezca. Solo estás metiendo la mierda debajo de la alfombra. Pero esa mierda sigue estando ahí, aunque no la veas. Y, si se sigue acumulando, las pelusas y los ácaros acabarán cobrando vida, saliendo de la alfombra y devorándote viva.

Las emociones, sean cuales fueren, son como un río. Puedes poner una presa, pero si la fuerza del río es muy potente, se acabará desbordando por cauces inadecuados. Dentro de unos meses, cuando tengas ataques de llanto incontrolado y no sepas por qué, irás al psicólogo y te dirá que no supiste gestionar tus emociones cuando rompiste. Esas emociones se quedaron ahí, como un pedo enquistado. Y créeme, son como Mariah Carey, que tarde o temprano acaba apareciendo y quitándote las ganas de vivir. Reprimir una emoción nos puede llevar a desarrollar trastornos peores en el futuro, que nos costarán mucho esfuerzo superar y nos van a hacer sufrir todavía más.

CÓMO ABRAZAR LA TRISTEZA

Llora, llora lo que haga falta. Da igual si tu ex lo merece o no, estás llorando por ti, para sanar tú. Piensa que llorar es como el agua que sale a chorros de una manguera y se lleva toda la porquería por delante, como cuando pasa el coche escoba. Llora hasta que se te pongan los ojos como dos ombligos y tenga que venir un tío del Canal de Isabel II a darte de alta con un contador.

Escucha a tu cuerpo y a tus tripas. En este momento, tu energía está bajo mínimos. ¿Tienes ganas de quedarte debajo del edredón y no salir jamás? ¿Necesitas encerrarte en casa, despanzurrada en el sofá, debajo de una manta morroñosa como un escombro charcutero mientras te pones ciega a ganchitos viendo el *Sálvame*? Tal vez esa opción pueda resultar deprimente a los ojos humanos, pero tu sistema inmunológico no podría tener nada mejor para recobrar fuerzas. ¿No quieres hablar con nadie o, por el contrario, necesitas desahogarte y llorar con una amiga mientras veis películas de Meg Ryan? Haz lo que sientas que necesitas en cada momento, no es obligatorio hablar de ello si no quieres o si todavía no te sientes preparada.

No des el bastón de mando a otros sentimientos. La culpabilidad y la vergüenza pueden estar igualmente presentes, pero no dejes que bloqueen tu tristeza y no la dejen salir. No te sientas mal por estar triste ni temas sentirte vulnerable o débil, tienes derecho y es lo que toca. No eres una floja, eres un ser humano.

Libérate de obligaciones por un tiempo. Tu casa parece Magaluf en San Valentín y tienes una pila de ropa para lavar, que te sale más a cuenta quemarla y comprarla toda nueva. Que le den por saco, estás triste de cojones, ya lo harás otro día. Zámpate una tarrina de helado de un kilo, cómprate algo bonito, échate una siesta de pijama y orinal o levántate tarde.

Deja que esa tristeza se quede el tiempo que necesite. No te presiones por sentirte mejor, por hacerla desaparecer o por fingir que estás bien. Si la dejas estar, desaparecerá cuando haya terminado su trabajo, cuando vea que ya no tiene nada que hacer contigo. ¿Y cuándo será eso? Cuando por fin hayas entendido y asumido que tu relación se ha acabado para siempre. Así que ponte la sudadera gris de Chenoa y hazte bicho bola. Créeme que, cuando se vaya, desaparecerá con un montón de bolsas de basura, aunque eso no quiere decir que tengas que quedarte llorando en casa hasta que las ranas críen pelo y lleven mechas californianas.

NO QUIERO MÁS DRAMAS EN MI VIDA

Una vez que hayas asumido la pérdida, que hayas entendido que tu relación se ha acabado y que no hay vuelta atrás, es hora de dejar a la tristeza que se vaya yendo. Cuando rompemos, a veces el drama se instala en nuestras vidas y no nos permite avanzar.

¿Quién no ha visto la típica escena de película americana, normalmente protagonizada por una rubia heteronormativa llamada Kate, donde la susodicha es abandonada por su pareja y se sume en la más absoluta dejadez y desesperanza? Pues así estás tú, con el chándal de María del Monte, comiendo helado mientras a tu vera se acumulan cajas vacías de pizza, botellas de alcohol y la televisión reproduce en bucle el vídeo de vuestra boda. Ya hemos dicho que es perfectamente normal, e incluso conveniente, sentirse así durante unos días. Necesitamos conectar con esa tristeza, sentirla hasta en lo más profundo de las entrañas, pero una cosa es conectar con nuestra tristeza y otra muy distinta hacer un drama y convertirnos en una lipotimia de Rapahel. Nos autocompadecemos, nos revolcamos en el fango y nos dejamos invadir por ideas y actitudes que no nos permiten seguir adelante.

No puedo vivir sin él. Mira, te compro que no puedas vivir sin Nutella, sin torreznos o sin las birras del fin de semana. Pero sin tu ex puedes vivir perfectamente. El mito romántico de la media naranja ha hecho mucho daño y es otra pamplina. No necesitas otra media naranja, tu media naranja acabó siendo más bien el trozo de limón seco que hay en el fondo de la nevera. No te hace falta nada de eso, tú ya eres una naranja entera por ti misma. Y puedes hacer un zumo de puta madre.

Sin ti no soy nada. Cuando Amaral cantaba eso, está claro que del psicólogo no venía. Una persona no es válida por estar o no con alguien. Nuestra pareja no nos otorga el valor como personas, ya lo tenemos por nosotras mismas, solas o en pareja. Antes de conocerle, eras algo y lo sigues siendo ahora. Solo tienes que sacudirte un poco el desamor y trabajar tu autoestima.

Nunca volveré a encontrar a nadie. A no ser que vivas en una cueva en mitad del monte y solo te cruces con un lugareño cada dos meses cuando sales a cazar ñus o seas un monje cartujano, es estadísticamente improbable que no encuentres a nadie. Encontrarás a muchas personas y podrás volver a sentir lo mismo por alguien.

Conocerás otra gente que te hará igual o más feliz y hasta puede que alguno sea económicamente solvente y te quite de madrugar. Eso sí que sería la hostia.

Moriré sola. Como dice Sabina, «acabaré como una vieja loca, hablando con mis gatos». Visto lo visto, tampoco me parece una opción tan terrible. No sé por qué la gente se empeña en amenazar a las mujeres con acabar solas, rodeadas de animales domésticos, como si ese no fuera el sueño de la mayoría. Sé de una señora entrada en años que llevaba treinta casada con su marido. Cuando ya empezaban a tener una edad, la señora, dejando a todos sus familiares con ojos de huevo duro, dijo que por mi coño pasa el tren y se divorció. Se había dado cuenta de que se hacía mayor, que le quedaban pocos años de vida y que no quería malgastarlos cuidando de un anciano. El anciano en cuestión era su marido, pero nunca es tarde para comprender dónde no quieres estar. Puede parecer una decisión egoísta, pero a veces, abrazar la soledad es el mayor acto de empoderamiento que existe.

He perdido el amor de mi vida. A causa del concepto de amor romántico que impera en nuestra sociedad, tenemos demasiado interiorizado el mito del alma gemela, del amor de tu vida. Llámalo como quieras. Pero no existe un solo amor de tu vida ni alguien que sea ideal para ti, sino que hay muchas personas que pueden encajar contigo perfectamente.

Una persona no es la misma a los veinte que a los cincuenta y quien te resulta perfecto cuando tienes veinticinco años deja de serlo con el paso del tiempo. Hay tantos amores de tu vida como tú quieras, como maromos te cruces o como veces que tú quieras enamorarte. Pensar que solo esa persona es tu único amor verdadero hace que te aferres a esa relación como si fuera tu último tren. Y los trenes no pasan una sola vez en la vida, pasan muchas veces. A no ser que vivas en Teruel.

Así que, querida amiga triste, es hora de empezar a mover el culo del sofá. Aunque todavía estés jodida y no tengas muchas ganas de hacer cosas, no es adecuado que sigas revolcándote en la tristeza como un gorrino en un charco. Hemos dicho que hay que dejar que la tristeza se quede el tiempo que necesite y lo que eso significa es que, aunque tenemos que intentar salir del agujero, es muy posible que sigamos estando tristes y no pasa nada. Debemos sentirla, no dejar que nos devore. Es preciso empezar a sacudirse el polvo, limpiar la pocilga que tenemos por casa y, si en algún momento nos sobreviene la tristeza, hay que dejarla estar, darle su espacio, sin censurarla ni reprimirla. Es como cuando tienes invitados: está bien que se sientan como en casa, dejarles una habitación y el baño de cortesía, pero tampoco les vas a permitir que se pongan a revolverte en los armarios, abrirte los cajones y que se instalen para siempre. Es como decirle «te puedes quedar, no me molestas, pero voy a seguir haciendo mi vida y soy yo la que tengo el mando».

Llegados a este punto, puede ser positivo realizar un cuadrante de actividades, como cuando estabas en el colegio. Sí, sé que limpiar la casa te apetece lo mismo que una depilación de ingles a soplete, pero es que llevas dos semanas que tu salón parece la ciénaga de Shrek. Solo te falta el burro. Estás a dos cajas de pizza de que te convaliden primero de Diógenes. Te miras al espejo y esa que ves al otro lado no eres tú, es la Chusa. Tienes unas ojeras que, si vas al zoo, te aparea un oso panda y tu pelo parece el papel de escurrir los sanjacobos. Llegó la hora de empezar a salir de la mierda, si no quieres acabar muriendo ahogada en el pantano de la tristeza, como el caballo de Atreyu.

Partiremos de lo más sencillo hasta lo más complicado. Haz una lista de tareas pendientes: comienza por las obligaciones que has dejado aplazadas, como las labores domésticas, la pila de ropa y la de platos sucios que parecen la montaña de los *Fraggle Rock*. Basta ya de ir por la vida como Amy Winehouse saliendo del *after*, anota ir a la peluquería o a hacerte las uñas. Después, las de ocio, como salir a dar un paseo, echar un vermut o quedar con esa amiga que hace mucho que no ves. Luego, las ordenas de menor dificultad a mayor, las que te resulten más fáciles o te den menos pereza en primer lugar, y establece un calendario con las tareas. Intenta que haya, al menos, una actividad a la semana que implique socializar. Empieza poco a poco, un día, una; otro día, dos y así vas agregando una a una hasta completarlas todas. Sí, sé que no te apetece, pero haz un esfuerzo por llevarlas a cabo.

Puede ser complicado salir del pozo, pero es necesario para que la tristeza no domine tu vida y acabe pasando de la habitación de invitados a la habitación principal. Verás que, cuando acabes cada una de esas tareas, cuando vuelvas a casa después de echar unos vinos con una amiga, te vas a sentir mucho mejor y te alegrará haberlo hecho. El objetivo es ponernos las pilas antes de que sea tarde y nos hayamos perdido por el camino. Porque, como dijo Confucio, «no puedes evitar que el pájaro de la tristeza sobrevuele tu cabeza, pero sí que anide en tu pelo».

TERCERA PARTE

ETIOLOGÍA DEL DESAMOR

9

Infidelidad

No presumas de tu relación en las redes. No sabes quién
se puede estar descojonando de los cuernos que llevas.

Ni de coña te lo esperabas. Tu maravilloso novio, tan sensible, sincero, detallista, encantador y absolutamente perfecto, te la ha pegado
con otra. ¿Cómo ha podido pasar? Descubrir que tu pareja te ha
sido infiel no resulta fácil de asimilar. Cuando dos personas tienen
un acuerdo de exclusividad, a no ser que tengan una pareja abierta, y una de las dos personas se pasa ese acuerdo por el kiwi-limón y
no lo dice, está violando los derechos de la pareja. Es una traición en
toda regla y para el que lo recibe, supone un golpe muy complicado
de gestionar. Estamos hablando de una mentira, de una violación de
la confianza y de la transparencia de la relación. Eso no se digiere
de un día para otro, no es un chupito de Jagger.

Recordemos lo que dijimos en el capítulo de la rabia: que te pongan los tochos puede resultar una experiencia traumática de narices
que, si no se gestiona adecuadamente, nos puede dejar el cerebro
como una *vichisuás*. En este aspecto, la rabia desempeña un papel fundamental, porque ¿te acuerdas de cuál era su función? Sacarnos de las
situaciones que no nos hacen bien, alejarnos de las personas que nos
dañan y hacer que movamos el culo, a ser posible, hacia sitios donde
nos traten mejor. En ese momento, la rabia nos va a ayudar a desvin-
cularnos de esa persona a la que no queremos seguir vinculados. Así
que, si tienes memoria de Dori, ve al capítulo de la rabia y echa un
vistazo a cómo la puedes manifestar y canalizar para que te ayude.

Cuando nuestra pareja nos engaña, lo primero que nos viene a la cabeza es intentar saber por qué. «¿Cómo no me di cuenta? ¿Qué he hecho yo? ¿Fue culpa mía? ¿Qué hice mal?». Empiezas a dudar de ti misma, de lo que es tu relación, tu vida; todo se vuelve una horrible pesadilla kafkiana. Es frecuente, en estas situaciones, cuando te reúnes con tus amigas, que te hagan los típicos comentarios de «abre los ojos de una vez», «es un cabrón», «no te merece». Lejos de la buena intención que hay tras estas palabras, y es que es normal que tus amigas quieran que lo superes y estés bien, hay mucha presión, porque lo cierto es que no resulta tan fácil. No es quitarte la venda y ver las cosas tal y como son, porque la verdad es que vienes de una realidad totalmente distinta.

Lo que sucede es que tu cerebro está tratando de asimilar e integrar información nueva, que es incompatible con la que tenía almacenada. Tú pensabas que estabas viviendo un cuento y resulta que era *Pinocho*. El hecho de que te hayan puesto unos cuernos más grandes que la Giralda de Sevilla no encaja con tu esquema mental, con tu concepto de relación, con tu estructura. La idea que tenías de tu pareja, de cómo era, cómo te trataba, lo que sentía por ti, es la información que almacenabas en tu disco duro. Y ahora resulta que tienes que intentar meter con calzador en ese disco una información nueva, que choca estrepitosamente con la anterior, directamente, no encaja. ¿Cómo es posible que esa persona que me quería tanto, en quien yo confiaba, sea la misma que se ha acostado con otra a mis espaldas? Sientes que ese que era tu pareja de repente es un extraño, no concibes que se trate de la misma persona, tu cerebro no lo entiende. Es como si tú tienes un sistema operativo iOS e intentas instalar un programa de Android. No puedes, tu mente intenta asimilarlo y se bloquea, colapsa, porque necesitas cambiar todo el sistema operativo y eso no se consigue en un momento. Hay que resetear la carpeta donde guardabas toda la información de tu ex, reorganizar las piezas y darles un sentido. Y, dependiendo del tipo de relación que hayáis tenido, es un trabajo que puede llevar mucho tiempo.

¿POR QUÉ NOS PONEN LOS CUERNOS?

Cuando uno de los dos miembros de la pareja es infiel, el discurso que impera en la sociedad lo tilda, poco menos, que de demonio. El que pone los cuernos es señalado como malo malísimo, un psicópata, un mal bicho, la bruja Avería, Pierre Nodoyuna. Es más malo que un garrafón de Dyc, peor que dejar el cartón de leche vacío en la nevera o el canutillo del papel higiénico sin reponer. Y cualquier cosa que digamos o hagamos que se salga de esta línea, a todo el mundo parece que le chirrían los oídos. Porque hay una intolerancia social a la infidelidad, ser infiel es peor que sacarte los mocos, peor que tirarte pedos en el metro. ¿Has sido infiel? Da igual si durante años fuiste la pareja perfecta, automáticamente, pasas a ser, para todo el mundo, una persona despreciable.

De acuerdo, ser infiel está mal y es moralmente reprobable, pero ¿no sería preferible intentar entender la conducta, darle una explicación, antes de juzgar y lanzarlo a la hoguera? Y ojito, que tal cosa no significa justificarlo, ni quitarle culpa o responsabilidad, tampoco perdonarle, sino que, de esta manera, nos resultará más sencillo darle sentido en nuestra cabeza y salir del agujero negro en el que estamos metidos hasta las orejas.

La causa más habitual de infidelidad es algún tipo de carencia en la pareja, ya sea sexual o afectiva. Cuántas veces hemos oído eso de «lo engañé con otro, pero la relación ya estaba rota». En este sentido, la infidelidad puede resultar una vía de escape de los problemas que tenemos con nuestra pareja. O incluso una manera inconsciente de terminar dando un motivo «de peso», porque no hay huevos suficientes para mirar al otro a la cara y decirle: «Hace tiempo que no siento nada al hacerlo contigo» y marcharse dando una patada a la bata de cola.

Hay muchos terapeutas que entienden que la infidelidad siempre es un síntoma de problemas en la relación, que si hay una persona que tiene la necesidad de estar con otra, es porque hay brechas, carencias no resueltas. Algo así como que quien no tiene comida en casa saldrá a buscarla fuera. O como dice el antiguo refrán, «marido guapo y bien *plantao*, o le das buena jodienda o te pone como un *venao*». Yo no estoy en absoluto de acuerdo con esto, me parece una visión muy reduccionista de las relaciones. Aunque es cierto que, la mayoría de veces, los cuernos vienen porque la pareja arrastra problemas y, en ese caso, sería algo así como la crónica de una muerte anunciada, no siempre ocurre. Hay que ver cada situación en contexto, porque de esto va a depender, en gran parte, cómo asumamos la ruptura. Dar por hecho, sin pararnos a analizarlo bien, que teníamos problemas de pareja, que no los supimos ver y que por ese motivo nuestro maravilloso novio se fue a amorrarse a la papaya de su compañera de trabajo, vuelca toda la responsabilidad en una persona que, posiblemente, no la tenga. O la tiene, pero no del todo.

Lo primero que nos viene a la cabeza, cuando sabemos que tenemos más cuernos que el perchero de un marqués, es que nuestra pareja no nos quiere, que de ese amor no quedan ni las cenizas. O, como muchos terapeutas entienden, que algo va mal, que hay algún asunto que subsanar. «Si me quisieras, no me habrías engañado». Tenemos tan interiorizada esta premisa que no entendemos que una persona enamorada y que sea feliz en pareja pueda sentirse atraída por alguien más. Y no solo sentirse atraída, sino llegar al punto de, de forma consciente y voluntaria, bajarse la bragueta y enterrarle el teleñeco. Sí, es verdad que, cuando alguien nos quiere, cuando hay amor, se presupone que hay que cuidar a la pareja y protegerla, y por supuesto, nunca hacerle daño voluntariamente. Pero, por desgracia, la vida no es así de simple y, a veces, las personas hacemos cosas que, sin querer, causan daño a los demás. En este caso, es mucho peor, porque se trata de algo que se hace de forma deliberada y que pensamos que el infiel podría haber frenado a tiempo. Aquí es donde nos encontramos con la paradoja del infiel: está haciendo algo que quiere y desea, pero, al mismo tiempo, no quiere, porque está —por mucho que cueste creerlo— enamorado de su pareja. Esto no significa que yo ponga al infiel en el papel de víctima, sino que intento explicar por qué una persona puede llegar a hacer lo que hace.

Por tanto, es mucho más sencillo creer que si me ha hecho esto no me quiere, antes que intentar entender qué otras razones puede haber en los subsuelos de su cabeza. Tenemos la creencia, de nuevo, del amor romántico, que si amamos a nuestra pareja, debemos mantenernos inmunes a otros maromos que puedan suponer una tentación; que, si yo estoy enamorada hasta el duodeno, ya puede aparecer Brad Pitt en vaqueros, el torso a pecho palomo, sacudiéndose el agua del sombrero de cowboy y marcando paquete como si llevara una linterna en el bolsillo, que yo me voy a quedar como vaca que ve pasar el tren. Porque estoy enamoradísima de mi chico hasta las trancas y no puede gustarme nadie más. ¡JA!

La fidelidad no consiste en que no te guste nadie más, porque eso no es ser fiel, eso es estar ciego. Ser fiel consiste en tener la cabeza amueblada para poder decidir tomar otro camino que no sea bajarte las bragas y ancha es Castilla. Más que en desear o no a otros, que eso es algo que no podemos controlar, es mantenerse firme en el compromiso con la otra persona. Eso sí es algo que depende de nosotros mismos. Pero, desgraciadamente, no todo el mundo tiene el autocontrol necesario y, en según qué circunstancias, las cosas se nos pueden ir de madre. Es como si a mí me pones el bote de Nutella en el armario de la cocina y esperas que tenga la suficiente fuerza de voluntad para no echarle mano. Pues aguantaré un día, aguantaré dos, aguantaré una semana, a lo mejor, hasta consigo aguantar toda la vida, pero si un día llego de fiesta a las cinco de la mañana con más hambre que un piojo en un peluche, ¿qué haré? Pues amorrarme al bote de Nutella chupando hasta la tapa. Al día siguiente, me sentiré fatal, pero el mal ya está hecho.

EL ERROR DEL CONSECUENTE

Es muy común que, al intentar entender por qué nuestra pareja nos ha engañado, caigamos en este error de pensamiento. Es un fallo de lógica que cometemos muy a menudo y que consiste en lo siguiente: A da como consecuencia B. Tenemos B, luego damos por hecho que la causa es A. Por ejemplo: cada vez que llueve (A) se moja la calle (B); si vemos la calle mojada (B), es porque (A) ha llovido. Y esto es un error, porque, aunque la causa más probable es que haya llovido, puede tratarse de que haya pasado el camión de la limpieza o haya reventado la furgoneta de reparto de Aquaservice o haya pasado King Kong con incontinencia urinaria.

Así que, en este caso, caemos en este error pensando que las personas que no quieren a sus parejas (A) les ponen los cuernos (B). Me ha puesto los cuernos, luego significa que no me quiere. A partir de ahí, seguimos cometiendo errores de pensamiento en la misma línea: las malas personas hacen cosas malas. Con lo cual, si alguien hace una cosa mala, es una mala persona. Y esto, queridos niños, no es cierto. Que alguien haya hecho algo malo, moralmente reprochable o que haya causado daño a otros, no lo convierte —al menos, no necesariamente— en una mala persona.

Partiendo de esta premisa ya instalada en nuestra cabeza, que mi pareja no me quiere y es una mala persona, empezamos a encontrar señales, banderas rojas que creemos que estaban ahí y no las habíamos visto, fallos que pensamos que había en la relación, en definitiva, nos focalizamos en las cosas malas más que en las buenas. Damos por hecho que la relación iba mal y que no éramos capaces de verlo. Lo que verdaderamente estamos haciendo es sugestionarnos para encontrarle coherencia al hecho de que nuestra pareja no nos quiere y, además, es más malo que etiquetarte en una foto donde sales mal. Antes de saber que tenías más cuernos que un saco de caracoles, estabas bien ¿y ahora, de repente, empieza a ser todo una mierda? Que tu pareja te sea infiel implica cambiar todos tus esquemas mentales y, como los seres humanos tendemos a ser bastante sesudos, a veces nos es más fácil terminar con la relación que cuestionar su estructura.

Sí, es posible que la infidelidad sea una consecuencia directa de una relación rota, dañada o con múltiples conflictos, pero también puede ser que una persona, aun amando a su pareja profundamente y siendo feliz en su relación, le ponga una cornamenta que no pueda pasar por el túnel del canal de la Mancha porque no le da el gálibo. Vamos a ver por qué.

Perfiles narcisistas. Las personas narcisistas o con rasgos de narcisismo muy marcados suelen basar su autoestima en el efecto que provocan en los demás. Posiblemente, sí quieran a su pareja, pero el narcisista tiene un ego que no le cabe en Andorra y, para seguir alimentando ese ego, necesita sentirse deseado. Llevar el control en el juego de la seducción les pone, es su gasolina, les gusta gustar. Esto puede parecer una obviedad, a todos nos gusta gustar, pero, en estos casos, van más allá, porque, de alguna manera, es algo que necesitan. Basan su ego en el reconocimiento y en las opiniones externas, y les hace falta esa seducción para sentirse valorados.

Mecanismos de defensa. Hay personas que, de forma inconsciente, sienten que no merecen ser amadas. Todos conocemos a alguien que, cada vez que le pasa algo bueno, automáticamente, piensa que es porque detrás de eso viene una hostia; que no puede ser cierto, que no puede durar mucho, que esa felicidad se va a acabar pronto porque pasará algo gordo. Frases como «demasiado bonito para ser verdad» esconden una eterna insatisfacción y una creencia de que no son merecedores de cosas buenas. Son esas personas que deciden no ir a una entrevista de trabajo porque, total, no me van a coger. Detrás de eso, suele haber una baja autoestima y, en ocasiones, un estilo de apego evitativo, pero eso da para otro libro. El caso es que, de forma inconsciente, esas personas se sabotean a sí mismas. Pueden empezar a buscar defectos a la pareja o provocar discusiones. Es algo así como decir: «Antes de que mi pareja me ponga los cuernos o se vaya con otro, porque me va a acabar dejando, le pongo los cuernos yo». Para cualquier persona con un estilo de apego seguro, esto resulta muy complicado de entender, pero es más habitual de lo que pensamos. Me viene a la cabeza un capítulo de *Sexo en Nueva York*, donde la protagonista Carrie, experta en sabotear sus propias relaciones, conoce a un chico maravilloso. Aparentemente, el hombre perfecto: atractivo, divertido, inteligente y encima comprometido afectivamente —y estoy casi segura de que, además, tenía un el pionono como el ancla de un portaaviones, que eso no lo dicen, pero me lo imagino—. Entonces, Carrie, con su pequeño cerebro de chorlito y su fatalismo, no entiende que haya alguien tan estupendo para ella. No existe un hombre así y menos que ella tenga la suerte de encontrarlo; algo malo tiene que tener, algo esconde. Así que, cuando el muchacho se va al baño a darse una ducha, Carrie aprovecha para fisgar en sus cajones en busca de su terrible secreto. No sé muy bien qué esperaba encontrar, pero supongo que pensaba que, en el cajón de la mesilla de noche, tendría fotos tachadas de todas sus víctimas, recortes de periódico de sus asesinatos o un plano de Manhattan con los puntos donde iba a cometer un atentado. Mientras ella se encuentra enfrascada en la búsqueda de pruebas que confirmen que el chico es un psicópata, él sale del baño y la pilla con las manos en la masa. Como es natural, si encuentras a tu ligue fisgando en tus cajones, lo normal es pensar que está como una puta cabra. Automáticamente, la echa de casa y rompe con ella. Claro ejemplo de profecía autocumplida. Si crees firmemente que algo irá mal, tú misma provocas, con tu actitud y tus paranoias, que, efectivamente, vaya mal.

Cuernos preventivos. O, como dice el refrán, «cree el ladrón que todos son de su condición». Hay personas que son muy desconfiadas en sus relaciones, piensan que todas las mujeres —u hombres— son infieles y que se la van a pegar con otro, y en su psicosis, empiezan a ver pruebas de infidelidad donde no las hay. En lugar de comportarse como personas maduras y equilibradas, expresar sus dudas y hablar las cosas con su pareja, lo que hacen es ponerle los cuernos también para así equilibrar la balanza. Si tú me pones los cuernos, yo no voy a ser menos. Antes de que me engañes tú, te engaño yo.

Vía de escape. Suele darse más en relaciones largas, cuando ya se ha instalado la rutina y la cosa tiene menos emoción que una salchicheta a pedales. Puede ser que la persona se encuentre feliz en la relación, pero una parte de ella necesita salir y sentirse viva. Necesita volver a notar su yo aventurero, tener nuevos estímulos, emociones, vivir al límite, pero al límite hasta el punto de saltarse la clase de Pretecnología. Siendo infiel, está volviendo a vivir todo lo que tenía al inicio de la relación, emociones intensas, pasión, ¿recuerdas? La dopamina, la oxitocina, las hormonas dando vueltas en la barriga. Si a esto le añadimos lo sexy de lo prohibido, el morbo, transgredir las normas, y metemos, junto con la dopamina, la adrenalina, la relación prohibida se convierte en algo casi adictivo.

¿QUÉ HAGO SI MI PAREJA ME FUE INFIEL?

Imaginemos esta historia de terror. Tienes una nueva pareja, un chaval encantador, leal, cariñoso, un portento en la cama y, además, rico, pero rico de ir al concesionario de Ferrari y pedir «lo de siempre». Bueno, igual me he pasado un poco imaginando, pero es mi fantasía y yo me invento lo que me da la gana. Un día, tu chico perfecto viene del gimnasio en su Ferrari y te percatas de que ha tardado más de la cuenta. Y te preguntas: «¿Cómo ha tardado tanto, si el Ferrari pasa de 0 a 100 en 10 segundos? Y viene duchado, cuando, normalmente, se ducha en casa. Ay, madre. Ay, la hostia, a ver si está con otra. Se ha duchado para no llegar oliendo a sexo». Entonces, lo miras y, de repente, ese chico leal y maravilloso empieza a convertirse ante tus ojos en tu infiel ex, el que te rompió el corazón y enterró tu autoestima en una buena montaña de escombros. El fantasma de la infidelidad comienza a planear sobre tu cabeza. ¿Te estará engañando este también? Empiezas a sospechar de cada pequeña señal que, a tus ojos, son signos inequívocos de que te los está poniendo, pero bien puestos. Si mira el móvil y se ríe, no piensas que está viendo un *post* de la Doctora Pérfida, sino que está leyendo un mensaje de «la otra». Si lo ves pensativo, también es porque está pensando en «la otra», cuando, en realidad, lo que le inquieta, le atormenta y le perturba es por qué Goofy habla y Pluto no, si los dos son perros. Por supuesto, ni se te ocurre comentarlo con él, porque ¿para qué? También lo hablaste con el otro y te mintió, así que ¿de qué va a servir? No te va a decir la verdad. Esa desconfianza te rompe por dentro, se retroalimenta, crece y te martiriza, poniendo en peligro una relación con un chico estupendo que lo más probable es que no haya hecho absolutamente nada.

Después de ser azotada por el látigo de la deslealtad, es normal tener miedo de que te vuelva a pasar lo mismo. Pero, si no han sanado bien las heridas que nos ocasionó una cornamenta anterior, estos nuevos miedos e inseguridades pueden empezar a dinamitar no solo tu relación presente, sino también las futuras. ¿Recuerdas cuando estabas profundamente enamorada y tenías puestas unas gafas rosas de unicornio que te hacían ver todo mucho más perfecto de lo que era en realidad? Pues ahora que te han corneado viva, las gafas que tienes puestas ya no son de unicornio, son las de sol. Unas gafas negras que tiñen de oscuridad y de desconfianza todo lo que hay ante tus ojos.

Solemos oír mucho eso de que de todo se aprende, hasta de las malas experiencias. En psicología, cuando hablamos de aprendizajes, no solo nos referimos a los positivos; a veces, estos aprendizajes son como piedras que vamos echando a una mochila, como pequeños traumas que nos condicionan a la hora de relacionarnos con los demás. En el caso de una infidelidad, a lo que hemos aprendido es a desconfiar hasta de nuestra sombra. Es normal que te preocupe que algo que te hizo sufrir tanto en el pasado te vuelva a suceder, pero no es sano vivir en un delirio constante de desconfianza sin tener pruebas fehacientes en las que basarte. Al principio del capítulo, hablábamos de lo complejo que es asimilar la nueva imagen de la persona que teníamos al lado. Hay veces que nuestro cerebro entra en cortocircuito intentando integrar dos realidades completamente contradictorias y, si no conseguimos salir de ese bloqueo, podemos desarrollar un trauma.

Se altera no solo la percepción de lo que era nuestra relación, sino la de los hombres en general. O de las mujeres, depende de cuál sea tu caso. Empezamos a creer que todos son infieles, que son basura, que son lo peor. No nos fiamos ni de nuestro padre. Hemos aprendido a desconfiar. Tal cosa sucede porque han tocado dos de los puntos más sensibles del ser humano: la autoestima y el miedo al abandono. Conozco a más de una que dice eso de que «los hombres son todos unos cerdos, el mejor tendría que estar colgado». Cuánto daño alberga alguien en su interior para decir algo así.

¿QUÉ PUEDO HACER PARA TRABAJAR ESTOS MIEDOS?

Deja claros los límites en tus nuevas relaciones. Aclara desde el principio lo que significa una infidelidad para ti, qué es lo que te haría daño y qué estás dispuesta a perdonar y qué no. Estos límites tienen que estar bien comunicados, no vale lo de «esto se da por hecho», «esto lo debería saber» o «hay cosas que se sobreentienden». Nadie tiene una bola de cristal y cada uno posee su propio concepto del amor y de la lealtad, y lo que para ti es de cajón, para otra persona puede ser una marcianada. Además, ahora hay un amplio espectro de relaciones, un catálogo extenso para todos los gustos de relaciones amorosas, poliamorosos, intersexuales, mega-amor, politoxilove, macrosexuales y tutti-frutti. Así que mejor define la tuya para evitar malentendidos y no des nada por sentado.

Cuenta a tu nueva pareja lo que te pasó. Es conveniente que sepa que lo pasaste mal por este motivo y que te sientas con confianza para mostrar tus inseguridades. Háblale de lo que te preocupa, pero sin hacerle responsable de tu cambio; tu cambio ha de estar siempre en ti. Hazle entender que quieres volver a confiar, pero que no te resulta fácil. Después de sentirte como el toro que mató a Manolete, es normal mostrarse suspicaz, celosa o controladora, pero no podemos dejar que eso sirva de excusa para hacerle un interrogatorio en plan KGB cada vez que llega cinco minutos tarde, apuntándole con un foco de luz y echándole el humo a la cara. Si en algún momento salen a relucir estas inseguridades, es bueno que tu actual pareja las entienda, te apoye, te dé seguridad y te acompañe en el proceso. Si sientes que está empezando a invalidar tus emociones con frases típicas como «estás paranoica», «estás exagerando» o «ves fantasmas donde no los hay», posiblemente, necesitáis acudir los dos a terapia, cambiar de pareja o, directamente, no tener ninguna. Necesitas alguien que te aporte seguridad, que comprenda que te sientes vulnerable y que te apoye sin juzgarte.

Valora si tus miedos son racionales. Deja de buscar pruebas obsesivamente, como un perro trufero de infieles, y céntrate de forma lo más objetiva posible en lo que de verdad está sucediendo. ¿Tus sospechas son fundadas o te estás montando en tu cabeza la paranoia padre? Te dijo que iba al gimnasio y ¿qué encontraste debajo de la cama cuando pasabas la aspiradora? ¡La bolsa del gimnasio! Se va a las siete de la tarde diciéndote que tiene cita en Hacienda, cuando todos los españoles saben que, por la tarde, no abren. Si te ha mentido en alguna ocasión, se pone nervioso cuando le preguntas, se mete en el baño cuando le suena el móvil y luego entras y no huele a caca. Te dice que pone a cargar el teléfono en modo avión para que vaya más rápido, te cantan *El venao* cuando sales a la calle, te lo cantan en la esquina, en la avenida y en la rotonda... ¡Y justo ayer se tatuó el nombre de Pamela y tú te llamas Cecilia! En fin, detalles. Así que analiza detenidamente la probabilidad de que tus sospechas sean reales, reúne pruebas que apoyen tu hipótesis y contrástalo con alguien con cierto grado de objetividad, tus amigas o un psicólogo, a ser posible. Un psicólogo al que no le hayan puesto los cuernos nunca.

Deja que tu pareja sea completamente libre. Voy a darte otra mala noticia. Sí, lo sé, últimamente, no dejo de darte disgustos. No hay nada que puedas hacer para que una pareja, presente o futura, no te engañe. Si se quiere liar con otra persona, no te va a servir de nada revisarle el móvil, prohibirle salir con sus amigos o tomar una gota de alcohol porque «se pone piripi y no controla». Si quiere serte infiel, lo hará, da igual si está en un tugurio de mala muerte borracho como la fregona de una sidrería o en misa de doce. Cuando nos sentimos inseguros, tenemos la necesidad de controlarlo todo, porque pensamos que así reducimos las posibilidades de que ese pensamiento catastrófico se cumpla. *Meeec*, ¡error! Poniéndote en plan teniente O'Neil y marcándole unas reglas de pareja superestrictas o sometiéndole a interminables interrogatorios mientras le das descargas en los pezones, solo conseguirás que se harte de ti y se acabe liando con otra de verdad. O incluso, que te deje a secas, por nadie, porque lo tienes hasta el mondongo. Exponte de forma progresiva al miedo que te supone la incertidumbre de no saber dónde está ni qué está haciendo. Si quiere quedar con su ex a echar un café, que quede. Sí, la misma que es física nuclear con más curvas que la carretera de Agaete y las tetas como la cabeza de un crío. El amor es confianza.

Crea tus propias parcelas de vida. Recuerdo hace unos años que tuve dos compañeros de piso que eran pareja —te recomiendo que nunca compartas piso con una pareja, a no ser que la alternativa sea trabajar buceando en aguas fecales para pagarte un estudio en el centro—. Les gustaban las mismas cosas, lo hacían todo juntos y terminaban sus frases mutuamente. Incluso se vestían del mismo color, como dos fichas del Parchís, parecían Trancas y Barrancas, los muy gilipollas. Fíjate hasta dónde llegaba su dependencia, que uno de los dos encontró trabajo como camarero en un bar, lo cual implicaba estar una jornada laboral separados, y supongo que la sola idea de estar respirando en habitaciones separadas se les hacía inconcebible. Así que acordaron con el dueño del bar que trabajarían los dos en el mismo turno, pero con el sueldo de uno. No sé si me he explicado bien. Dos personas trabajando a cambio de un solo sueldo, solo por seguir estando juntos a toda costa. Me imagino al dueño del bar abriendo los ojos como huevos duros y sin creerse su buena suerte al haber topado con semejantes prófugos del ácido fólico. Y claro, luego se iban a casa juntos, cenaban juntos y dormían juntos. Lo más curioso de todo es que, al final, él la acabó dejando por otra, que supongo que la conocería en algún momento en que fue al baño a cagar, eso suponiendo que cagasen separados, porque otra cosa no me explico. Y claro, el trompazo fue morrocotudo. Está bien compartir tiempo y aficiones con tu pareja, pero tener un mínimo de espacio personal, ya sea en el trabajo, con amigos o en el tiempo libre, es ahora más importante que nunca, ya que eres carne de cañón para generar una codependencia. Fomenta las relaciones con tus amigos, conocidos, organiza actividades a tu aire sin que tu pareja tenga que estar presente y sin implicarlo en esos círculos. No tenéis que hacerlo todo juntos, no compartís ningún órgano vital.

Trabaja en reforzar tu autoestima. Ya hemos dejado claro que la infidelidad no es culpa del corneado, pero es muy frecuente sentirse responsable, compararnos con la otra persona y que la autoestima caiga en picado. Céntrate en trabajarla, es mucho más difícil que padezcas miedos irracionales si te sientes segura de ti misma, pero sin basarla en tu relación con otra persona. Cómo trabajar tu autoestima tras la ruptura lo veremos con más detalle en el capítulo 18.

10

Me han dejado por otra persona

¿Qué se le dice a quien te ha quitado a tu ex? Gracias.

Me atrevo a decir que, casi con toda seguridad, este es el peor de los escenarios posibles. No solo se acaba una relación que tú no querías terminar, sino que hay otra persona ocupando tu lugar. Es otra la que está durmiendo a su lado, sentada en el asiento del copiloto e incluso yendo a los sitios donde solíais ir juntos. La persona traicionada se pregunta por qué, si ella no es lo suficientemente buena o lo bastante atractiva. Y nuevamente, ¿por qué, por qué, por qué? Lloras frente al espejo mientras las lágrimas te corren el rímel y empiezan a sonar los acordes de Céline Dion, «aaaall by my seeeelf...». Te derrumbas en tu cama sollozando con amargura y es tan fuerte el dolor que crees que te vas a morir de amor, como la dama de las camelias. A ver, ya sé que la dama de las camelias no se murió de amor, se murió de tuberculosis, pero como solo hago referencias a la cultura pop y al mundo de la farándula, era por meter un dato culto, para que se vea que leo.

SAVE THE DRAMA FOR YOUR MAMMA

Cuando te dejan por otra persona, la sensación que queda es que tú eres «la buena» y ellos son «los malos». Verte a ti misma como la Santísima Trinidad del drama te pone en una posición de víctima que, como hemos visto anteriormente, no es nada recomendable. La realidad es que no hay buenos ni malos, es una situación que te ha tocado vivir y, seguramente, nadie tiene la culpa. Es jodido, sí, es un truño como un puño, pero posicionarte como un pobre perrillo abandonado en una gasolinera solo te machaca la autoestima y te hace poco responsable de tu vida y de tu futuro. Sientes que tu ex te arrebató algo muy importante y te hizo daño, eso puede ser cierto, pero si esa es tu idea predominante, siempre va a tener poder sobre ti. Dejas de ser la protagonista de tu vida y le cedes ese papel a tu ex, convirtiéndote en una pobre marioneta. Tal vez él o ellos fueran los responsables de que la relación terminara, pero tú eres responsable de lo que sucede a continuación. Ni tu ex ni su nueva pareja van a venir a recomponer tu mundo, tienes que recomponerlo tú.

LAS PAREJAS NO SE ROBAN

No culpes a la tercera persona de lo que te está pasando. Sabemos que es más fácil enfadarse con un tercero, alguien que, en la mayoría de los casos, no conocerás de nada, que con quien no queremos que se vaya de nuestro lado. Pero la realidad es que tu pareja estaba contigo por decisión propia y por decisión propia ha tomado la decisión de dejar la relación. Esta idea tan generalizada, «me ha quitado el novio/la novia», tiene su origen en un concepto de amor romántico en que entendemos que la pareja es de nuestra propiedad. «Era mío y me lo quitó» suena muy bonito en las canciones, pero las parejas no son cosas, no es como que te roben el paraguas. Si las parejas se pudieran robar, se la quitaríamos a Victoria Beckham, no a Concha Padilla (para los que viven en un termo, Victoria Beckham es la actual pareja de David Beckham, que está para darle hasta que se borre el gotelé. Concha Padilla no sé quién es, un saludo desde aquí a todas las Conchas Padilla).

NO TE COMPARES

Sé lo que estás pensando, porque, además de ser psicóloga y a pesar de ser rubia, soy muy lista: que qué tiene esa otra persona que no tengas tú; que te ha cambiado por una versión mejor. Tu ego dañado va a empezar a hacer comparaciones odiosas. La otra se convierte automáticamente en tu rival, a la que vemos como alguien a la que tenemos que vencer, aunque sea convenciéndonos a nosotras mismas de que somos «mejores». Veamos las dos posibles opciones con las que nos vamos a encontrar.

Si te ha dejado porque la otra es guapísima, listísima, jovencísima y un montón de cosas más que acaban en «-ísima», será inevitable que te compares con ella, obviamente, para peor. Te miras al espejo y te sientes como una croqueta de escombros. Ves tu culo y te parece un globo relleno de garbanzos, mientras que el de ella está más duro que la puerta de un penal. Todas esas comparaciones absurdas solo van a conseguir que tu autoestima caiga tan bajo que atraviese el globo terráqueo y le saque un ojo a un pastor yemení.

Sin embargo, si te ha dejado por una más vieja, más gorda o más fea, vas a pensar inevitablemente: «¿En serio me ha dejado por este callo malayo? ¡Pero si es como un culo con pestañas! Yo, que soy tan guapa y tan lista, yo que me merezco un príncipe, un dentista, ¿y ese mastuerzo prefiere a esa antes que estar conmigo?». Y te sientes fatal en cualquiera de los dos escenarios. Que sí, que ya sabemos que valorar a alguien por su físico y encima meternos con ella es una cosa terrible, pero cuando te dejan por otra persona, tus principios se van a tomar por el Ohio. Eso es así. No te han dejado porque la otra persona sea más alta o más baja, más gorda o más flaca, más guapa o más fea. Da igual que te haya dejado por Gisele Bündchen que por la Rossy de Palma de los orcos. Compararte no va a servir de nada, porque tu valor sigue siendo el mismo que era antes. Recuerda que también se enamoró de ti en su momento. Si incluso a Shakira, que es divina, está forrada, habla siete idiomas y hace el molinillo con las caderas, la dejaron por otra, ¿cómo no nos van a dejar a ti y a mí, que todos los días nos levantamos con dolor de espalda? ¿Qué más pruebas quieres de que tu valía aquí no tiene nada que ver? Sí, lo sabes, lo racionalizas, pero tu ego te está empezando a comer por los pies, a hablar por ti y a pensar que tu ex cambió un Rolex por un Casio.

Me viene a la cabeza esa memorable escena de *La boda de mi mejor amigo*, película antirromántica donde las haya. Julianne (Julia Roberts) le hace una muy ilustrativa analogía a Kim (Cameron Diaz) sobre dos postres, para ayudarla a entender por qué su prometido quiere dejarla.

—Ok, eres Michael, estás en un restaurante francés de lujo, para el postre pides *crème brûlée*. Es hermoso, es dulce, es... irritantemente perfecto. De repente, Michael se da cuenta de que no quiere *crème brûlée*, él quiere algo más.

—¿Qué es lo que quiere?

—Gelatina.

—¡¿¿Gelatina??! ¿Por qué quiere gelatina?

—Porque está cómodo con la gelatina, la gelatina lo hace sentir cómodo. Sé que, en comparación con la *crème brûlée,* es... gelatina, pero tal vez eso es lo que él necesita.

—Yo podría ser gelatina.

—¡No! Kim, *crème brûlée* nunca puede ser gelatina, nunca podría ser gelatina.

—Tengo que ser gelatina.

—¡Nunca vas a ser gelatina!

Da igual si tú eres gelatina, brownie o fresas con nata. Cada persona es diferente a otra y no puedes ser lo que no eres, ni eres mejor ni peor. Tal vez una *crème brûlée* podría ganar un concurso de *Master Chef*, cosa que no ocurriría jamás con una gelatina, pero la gelatina es perfecta para hacer postres poco calóricos y ligeros. Las personas podemos querer cosas distintas en la vida y no significa que una opción sea mejor que otra. Que tu pareja se sienta bien con otra persona en esta etapa de su vida y prefiera estar con ella, no es algo con lo que debas fustigarte ni quiere decir que esa persona te supere en nada. Así que, si sigues cuestionándote qué tiene ella que no tengas tú, pues te lo diré: tiene a tu exnovio. Y lo mejor que puede hacer por ti es quedárselo.

NO DES MÁS PESO A ESA CIRCUNSTANCIA

Lo que verdaderamente importa no es que te haya dejado por otra persona, sino la ruptura en sí. La relación ha acabado y es en eso en lo que nos tenemos que centrar. Tu ex no está contigo, no hay más vuelta de hoja. Recuerdas a dónde tenemos que mirar ¿no? Hacia delante, hacia ti. El motivo de la ruptura no cambia nada en la práctica, ya que el hecho constatable es que ya no estáis juntos. Porque se ha enamorado de otra persona, porque se ha ido a vivir a Kuala

Lumpur o porque ha sido reclutado por las fuerzas armadas de Colombia. En esa idea tienes que intentar centrar tu energía. Si te hubiera dejado porque va a ingresar en una cárcel de Ghana y no lo vas a volver a ver jamás, ¿cambiaría algo? Realmente, no.

Mientras sigues torturándote y pensando en que está con otra persona, dejas de vivir tu propia vida. Cuanto más tiempo dediques a centrar tus pensamientos en la nueva pareja de tu ex, más dilatarás tu propia recuperación y la aceptación de algo fundamental: que la relación está más acabada que la carrera de Sonia Monroy.

11

Consecuencias de las rupturas por terceras personas

Te diría perro, pero te falta ser fiel.

DECEPCIÓN

La decepción aparece cuando no se han cumplido las expectativas que habíamos puesto en la relación o en la persona. Ver que algo que vivíamos con ilusión no ha acabado como esperábamos resulta difícil de asimilar. Además, solemos entender el amor como una especie de inversión. Le dedicamos tiempo, cariño, le damos comprensión y apoyo, y esperamos recibir algo a cambio. Al ver que esto no siempre sucede, lo sentimos como una auténtica puñalada trapera. Tu pareja se mostró de una manera y luego se comportó de forma totalmente distinta de cómo te había prometido. Pero es una percepción equivocada. Una relación no es como sembrar patatas, que tarde o temprano recoges algo, sino que es más bien como las criptomonedas. Puede salir bien la inversión y forrarte viva o arruinarte en dos días y acabar debiendo dinero como para hacer la calle hasta los ochenta y tres.

La parte buena que podemos sacar de esto es que sentirte decepcionada es la mejor manera de tirar a tu ex del pedestal en el que estaba subido. La decepción constituye la mejor llave para el desamor, es como echar un cubo de agua a las brasas ardiendo. Gran parte de las dificultades que nos encontramos al intentar olvidar a alguien están relacionadas con la idealización de la pareja. Así que, si consigues quitarte la venda de los ojos, aunque sea de una hostia como una pantalla de plasma, ya tienes buena parte del camino recorrido.

Sensación de culpa

Es lógico que haya momentos en los que puedas creer que es culpa tuya. Claro que tú no tienes la culpa de que tu pareja haya decidido ir por ahí restregando el alimoche, pero es inevitable pensar que las señales estaban ahí y no supiste verlas o que no fuiste capaz de satisfacer sus necesidades, y es habitual empezar a rumiar pensamientos como «fue culpa mía, me descuidé y me puse como un tonel», «estuve demasiado volcada en mi trabajo, no le presté atención». Aunque sea verdad que hubiera carencias, las personas adultas con algo más que serrín en el cerebro hablan las cosas, plantean los problemas e intentan buscar soluciones. Nadie tiene una bola de cristal para saber lo que la otra persona piensa ni cómo se siente si no nos lo cuenta, y los problemas no se solucionan yendo a frotar la Oscar Mayer a otro *parrús*. Reflexiona y asume tu parte de responsabilidad si crees que la hay, pero de forma objetiva, sin machacarte, y con vistas a no repetir esos errores en el futuro. Recuerda que los problemas de pareja son cosa de dos, pero que tu pareja, en lugar de trabajarlo, haya decidido meter una tercera persona en la relación es cien por cien responsabilidad suya.

Desconfianza

Cuando alguien es traicionado de esta manera, algo se rompe definitivamente. La confianza se va al garete y es normal, porque hace dos días estabas segura de que tu pareja no estaba retozando en otro lecho, habrías puesto la mano en el fuego. Menos mal que no la pusiste, porque si no, ahora te estarías limpiando el culo con un garfio.

A esto se suma la desconfianza en nuestro propio criterio. Era la persona que elegiste, confiabas en él, le creíste y, aun así, te la metió doblada. Empiezas a creer que no te puedes fiar de tus sentidos, que te estaba engañando delante de tu cara y no lo viste. Es natural que, a partir de aquí, desconfiemos de todo lo que se mueve y no queramos ver a un hombre ni en pintura —o a una mujer, dependiendo de cada caso—, pensando que, si esto te ha pasado una vez, te puede volver a pasar más veces. Si me ha hecho esto la persona en la que confiaba, ¿qué puedo esperar del resto? ¿Cómo puedo tener la certeza de que no me lo van a volver a hacer?

Aunque sea completamente normal tener estas dudas, son preguntas sin respuesta y la bola de cristal la tengo en el taller, así que no puedo saber si tus futuras parejas te van a volver a hacer lo mismo. Es lógico que tengas miedo de que pueda repetirse, pero, desgraciadamente, se trata de algo que nadie nos puede garantizar. La confianza es casi un acto de fe. No podemos hacer nada para evitarlo, pero tampoco podemos vivir desconfiando de los demás. Pueden engañarte si esperas demasiado, pero vivirás atormentada si no confías lo suficiente.

12

Lo he dejado yo

Te quiero. Pero me quiero más a mí.

SAMANTHA JONES, personaje de ficción

Otro de los mitos del amor romántico es que el amor lo puede todo. Pero si algo nos ha enseñado la vida, la práctica clínica y Paquita la del Barrio, es que con el amor no basta. Quererse no es suficiente, porque no basta con quererse mucho, hay que quererse bien.

Cuando las cosas en una pareja no funcionan, es normal tener más dudas que una canción de Los Panchos. No sabes si asumir estoicamente que la cosa ya no tiene arreglo y tirar la toalla, marcarte un Rajoy y esperar que las cosas se resuelvan solas, enterrar la cabeza en plan avestruz y negar los problemas o hacerte la loca y tirarte al profesor de pilates. La incertidumbre es muy grande y cualquier alternativa a seguir en pareja resulta un panorama desolador y lleno de riesgos.

Imagina que estás en un trabajo donde te pagan seiscientos euros al mes. Eres consciente de que, con ese dinero, después de pagar las facturas y la hipoteca, no te llega ni para comprarte unas bragas del Kiabi. Además, también sabes que tu labor vale más que seiscientos euros al mes, que para algo has estudiado y sacabas notable en plastilina. El hecho de tener ese trabajo y que estés más pelada que el armario de Tarzán hace que puedas cubrir unos gastos mínimos, pero no todos. Supone que descuides tu vida social, porque, claro, no te da ni para una bolsa de pipas y llevas sin ir a la peluquería desde que Marujita Díaz era una célula huevo o cigoto. ¿Seguirías mucho más tiempo en ese trabajo? Seguramente, no.

Si con un trabajo lo tenemos tan claro, ¿por qué a veces nos cuesta tanto hacer lo mismo con las relaciones? ¿Por qué seguir con una pareja que solo te da para cubrir unos mínimos de amor, de cariño o incluso de sexo, pero que no te aporta todo lo demás? Continuar en una relación que apenas cumple unos requisitos básicos mientras el resto de las necesidades que son importantes para ti quedan sin atender, es algo destructivo. Conforme vaya pasando el tiempo, el desgaste y el malestar serán mayores, repercutiendo en tu autoestima de forma muy negativa y perpetuando la situación. Al final, tu visión de ti misma está tan deteriorada que llegas a pensar que, realmente, no mereces nada mejor.

En relaciones que son especialmente largas, sobre todo, si hay hijos de por medio y hasta hipoteca, tomar una decisión de este calibre suele ser más complicado que conjugar el verbo «abolir». Porque solemos pensar que, como hemos invertido tanto tiempo, cariño y esfuerzo en esta relación y, sobre todo, en salvarla y mantenerla a flote, si la dejamos ahora, todo ese esfuerzo habrá sido en vano. Todos esos años serán años perdidos. Sin embargo, este pensamiento suele ser un error que lo único que hace es mantenerte atada a una situación donde no quieres estar. Da igual lo largo, abrupto y escarpado que sea el camino que llevas recorrido, si no es el camino correcto, lo mejor es recular. No eres un río, puedes volverte cuando quieras.

Por otra parte, dejarlo con tu pareja implica acabar con tu vida anterior —o, al menos, una parte de ella— y empezar una nueva etapa, y eso da más pereza que a Leonardo DiCaprio una cana en un chumino. Aunque estemos en una relación que nos hace infelices, romper con alguien y volver a empezar es como hacer una mudanza, pero a lo grande. Solo pensar en enfrentarnos a todo eso nos quita las ganas de vivir, porque lo nuevo, lo desconocido, asusta y preferimos quedarnos instalados en un conformismo cómodo. Es como cuando estás en el sofá y tienes puesto un programa basura, quieres cambiar de canal, pero te das cuenta de que el mando está en la encimera de la cocina. Te quedas viendo ese programa de mierda solo porque levantarte te da un palo que flipas. Cuando te das cuenta, llevas cinco capítulos seguidos de *Tacaños extremos* y *Mi vida con 300 kilos*.

Hay muchas razones que nos llevan a terminar una relación: falta de amor, de confianza, de respeto, de comunicación, infidelidad, drogodependencias, proyectos vitales distintos, que le guste el *moombahton* o que sea un pijo que se autodenomina «anticapitalista» en Twitter. Incluso hay veces que, aunque todo vaya objetivamente bien y no haya pasado nada grave, sentimos que ya no queremos estar con esa persona con la que hemos compartido parte de nuestra vida. Sencillamente, el amor que sentíais se ha transformado en otra cosa.

Aunque sepas que es normal, como ya hablamos en el capítulo de la neurobiología del amor, que ese amor pasional vaya cambiando con el tiempo, algo dentro de ti te dice que no, que no hay tu tía, que ya no funcionáis como pareja.

Una vez formulada la madre de todas las preguntas, si quiero seguir con esta relación o no, resulta que nos encontramos con que tenemos que tomar una decisión que nos dolerá más que una patada en la espinilla, pero que estará alineada con lo que queremos para nuestra vida y, especialmente, para nuestro amor propio. Dejar una relación donde eres desgraciada es como hacer sentadillas sumo, mañana estarás jodida, pero dentro de un año, te alegrarás de haberlas hecho. Sí, este ejemplo es una mierda, pero no puedo ser ingeniosa todo el rato ¿vale?

Siempre parece que no es el momento idóneo para decidir algo así, empiezas a pensar que igual es preferible posponerlo para más adelante, cuando los niños sean un poco más mayores o cuando estemos mejor de dinero o cuando tu suegra se recupere de la operación de rodilla. Y lo vas dejando para más tarde, tal vez, dentro de un par de meses. El problema radica en que dejar una relación es como pedirle dinero a alguien, nunca hay un buen momento. Más adelante, vas a seguir estando igual y volverás a posponerlo. Dentro de cinco años, te darás cuenta de que ese momento propicio no va a llegar nunca. Pero, para entonces, ya se te habrán caído las tetas y habrás perdido cinco años de tu vida en una relación que no te hace feliz. Siempre encontrarás una excusa para no romper, así que el mejor momento para tomar las riendas de tu vida es este. Llegó la hora de decidir saltar, de terminar la relación y de seguir cada uno por su lado. Tú a vivir tu vida y él a chingar a su madre.

Es casi una obviedad decir que, en una ruptura, el que es abandonado es el que lo pasa peor. Y es cierto que la parte más jodida se la lleva el que tiene que apechugar con una decisión con la que no está de acuerdo, el que tiene que dejar la relación cuando, en realidad, no quiere. Si eres tú quien ha decidido romper, tienes que valorar el problema, las opciones, priorizar, pensar en las alternativas. Puede ocurrir que, cuando decidas dejarlo y por fin se lo comunicas a la otra persona, ya casi que has pasado tu duelo. O, por lo menos, una buena parte. En cambio, tu pareja se va a encontrar de morros con una decisión firme, que no ha tomado él, y tiene que empezar desde ese momento a hacerse a la idea y, después, iniciar el duelo a la fuerza, mientras tú ya llevas dos o tres etapas del tour de ventaja, porque te has tirado seis meses dándole vueltas al asunto. Sí, es más fácil gestionar la separación cuando eres tú quien marca los tiempos, pero eso en absoluto significa que, para el que decide dejarlo, sea un plato de gusto. Tendrá que pasar el duelo igualmente y, además, lidiar con la duda de si ha hecho lo correcto y con la pesada carga de creer que le ha jodido la vida a otra persona, aunque sepamos que, a la larga, es lo mejor.

Y, como cualquier proceso de ruptura, no ocurre de un día para otro. Intentas aferrarte a la posibilidad de salvar la relación como Jack Dawson al trozo de madera, pero, al final, acabas rindiéndote a la evidencia y, como Jack, hundiéndote.

DUDAS

Una amiga me preguntó una vez si creía que debería dejar su relación. Nos conocíamos desde hace tres papas, la conozco como si la hubiera parido, pero, aun así, le dije: «Y yo qué sé». ¿Quién soy yo para decidir algo tan relevante? Ay, amiga mía, qué complicado es saber de verdad lo que uno quiere. Yo no tengo la respuesta a esa pregunta porque ni siquiera existe. A veces, no se trata tanto de saber, sino de decidir, pero después de haber diseccionado la situación, detectando qué es lo que nos hace felices y qué es lo que crea el efecto contrario. Resulta muy complicado saber si tienes que alejarte definitivamente o si vale la pena intentarlo «un poco más». Porque, si te cuesta elegir entre dos botas idénticas de diferente color, si no sabes si hacer los macarrones con chorizo o con huevo poché, ¿cómo vas a tomar una decisión tan trascendente? Una elección de este calibre depende de muchos factores, empezando por los valores personales de cada uno. Por ejemplo, hay personas que nunca perdonarían una infidelidad; otras, que dicen que no, pero, una vez sobrevenida la situación, se lo pueden plantear; y otras, para las que una cornamenta no sería el fin del mundo. Sin embargo, hay pequeñas señales, más o menos comunes, que nos pueden indicar que estamos tomando la decisión correcta y que es hora de dejarlo.

Tenéis discusiones eternas. Sí, las discusiones en una pareja son no solo inevitables sino necesarias, ya que, en cualquier relación, hay discrepancias, por muy almas gemelas que seáis, y las cosas se hablan. También puede suceder que, algún día, de forma puntual, se encienda la cosa, se os calienten los glóbulos negros y os salga el genio de taxista —un saludo a todos los taxistas—. Un día, vale, es normal, pero si la relación tiene más momentos de angustia que de felicidad y la mayor parte del tiempo te sientes preocupada y más estresada que Carrie en la Tomatina de Buñol, ¿qué relación es esa?

No tenéis los mismos objetivos en la vida. Incluso aunque, en un principio, tuvierais proyectos comunes, las personas con el tiempo pueden cambiar y querer cosas distintas. Tú quieres viajar y él es el hombre cojín, que hasta el sofá tiene la forma de su culo. Él no quiere hijos y a ti, cada vez que te cruzas con un bebé por la calle, te explotan los ovarios. Te gusta Rammstein y a él, Bad Bunny —aunque que a alguien le guste Bad Bunny ya me parece un motivo más que suficiente para dejarlo de inmediato—. Te has dado cuenta de que no puede darte lo que necesitas, ni tú a él, y sería injusto exigirle que cumpla con esas expectativas, pero también lo es quedarte en un lugar donde no recibes lo que quieres.

Solo tú luchas por la relación. Es imposible lograr un cambio si la única que lo intenta eres tú. Incluso aunque la culpa sea toda tuya, porque la has cagado a lo grande, es responsabilidad de los dos que las cosas se arreglen. Si tu pareja no te lo pone fácil, no se moja o incluso parece que el asunto no va con él, no vas a conseguir nada. Solo perderás el tiempo.

Permanecer juntos ya no es posible sin comprometer tu bienestar emocional. Has intentado mil veces la manera de solucionarlo, esperando que las cosas fueran diferentes, pero eso no pasó. Ya no queda nada por recuperar, es como una vela que se ha quedado sin mecha. Por mucho que intentes que arda, va a ser como pretender chuparse el codo, imposible —¿estás intentando chuparte el codo?—. Le has hecho el boca a boca a la relación, un masaje cardíaco, le has inyectado adrenalina y has usado un desfibrilador, pero no resucitó. Está muerta, asúmelo. Y, cuando algo está muerto, lo mejor es enterrarlo. Si la historia ha acabado, es porque tenía que acabar, si bien, hacer lo que creemos que es lo correcto no siempre se siente como esperamos. Pero sentirnos mal no tiene por qué ser un síntoma de que la hemos cagado. A veces, nuestro cerebro necesita acomodarse y no en todos los casos sentiremos alivio o que vamos por el buen camino.

CULPA

La culpa es otro de los sentimientos que nos pueden producir un estancamiento serio y provocar que no avancemos. Aparece cuando sentimos que hemos hecho algo que no va en consonancia con nuestros valores. Es un sentimiento también muy adaptativo y necesario, ya que cumple la función de regular el comportamiento social. Si no sintiéramos culpa, iríamos por la vida pateando indigentes y dando palizas a ancianas para robarles su mísera pensión de quinientos euros. La culpa nos protege de convertirnos en unos psicópatas.

Está bien que la culpa aparezca en su justa medida. Lo que la culpa te dice es «colega, la has cagado» y así tenemos la oportunidad de identificar y subsanar nuestros errores. Gracias a eso, todavía seguimos teniendo amigos y familia. Como con todas las emociones y los sentimientos adaptativos, necesitamos que la culpa aparezca, pero sin pasarse. Es como una medicina que, tomada en las dosis adecuadas, soluciona el problema, pero como te pases, acabas pareciendo Paulina Rubio en el camión de la Cruzcampo.

Así que podemos decir que hay dos tipos de culpa, una adaptativa, que nos enseña a ser mejores personas, y otra disfuncional, que aparece para machacarnos sin que haya un motivo para ello. De esta última, nos tenemos que librar lo antes posible. La culpa insana es ese sentimiento judeocristiano que nada tiene que ver con que lo que hayamos hecho esté mal, sino, más bien, con una interpretación errónea del hecho en sí. Como no podemos reparar el daño que hemos ocasionado, se instala en nuestro interior de forma permanente. Suele generar un diálogo interno muy destructivo y agotador, que te deja el cerebro hecho un colador y las cervicales como el rabo de un cochinillo. No soluciona nada estar dándole vueltas a la cabeza como un ventilador de techo, pensando en lo que podrías haber hecho para salvar lo vuestro o si las cosas hubieran sido distintas por esto o por aquello. Porque no puedes volver atrás en el tiempo. Lo hecho, hecho está y, muchas veces, estamos utilizando estos pensamientos como excusa para no aceptar la realidad y para protegernos del dolor que estamos sintiendo en este momento. Pero es como si te duele la cabeza y te pegas un martillazo en un pie.

La culpa también puede aparecer por estar bien, porque has roto la relación y te sientes liberada, como si te hubieras tirado un cuesco enconado que te estaba dando la tarde. A veces, las rupturas, especialmente en relaciones largas, son procesos que llevan años. La relación agoniza durante meses y meses, tratando de ser salvada por ambas partes o, en ocasiones, solo por una. Cuando por fin acaba y llega la muerte, asumimos que se ha terminado y rompemos, una se queda más ancha que Castilla. Pero como se supone que tienes que estar hecha polvo y no lo estás, te sientes culpable, como una manera de castigarte a ti misma por no sentirte mal, confirmando así el sentimiento de culpa original. Ese castigo que nos ponemos alimenta y confirma el sentimiento de culpa, y la culpa alimentada genera más necesidad de castigo. Se transforma en un círculo vicioso que es más difícil de romper que la puerta del Pentágono. ¿Qué puedes hacer para salir de ahí?

Piensa si tomaste la mejor decisión. O, al menos, la que creías mejor en ese momento, con la percepción que tenías de la situación y las herramientas de las que disponías. A toro pasado es muy fácil explicarlo. Todo se ve más claro cuando ya ha transcurrido el tiempo y tenemos otra perspectiva de las circunstancias y de los hechos. Pero en situación, sobre el terreno de juego, seguramente, hiciste lo que pensaste que era lo mejor. Si pudieras volver atrás, ¿tomarías las mismas decisiones y actuarías de la misma manera?

Vuelve sobre las razones que te llevaron a romper. ¿Esas razones eran reales, eran motivos de peso? ¿Has intentado subsanarlas sin éxito? ¿Siguen presentes y van a seguir estándolo? Responder a estas preguntas te reafirmará en tu decisión y permitirá que sigas con tu vida. Puedes apuntarlas en una lista y releerla cuando sientas que empiezas a darle vueltas al tarro.

¿Qué podrías haber hecho de forma distinta? Si consideras que hay algo que podrías haber gestionado de otra manera, siendo lo más objetiva que puedas, puede ser cierto que la cagaste de forma épica. ¿Lo engañaste durante años con su mejor amigo y cogisteis un tren a Vigo, como le pasó al pobre Benito Carrizosa? Pues sí, es una cagada monumental, no maquillaré mis palabras. Pero si es así, lo mejor que puedes hacer es subsanar el error en la medida de tus posibilidades. Cambiar lo que hemos hecho no se puede, ya está hecho, pero sí podemos asumir nuestra parte de culpa y pedir perdón.

¿Has hecho daño voluntariamente? El dolor que siente la otra persona por la ruptura es algo que no podemos evitar. Una ruptura conlleva siempre un sufrimiento indisoluble, a no ser que quieras seguir con alguien toda la vida para evitar hacerle daño. Si la otra persona no va a terminar con la relación jamás, es responsabilidad tuya evitar que ese sufrimiento se prolongue en el tiempo. Estar con alguien por pena o por evitarle dolor ahora, ocasionaría a la larga un mal mayor, así que mejor patada en la boca hoy que ensalada de hostias mañana. Este refrán me lo acabo de inventar, espero que se popularice.

En esta situación, es normal que nos arrollen un montón de sentimientos que, en ocasiones, pueden ser contradictorios, como sensación de pérdida, de derrota, de angustia o miedo. Pero, en el fondo, sabemos hacia dónde van nuestros pasos y cuál es el camino que queremos seguir. Llévate los aprendizajes que puedas y enfócate en fortalecer la relación más significativa de todas, la relación que tienes contigo.

13
Los «casi algo»

Pensé que llegaría a algo contigo. Y llegué a terapia.

Un «casi algo» es esa relación que empieza, parece que todo va bien y que se está forjando una historia de amor preciosa, y luego se acaba, quedando en agua de borrajas. Ya está dejando el cepillo de dientes en tu casa, le has cambiado el nombre en la agenda de «Nacho Tinder» a «Pastelito», ya estás visualizando cómo quedarán vuestros nombres juntos en el buzón, has hecho los test de *Súper Pop* para saber si es el amor de tu vida y te ha salido que sí. Te estás haciendo ilusiones y te están quedando preciosas. Y cuando ya te has bajado el catálogo de vestidos de Pronovias, quedáis un día con sus colegas y él te presenta como «una amiga». Más tarde, cuando estáis a solas, le comentas el pequeño detalle y él empieza a hablarte de «fluir». ¿Fluir? ¿Cómo que fluir? ¿Qué soy yo ahora, un afluente del Pisuerga, para tener que fluir? Además, te dice eso de «nos estamos conociendo». Ah, ¿que nos estamos conociendo, en serio? Si te conozco más, te voy a acabar abriendo un perfil en la Wikipedia, Manolo. Comienzas a ver cosas que no te cuadran. Días en los que desaparece sin más, sin devolver las llamadas, ni contestar mensajes y vuelve dando cualquier excusa creíble. «Era el bautizo de mi abuela». «Tenía que bañar al pez». «Fui secuestrado por una banda de terroristas chiitas». Lo típico. De los creadores de «no eres tú, soy yo», llega «no te escribí porque me dormí». Pero está tan cariñoso y tan entregado que te lo crees. Un día le haces la terrible pregunta, esa que indica que se ha terminado el periodo de prueba gratuito y que toca suscribirse: «Tú y yo... ¿qué somos?».

En los «casi algo», solemos encontrar todos los ingredientes que debe tener una relación estable: intimidad, sexo, conexión, cariño, frecuencia... de todo menos compromiso. Son dos personas que se tratan como pareja, pero que, de hecho, no lo son. Y oye, que tener una relación sin formalizar, como diría mi madre, «en plan moderno», es perfectamente válido, siempre que ambas personas estén de acuerdo. Sin embargo, el problema surge cuando uno de los dos quiere algo más y eso no acaba de llegar. El que está cómodo en el «casi algo», está encantado con los beneficios de la relación, tiene todo lo bueno sin las obligaciones del compromiso. Pero la otra persona, la insatisfecha, tiende a ceder y a aguantar, convencida de que las cosas cambiarán. Encima, se encuentra con que tiene problemas de pareja estando soltera. Cuando pretendemos progresar en la relación, es normal que intentemos darle motivos, con actos de amor, para convencerlo. Esto lleva a una frustración terrible, porque estamos forzando indirectamente a alguien a que nos quiera y eso es como la dieta del astronauta, casi nunca funciona. Piensas que, si seguís un tiempo más juntos, al final se enganchará. *Spoiler alert*: eso no va a pasar. Además, si estás con un «casi algo» es más que probable que seas una de sus «vacas amarradas», esas parejas «no parejas» que se tienen en el banquillo por si acaso.

¿Cómo lo detecto?

Falta total de coherencia entre lo que dice y lo que hace. Sí, mucho te quiero, perrito, pero pan poquito. Se deshace en cariños contigo, hay días que está más pegajoso que las sábanas de *La isla de las tentaciones*, pero luego, a la hora de la verdad, no te da tu sitio. Se pasa todo el rato diciéndote lo que le gustas, cuando os veis te mira como miro yo a la pizza cuatro quesos. Sí, lo ves claro por momentos, parece que hay amor. Pero siempre subyace algo que no deja que la relación avance y hay veces que se comporta como un extraño. No sirve de nada que te diga que le encantas, que le tienes loco y luego responda a tus wasaps un día después con un «sí, ja, ja, ja». Porque, como dijo Woody Allen, «las cosas no se dicen, las cosas se hacen. Porque, al hacerlas, se dicen solas».

Fobia al compromiso. Si en la conversación aparecen las palabras «pareja», «novios», «planes», «fidelidad», «exclusividad», parece que le dé urticaria. Uf, no, quita, *bisho, bisho*. Prefiere usar otras como «fluir», «dejarnos llevar», «vamos viendo», «estamos bien así, para qué complicarnos». Lo que está haciendo es escudarse en que, en teoría, no sois nada, para no actuar de forma emocionalmente responsable.

Intermitencia en la relación. En ocasiones, se muestra muy disponible y, en otras, no. Un día está dándolo todo, entregado y mirándote con ojos de cordero, y tú piensas «esto marcha, ahora sí, aquí hay tema, pero vamos». Y, al día siguiente, desaparece, alegando que tiene más trabajo que el fontanero del Titanic, cuando, en el fondo, sabes que eso es más mentira que cuando yo digo que no estoy gorda, que soy de hueso ancho. Lo que está haciendo contigo es darte miguitas de pan, pequeñas dosis de amor para mantenerte enganchada. Porque las relaciones inciertas generan emociones intensas. Y una relación intermitente es como el Ikea de L'Hospitalet, que entrar, se entra fácil, pero salir, ya es otra historia.

No sentís que camináis en la misma dirección. Mientras tú quieres niños, perro, monovolumen y casa con jardín y enanitos, él quiere irse a Australia a surfear y vivir un año en una caravana. Tiene planes donde no te incluye ni tampoco te pregunta. Se comporta como si vuestra relación no existiera.

Para clarificar más este detector de «casi algo», aquí tienes un traductor simultáneo en la página siguiente.

¿CÓMO ESTABLEZCO LOS LÍMITES?

En primer lugar, es muy posible que dos personas se encuentren en puntos diferentes de la relación y no hay ningún problema con eso, no significa que no vaya a funcionar. También se pueden tener ideas distintas de lo que es una relación, de hecho, hay personas que pueden o incluso necesitan transitar en relaciones con incertidumbre y es perfectamente aceptable. No querer compromiso es tan válido como quererlo. Al principio, está bien fluir, porque los sentimientos necesitan tiempo para crecer de forma natural y encontrar su sitio.

PERFI-TRADUCTOR

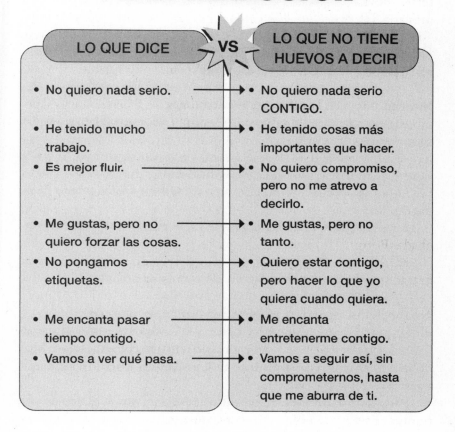

LO QUE DICE	VS	LO QUE NO TIENE HUEVOS A DECIR
• No quiero nada serio.	→	• No quiero nada serio CONTIGO.
• He tenido mucho trabajo.	→	• He tenido cosas más importantes que hacer.
• Es mejor fluir.	→	• No quiero compromiso, pero no me atrevo a decirlo.
• Me gustas, pero no quiero forzar las cosas.	→	• Me gustas, pero no tanto.
• No pongamos etiquetas.	→	• Quiero estar contigo, pero hacer lo que yo quiera cuando quiera.
• Me encanta pasar tiempo contigo.	→	• Me encanta entretenerme contigo.
• Vamos a ver qué pasa.	→	• Vamos a seguir así, sin comprometernos, hasta que me aburra de ti.

Pero conforme ya lleváis un tiempo fluyendo, una empieza a necesitar saber cuándo y cómo van a fluir las cosas exactamente y conviene establecer unos límites que definan la relación. En algún momento, es importante dejar claro lo que hay entre los dos y ser honestos. Si no te está dando lo que quieres, es hora de comunicar lo que esperas, lo que estás dispuesta a dar a cambio y hasta dónde. Toca hacer la incómoda pregunta de «¿qué somos?». Intenta expresarte sin reprochar y sin exigir, poniendo las cartas sobre la mesa. Hay que dejar claro lo que busca cada uno, ya sea despedirse y seguir con su vida o intentarlo sin dudas y con implicación por las dos partes. No vaciles en dar este paso: expresar tus intenciones y sentimientos con respecto a la relación no es ser una intensa, es ser afectivamente responsable.

FRASES QUE PUEDES USAR

«Sé que no somos nada, pero esta relación se está volviendo algo muy íntimo y necesito ser honesta contigo».

«Tengo expectativas en esta relación y necesito saber si los dos queremos lo mismo».

«Si sigo contigo, es porque quiero construir algo serio. Si no estamos en el mismo punto, es mejor hablarlo».

«Me gustaría definir la relación para saber a dónde puedo llegar y a dónde no».

Una vez planteada la gran pregunta, pueden darse diferentes escenarios:

1. Tú quieres un tipo de relación, pero él quiere mantener otra distinta, abierta o polígama: no hay acuerdo.
2. Tú quieres una relación, pero él, no: no hay compromiso.
3. Tú quieres una relación y, aunque se comporta como tu novio, evita hablar del tema: no hay compromiso ni comunicación. Muy posiblemente, te encuentras ante un tarado emocional, así que mejor huye.
4. Tú quieres una relación, pero él no te dice ni que sí ni que no y se sigue comportando como si estuviera soltero, repartiendo pollazos a diestro y siniestro: capullo integral. Corre, Forrest, corre. No mires atrás.

Es normal que se sientan dudas al dar este paso, porque es muy probable que la respuesta no sea la que buscas y que eso signifique tener que tomar una decisión en vuestra «no relación». Pero cuando no sabes qué lugar ocupas en la vida de alguien, es mejor no ocupar ninguno. Si la otra persona sigue dándote largas o lo que te puede ofrecer no es lo que quieres, tienes que salir de ahí cagando leches, en pos de tu salud mental. No esperes a que sea la otra persona la que decida irse porque, cuando no hay compromiso y se empieza a sentir la presión, se escaqueará como una culebrilla. Vete tú, no te quedes ahí pensando que le vas a hacer cambiar de opinión. Hemos visto demasiadas comedias románticas donde el protagonista, de repente, se da cuenta de que está locamente enamorado y sale corriendo hacia el aeropuerto para evitar que ella coja un vuelo a Los Ángeles, los de control lo dejan pasar sin hacer el *check-in* ni el control de metales ni nada, se besan en público y la gente aplaude. Nos aferramos a la falsa creencia de que esa persona va a cambiar, que poco a poco se va a ir pillando. Sin embargo, créeme cuando te digo que si no lo ha hecho ya, está la cosa jodida. Porque el amor es como tirarse un pedo, si tienes que forzarlo, seguramente, sea una mierda.

SE ACABÓ, ¿Y AHORA QUÉ?

Los «casi algo» no siempre suceden por una falta de compromiso por una de las partes. Puede ser porque la relación acabó por diversos motivos antes de que llegase a cuajar o porque no se dieron las circunstancias. «¿Puedo decir que es una relación cuando ni siquiera se había formalizado? ¿Puedo decir que hemos roto cuando la verdad es que nunca llegamos a tener nada? ¿Puedo sentirme mal por alguien con quien, de hecho, nunca tuve algo tangible?». Sí puedes, porque tú te has implicado emocionalmente en esa relación, has invertido dedicación, tiempo y esfuerzo en conocer a esa persona y todo se ha derrumbado como un castillo de naipes. Lo llamamos «casi algo» pero, en realidad, es casi nada y duele casi todo. No hagas ni puto caso de los que te dicen que no tienes motivos para estar triste porque esa persona nunca fue tu pareja. Si hay una pérdida, merece un cierre.

La diferencia entre el duelo de una relación real y un «casi algo» es que, en la relación real, sufres por lo que pasó, por lo que has perdido. En el «casi algo» sufres por todo aquello que pudo ser y no fue. Haces un duelo por tus esperanzas, por tus movidas mentales, por lo que soñaste que haríais juntos. Tienes que decir adiós, no a la relación, que nunca existió, sino a la película que te has montado en tu cabeza, a un proyecto de relación feliz. Era un *match* perfecto, pero se quedó en un «¿qué hubiese pasado si...?». Nos aferramos a lo que nunca ocurrió, pensando solo en lo bonito e idealizando una historia perfecta, porque ¿cómo no iba a ser perfecta, si te la has inventado tú?

Además, hace tanto daño porque, en realidad, esa persona no ha cometido ningún error ni teníais un compromiso real como para poder echarle la culpa de nada. Tampoco ha habido problemas en la relación, porque nunca existió como tal. Si hubierais sido pareja, todo habría sido idílico y maravilloso, porque no tienes ningún motivo para pensar lo contrario.

Superar un «casi algo» tiene dos dificultades añadidas: la primera es **la idealización**. Volvamos ahora al primer capítulo de este libro, cuando hablábamos de la neurobiología del amor, a todo lo que sucedía en nuestro cerebro, sobre todo, en la primera etapa de la relación, en la etapa de enamoramiento. El cerebro en esta fase libera hormonas de placer, químicos que hacen que veamos todo de color de rosa, con unicornios y *brilli-brilli*. Estamos empezando a conocer a la persona, todo en él nos parece perfecto. Lo estamos idealizando. No hemos llegado a saber cómo es realmente, no sabemos lo malo que tiene. No conocemos nada de su vida ni de su historia personal ni de sus traumitas ni de cómo se maneja en muchas situaciones o a qué problemas se podría enfrentar la pareja en el futuro. Todavía no conocemos a la capibara de la suegra o a los terroristas que tiene por hijos. Tampoco hemos tenido la oportunidad de comprobar si por las mañanas tiene un aliento para fumigar cosechas. Solo nos estamos quedando con lo bonito. Cuando empezamos una relación con alguien, no la empezamos con la persona, sino con su «representante comercial». ¿Quién no ha comenzado a salir con alguien y le ha tocado fingir durante unos meses que no estaba loca? Esa fase de idealización es criminal, porque estás en todo lo alto, estás en la fase de luna de miel, con los químicos a tope. No eres tú misma, eres Kurt Cobain. Así que, cuando se te desmonta la película, caes de cien a cero. Te caes de la nube, te precipitas en picado y te pegas una hostia que se te quedan los dientes bailando la conga en el fondo de la boca.

Y sí, es posible que te cueste más olvidarlo que a tu ex, porque de tu ex conocías también los defectos, los peros, las cosas que no te gustaban, cómo le olían los pies, que bailaba en las bodas como un jubilado en Benidorm. Tenías una versión real, no idealizada. Veías al Homer, no solo al príncipe, ese hombre ideal que nunca tuvo la oportunidad de decepcionarte. Resulta mucho más duro dejar ir al hombre perfecto que a Homer Simpson, aunque sepas que esa perfección solo estaba en tu cabeza. Muchas veces, esas relaciones se terminan quedando como una espinita clavada, una especie de amor platónico. Como una cicatriz que duele, especialmente, porque tu cerebro sigue pensando que pudo ser justo lo que buscabas y eso conlleva una frustración para siempre. Soltar a quien fue un «casi algo» es casi más difícil que soltar a quien lo fue todo.

La segunda dificultad es **la culpa**. Sentirte completamente absurda por estar tan mal por alguien que no fue nada. «¿Qué hago sufriendo por esto? Si hemos estado juntos un mes, ¿cómo puedo ser tan ridícula?», piensas. Sientes que tienes que dejar ir a alguien que nunca estuvo contigo y te culpabilizas por estar sintiéndote tan mal por algo que tú crees, no tienes motivos para ello. Eso dificulta mucho el proceso, porque no deja que las emociones transiten. Así que superar un «casi algo» puede ser más complicado de lo que parece.

¿QUÉ ME PUEDE AYUDAR A SUPERARLO?

Reconoce el vínculo afectivo que hubo entre los dos. Aunque nunca le pusierais etiqueta. Si bien las convenciones sociales dan más peso a las relaciones formalizadas, tus sentimientos deben ser validados, empezando porque los valides tú misma. Respeta tus emociones y gestiona el duelo como lo harías con una relación de años. No pienses que no debería dolerte porque ni siquiera fuisteis pareja de verdad. Tienes todo el derecho a estar mal. Haz el duelo, no por la relación, sino por tus ilusiones, planes y expectativas perdidas.

Acepta que ha acabado. Esa relación nunca va a llegar a suceder. Apaga tu imaginación, porque te has ilusionado con alguien que creaste en tu mente, una persona hecha a medida para ti, pero que, sin lugar a dudas, ni existe. Aunque hubiera pasado, no os conocíais, así que no sabes si hubiera salido bien o mal. Lo único que está claro es que no hubiera sido tan bonito como quedaba en tu cabeza. Eso te lo digo yo.

Quédate con lo bueno. Sí, suena muy manido decir que intentes ver el lado positivo, pero agradece las enseñanzas que te ha dejado y lo que te haya aportado. ¿Te echaba unos polvos que te dejaba como una gallina muerta a escobazos? ¿Te has reído como una foca retrasada? ¿Descubriste el mejor sitio de torreznos de todo Madrid? ¿Te llevó un día a un rocódromo y ahora eres una aficionada?

El hecho de que una relación no tenga un vínculo formal o una etiqueta, aunque para él desde el principio solo fueras una «amiga», no significa que las personas no se puedan implicar en grados diversos. El dolor es igual o mayor que una ruptura, porque echamos de menos todo lo que creíamos que sería, así que permítete sufrir la pérdida. Y es que, como dice Sabina, «no hay nostalgia peor que añorar lo que nunca jamás sucedió».

CUARTA PARTE

DESINFECTAR LA HERIDA

14

Contacto cero

> Te voy a ignorar tanto que vas a tener que buscar tu partida de nacimiento para saber que existes.

El contacto cero es una técnica que consiste en evitar de raíz todo tipo de interacción con quien nos está haciendo daño. Si no ves a esa persona, no hablas con él y no sabes nada de su vida, solo es cuestión de tiempo que lo acabes olvidando. El no exponerte a la fuente de tu malestar hace que este sea, por lo menos, más llevadero. Resulta muy útil en cualquier proceso de curación, aunque no siempre va a ser necesario que la lleves a cabo. Existen rupturas donde hay menos dependencia emocional, donde el fin de la pareja está claro por las dos partes y queda una relación cordial. Pero hay situaciones en que no es así y va a ser impepinable que la pongas en práctica. Sea cual sea el motivo, la decisión tiene que venir respaldada por la motivación de cuidar de ti y avanzar en el camino.

¿Cuándo es necesario el contacto cero?

- Tu ex intenta regresar contigo una y otra vez, exigiéndote atención o haciéndote reproches. Sabes que la ruptura es lo mejor para los dos, pero la otra parte no lo acepta y hace que te veas más atascada que Demis Roussos en una puerta giratoria.
- La que no lo termina de aceptar eres tú. Te pasas horas mirando sus fotos, viendo si está en línea, a quién sigue o quién le da *like*.

Estás empezando a obsesionarte y eso te está impidiendo progresar. De seguir así, lo superarás cuando refresque en Almendralejo.

- La relación tuvo componentes tóxicos o alguno de los dos tiene un apego dependiente. Es primordial tomar distancia, protegerte y priorizar tu bienestar.
- Tu ex ya tiene otra relación, bien porque conoció a otra persona o porque te puso más cuernos que a Rudolph y verle ser feliz con alguien que no eres tú o saber de su vida te produce un dolor indescriptible.

Ya hablamos en un capítulo anterior de la dopamina y las pildoritas de tu cerebro. Tu cabeza, que está en pleno proceso de desintoxicación, irremediablemente va a buscarla. La necesita. Pero no olvidemos que aquí tu cerebro no es el que manda, aquí manda tu coño en almíbar. No te fíes de tu mente, ahora mismo no está en pleno uso de sus facultades, te va a manipular y te va a mentir, te hará creer que precisas algo que realmente te hace daño. Una vez sobrevenida la ruptura, nuestra quijotera requiere un tiempo de recuperación para volver a sus niveles habituales de flujo químico, esos que tenías antes de volverte loca del coño. El contacto continuo con tu ex puede reavivar esas conexiones neuronales y es precisamente esa pauta la que estamos intentando romper, se trata de una técnica que se basa en el todo o nada. Al disminuir la relación por completo, esas conexiones neuronales se debilitarán poco a poco, hasta reducirse a la indiferencia más absoluta. Es como cuando hay un sendero en el campo porque hay continuamente gente pasando por ahí. Si transcurren meses y años sin que una sola alma pise esa vereda, ¿qué piensas que pasará? Que empezará a crecer la maleza, hierba, flores y, al cabo de un tiempo, será completamente invisible. Y si alguien, o sea, tú, intenta volver a pasar por ese camino, le resultará imposible. ¿Crees que cuando vuelvas a ver a tu ex no serás capaz de cortar el hielo con el frío de tu mirada, como la Montiel en *Cárcel de mujeres* —todo un referente—? Pues es fácil, si sabes cómo.

No, mentira, es difícil de cojones. Porque lo peor no es decir adiós, lo peor es decidir no volver. Por eso, tenemos que entender que el contacto cero no puede ser una técnica para que se retome la relación o para llamar su atención. Tal vez, una parte de ti —una parte de ti muy, muy grande— piensa que si te alejas de él, se dará cuenta de que te está perdiendo. Y esta no es la idea, porque se trata de que elimines cualquier estímulo que te recuerde a tu ex, no para que estés expectante por si, en cualquier momento, él vuelva con el rabo entre las piernas —que, por otro lado, es donde ha estado siempre—. Hay que aceptar que la relación es historia y que es en ti en quien tienes que centrarte.

También hay personas que se niegan a poner un muro delante de su ex porque entienden que es un signo de debilidad, como que no son capaces de verlo y ser fuertes. Pues no, claro que no lo son. ¿Y qué? ¿Sabes esa frase que se dice tanto en terapia de que el primer paso es aceptarlo? Pues eso. No estás fuerte, Gertrudis —esto, en caso de que te llames Gertrudis, si no, puedes cambiarlo por tu nombre real—. Estás en un momento vulnerable, aunque no será siempre así, sino que se trata de una situación concreta que se ha generado a partir de un contexto específico. Más o menos jodida, sí, pero puntual. ¿Tú te imaginas que a un adicto a la coca el terapeuta le diga: «Chico, no evites las zonas de riesgo, vete a un festival electrónico donde corra la droga como sacos de yeso, tú tienes que ser lo suficientemente fuerte como para que no te afecte»? De locos ¿no?

Por tanto, no saber nada de tu ex constituye el primer paso para priorizarte, asimilando la situación. Te va a ayudar no solo a desintoxicarte, sino a ordenar tus emociones. Vas a poder ver todo con un poco de distancia y podrás reconocer qué extrañas y qué no. Hay dinámicas que se sostienen por sentimientos como la culpa, la pena o el miedo a dañar al otro. Alejándote un poco y poniendo tierra de por medio, puedes distanciarte de esos sentimientos, dejar a un lado lo que necesita el otro y pensar en lo que necesitas tú. La distancia es el olvido y, si no es el olvido, sí te ayudará a ser más objetiva.

Vas a volver a conectar contigo misma, recuperar antiguos y buenos hábitos, ver a gente que te hará entender que tienes una buena red de apoyo y que no estás sola. Tendrás tiempo para volcarte en entornos y dinámicas diferentes a lo que teníais cuando estabais juntos. Podrás empezar a crear una vida nueva. Una vida sin necesitar a nadie más.

Aplicar el contacto cero puede ser muy duro y duele al principio, es como depilarse las ingles con cera. Pero criatura, tú y yo sabemos que cuanto antes pegues el tirón, mejor para ti. Y eso, hazme caso, empodera que te cagas, porque lo que estás haciendo es establecer límites. Estás cogiendo las riendas, tirando al contenedor lo que te hace daño. Es como cuando estás a dieta y, con determinación, avientas a la basura ese paquete de donetes que está sin abrir. Estás diciendo: «Hasta aquí. No te permito que me hagas daño, te quito ese poder» (ya sé que esto me ha quedado muy de coach barato, ha sido un pequeño momento de enajenación mental. No volverá a ocurrir).

Una parte fundamental del contacto cero son las redes sociales. Cuando la persona que queremos ha salido de nuestra vida, tendemos a buscar respuestas en las redes sobre qué hace o cómo le van las cosas, pero lo que recibimos solo son imágenes de momentos concretos que ni siquiera tienen por qué representar la realidad. ¿Recuerdas cuando hablábamos del triángulo de Kanizsa? Tenemos publicaciones de sus mejores momentos, fotografías descontextualizadas, y es nuestro cerebro el que va a intentar rellenar esos huecos de información, directamente, inventándose cosas. Lo peor es que la interpretación de las imágenes que vemos la hacemos en función del momento en que nos encontramos, o sea, con la autoestima por el fango y una inseguridad como el obelisco de Buenos Aires.

Hace años, cuando rompíamos con alguien, no era tan fácil mantener el contacto, como mucho, le podías hacer una llamada perdida al móvil, si es que te quedaba saldo, o pintarle la fachada de su casa con un grafiti donde se leyera: «Jennifer, vuelve». Pero ahora, las redes sociales nos permiten estar en contacto y saber de la vida de todo dios. ¿Con quién queda? ¿Quién es esta a la que le ha dado *like*? ¿Dónde ha pasado el finde? ¿Ha ido solo? ¿Ha visto mis *stories*? Revisar su perfil de Instagram nos da la falsa ilusión de que, de alguna manera, todavía está en nuestra vida. Es como volver a tenerlo presente, aunque sea a través de una pantalla. Ver qué hace en cada momento y, sobre todo, con quién, satisface esa ansiedad de seguir sabiendo. Es una ansiedad que se calma de forma temporal, porque, dentro de unas horas o un día, volverás a sentir que tienes que saber qué ha hecho o dónde anda. No es más que, de nuevo, el mono. La necesidad de sentirlo cerca de alguna manera, de tenerlo todavía contigo.

No voy a hacerte un test, porque todas las cosas que voy a enumerar a continuación sé que las estás haciendo (a mí no me engañas, Antonia).

Publicas para que te vea, pensando en tu ex y mostrándote más feliz de lo que estás. Esto es algo muy típico en las rupturas de pareja, cuando empieza una competición para ver quién de los dos está más feliz sin el otro. Porque estás hecha un asco, pero, de que él lo sepa, ni hablar. Tiene que verte empoderada, contenta, más feliz que Geppetto en Bricomanía. Liberada del lastre y empezando una nueva vida ¿verdad? Tus fotos gritan: «Mírame, no te necesito, fíjate qué vida más maravillosa tengo y qué feliz soy sin ti». Y una mierda como el tronco de un baobab.

Compruebas si ha visto tus *stories*, si reacciona a ellas y cuánto tarda en verlas. Depende de lo que haga o lo que tarde, tú ya te montas tus pajas mentales. Pongamos que tus *stories* no las ha visto y han caducado, ¿qué plan tenía tan interesante como para no entrar a Instagram en un día entero? ¿Será que no tenía conexión, estará de retiro? O peor, ¿estará de retiro con alguien? Y te empiezas a montar una película que, si te pilla Netflix, te hace siete temporadas.

Cambias la foto de perfil de Instagram, de WhatsApp y hasta de LinkedIn, solo para llamar su atención. La última vez, subiste una chupando un Calippo; otra, comiéndote un plátano; y la tercera, poniendo morritos sexis, aunque, más que sexy, parecías un perro sacando el hocico por la ventanilla. Y todo esto acompañado de la frase «todo esto es tuyo, a domicilio o para llevar». Pura elegancia, tú debes de creer que «sutileza» es una señora con nombre raro. Seguro que, si lo ve, piensa que la foto es para alguien con quien andas liada, se va a morir de celos, el muy tarado. No te dio «me gusta» ni tu tía Encarna, que seguro que, después de ver esas fotos, fue a santiguarse y a hacerse una lavativa con agua bendita.

Miras una y otra vez cuántas veces publica y con quién aparece. Visitas tanto su perfil que están a punto de darte la insignia de fan destacado. *Stalkeas* a la gente nueva que aparece en sus redes, buscando pistas. Te fijas en a quién sigue, a quién le da *like* y quién se lo da a él. Y, como salga con una chica que no te suena, que no es ni su hermana ni su prima, empiezas a investigar hasta que acabas en sus antepasados aztecas. Te conviertes en el puñetero CSI. A tu lado, Grissom es Rompetechos.

Y el estado más grave de todos, el que requiere intervención del Samur de las rupturas: te has creado un perfil falso para espiarlo o incluso para hablarle, haciéndote pasar por otra persona. ¡Paciente grave, carro de parada, norepinefrina 500 gramos! ¡Lo perdemos, se nos va, se nos va!

Si haces todas estas cosas, que tú y yo sabemos que sí, lo único que estás consiguiendo es darle a tu cerebro la metadona que necesita. La ansiedad que sientes al no saber nada de tu ex hace que revises sus redes continuamente y esa ansiedad se ve reducida y aliviada momentáneamente cuando compruebas que no está con nadie. Entonces, vuelve la calma, reforzando así esta conducta nada adaptativa. Esa tranquilidad es temporal, porque, en un rato, vas a querer volver a mirar, ver dónde estará, qué estará haciendo y, cada vez, el tiempo entre *stalkeos* se va a ir reduciendo más, entrando en un bucle. Tienes que dejar de hacerlo. Ya.

Como sabemos que eres una yonqui del amor, la única manera de parar esa conducta tóxica es bloquearlo en todas las redes sociales. Así, sin anestesia. Del tirón, con un par, como el Dioni. No digas que sí, no pienses: «Tiene razón, debería hacerlo». Hazlo.

¿CÓMO LLEVARLO A CABO CORRECTAMENTE?

Ahora es importante que conozcas los pasos para hacerlo de forma adecuada. Recuerda que nos estamos desintoxicando y alejarte de modo voluntario de lo que nos está generando abstinencia no resulta sencillo, porque una parte de ti lo quiere. Lo quiere y de qué manera. Así que es fácil que se produzcan episodios de recaída. Pero si un alcohólico no tiene alcohol en casa y ningún bar en dos kilómetros a la redonda, será más difícil que caiga.

Comunica tu decisión. Si tenías una relación sana con tu ex, no lo hagas sin previo aviso, ya hemos visto que hacer *ghosting* es poco responsable afectivamente y la otra persona puede sentirse muy mal y no entender qué está pasando. Habla con él, dile que, por tu bienestar emocional, necesitas alejarte. Cualquier persona en su sano juicio lo entenderá y, de todos modos, en este caso, no nos interesa su opinión, solo le estás informando. Y, si no lo entiende, que se aguante, aquí no hay derecho a réplica: hasta luego, cara huevo, desfilando, circulen. Ahora se trata de ti.

Queda con una amiga. Con la que tenga las cosas más claras. Todas tenemos una amiga que es la que tiene los ovarios mejor puestos, vamos, que no la torea ni Dios. ¿Y esto para qué? Pues porque nos conocemos, Mari Puri —si tu nombre no es Mari Puri, inserta aquí tu nombre real—, y no me fío un pelo de que lo vayas a hacer sola. Tú ahora mismo estás con las defensas bajitas, estás floja y vulnerable, y tener el teléfono en la mano con el WhatsApp de tu ex abierto es como darle a un mono una ballesta. Podrías tener la tentación de llamarle, mandarle un mensaje o vete tú a saber qué, así que necesitas que alguien supervise la operación, que tire el móvil al río o que te dé dos hostias si hace falta y te diga eso de «¡gobiérnate, estúpida!». Después, os podéis ir a tomaros unos *cervemochos* para celebrar tu recién estrenado empoderamiento y acabar como Massiel en una chirigota. Porque para eso están las amigas, no para evitar que vayas por el mal camino, sino para impedir que vayas sola.

Bloquea su número y después, bórralo. Tiene que ser en este orden, porque también queremos que no pueda ponerse en contacto contigo. Cancelado, eliminado, neutralizado. *Ciao, pescao.*

Bloquéalo de todas las redes sociales. Instagram, Facebook, Twitter, Twitch, hasta del Messenger y del Fotolog; toda precaución es poca.

Evita acudir a sitios que frecuenta. Incluye los que sabes que te lo puedes encontrar «por casualidad». Inconscientemente, hasta que la ruptura no esté superada, es muy normal que lo busques con la esperanza de que se produzca una reconciliación. Piensas que, si te ve, se le van a reavivar los sentimientos que tenía por ti y se dará cuenta de que te echa de menos. Pero la realidad es que verlo solo va a reabrir la herida y a levantar todas las costras. Por otro lado, hay personas que se dejan llevar por el orgullo y se niegan a cambiar ninguna rutina en su vida. «Pero Doc, ¿por qué tengo que dejar de ir a un bar que me gusta y donde me lo paso bien solo porque puede ir él? ¿Eso no es darle poder en mi vida?». No, te estás empoderando, estás cogiendo las riendas de lo que te afecta, porque, por mucho que te pueda el amor propio, ahora mismo no estás tan fuerte como para soportarlo. Eres tú la que se va a sentir peor después de cualquier encuentro, así que marca en el Google Maps las zonas de peligro.

Limita el quedar con amigos comunes. Al menos, hasta que estés mejor. Si tenéis buenos amigos en común, habla con ellos para que te ayuden. Pídeles que no te hablen de él, que no te lo mencionen, que no hagan planes contigo que involucren a los dos, que no te cuenten nada, ni siquiera, a efectos de cotilleo, sobre con quién está, qué hace o qué le ha pasado. A partir de ahora, tu ex pasa a ser Voldemort, el-que-no-debe-ser-nombrado. Que no actúen de intermediarios si él intenta volver a ponerse en contacto contigo. Los vas a necesitar para cerrar esta etapa en el aspecto logístico, por ejemplo, yendo en tu lugar a recoger tus cosas a su casa.

Déjate de excusas. Va a ser frecuente que intentes sabotearte a ti misma buscando maneras de volver a verle o pretextos absurdos para pasar por su casa o llamarle. Has encontrado un par de calcetines con tomates debajo de la cama y piensas: «Tengo que llamarle para devolvérselos, son dos calcetines con agujeros, ¡los necesita! Vale, es agosto y estamos a 45 grados, pero... ¡los necesita, maldita sea!». Déjate de excusas, Amparo. No tienes que llamarlo para felicitarle por su cumpleaños, no tienes que darle el pésame por la muerte de su tía abuela y, para devolverle sus calcetines morroñosos, están vuestros amigos comunes o Seur. Además, Seur siempre dice que fueron a tu casa y no estabas, así que mejor, que se joda.

No intentes ponerte a prueba exponiéndote a él o a sus recuerdos. «Me lo voy a encontrar, lo voy a mirar con la cabeza bien alta y no voy a dejar que me afecte». ¿En serio? ¿De verdad tienes necesidad de arriesgarte a estar mal, a dar pasos atrás, para demostrarte a ti misma exactamente qué? Lo único que te vas a indicar es que no lo has superado, vas a recular en tu recuperación volviendo a la fase de tristeza absoluta y te vas a pegar una semana de bajona, llorando en casa y hecha un despojo hediondo. Así que protégete y cuídate, no tienes necesidad de hacerte la digna.

Ten localizada a tu persona de emergencia. Desarrollaremos más este punto en el capítulo 26, pero conviene tener a tres o cuatro amigas, o amigos, a los que llamar en caso de que sientas que tu voluntad flaquea. Digo tres o cuatro para repartir un poco, porque si eliges solo a una, la pobre acabará de ti hasta el toto y te va a mandar a tomar por donde amargan los pepinos. Y ahora no estamos como para perder amigas, las necesitas. Así que establece turnos para darles la turra.

Y, sobre todo, mantente firme y no cedas. Sé que te apetecen mucho esos donettes, pero piensa en el cuerpazo que se te va a quedar luego.

Contacto cero con hijos

Seguro que, si tienes hijos con tu ex, estarás cagándote en mis muertos más frescos. Obvio, el contacto cero no es posible cuando tenéis hijos en común, cero, cero no puede ser. Pero vamos a reducirlo lo máximo posible hasta dejarlo, no sé, pongamos en un cuatro o un cinco.

No puedes cortar el contacto con tu ex si tienes que verlo cada dos por tres. Tampoco puedes bloquearlo, porque necesitas poder hablar con él por si algo pasa, si hay una urgencia con los niños o para coordinar las visitas. Esto puede complicarse si el susodicho tiene una nueva relación y a ti se te llevan los demonios cada vez que lo ves aparecer con su nueva novia para llevarse a los niños al zoo. Piensas que al zoo te gustaría que te llevasen también a ti, pero para ahogarlos a los dos en el foso de los cocodrilos. Tener que ver constantemente a la fuente de tu malestar es una auténtica tortura china, solo comparable a que te claven agujas debajo de las uñas o escuchar la discografía entera de Eladio Carrión. Además, los niños, sobre todo, si son pequeños, pueden ser un atajo de cabrones porque pueden contarte cosas de su padre, decirte lo simpática que es su novia o enseñarte las fotos de la fiesta que les organizaron para su cumpleaños. Y tú, cada vez que lo ves, te entran ganas de comerte un bocata de cemento e irte a nadar al río.

¿Hay algo que podamos hacer, doctora? ¿O tengo que resignarme y tomarme una dosis de antiácido, Fortasec y una tortilla de lorazepam cada vez que mi ex tenga que pasar por casa? Lógico, lo vas a tener más difícil que si no tuvierais nada en común, pero siempre hay algo que puedas hacer para tomar distancia.

Acordar un régimen de visitas claro. Tiene que estar especificado cómo, cuándo y en qué circunstancias se harán las recogidas. Evitar convertir la recogida de los hijos en una visita familiar, esta ya no es su familia. Si tenéis que hablar, que sea por temas exclusivamente que atañan a tus hijos, evitando los asuntos personales. Si tiene una nueva pareja y eso te hace sentir mal, pídele que no la traiga. Debería respetarlo y, si no lo hace, ya tienes otro motivo más para reafirmarte en no estar con ese idiota. Si la comunicación es nefasta y habéis acabado como el rosario de la aurora, que las visitas las dictamine un juez. No es la situación ideal, pero, a veces, no queda otra.

Restringir las llamadas telefónicas a verdaderas urgencias. No utilices como pretexto que el niño se ha caído en el recreo para llamarle, ni uses a tus hijos como excusa para hablar con tu expareja. Recuerda que tu cerebro va a intentar manipularte y que eres una yonqui. Y lo peor, tu ex se dará cuenta de tus intenciones y quedarás como una loca desesperada. Siempre que creas que tienes que llamarlo, piensa primero si la situación puedes manejarla sola.

Normaliza comunicarte con él a base de notas por escrito: preferiblemente por mail. Si tienes que darle instrucciones sobre actividades escolares, tareas, ropa, etc., se las escribes y se las das. Mínimo contacto posible, recuerda.

No hables mal de tu ex a tus hijos. Por mal que haya ido todo entre vosotros, ellos tienen derecho a ver y a querer a su padre. Intentar poner a tus hijos en su contra solo complicará las cosas y te hará quedar como una histérica, que a veces lo somos, pero mejor si los demás no se dan cuenta.

15

Cápsula del tiempo

¿Sabes si la depilación láser puede borrar los bellos momentos que vivimos?

Este ejercicio es bastante simple y eficaz. Vamos a empezar recopilando todo lo que tengas en tu casa de tu ex. Cualquier recuerdo, ya no solo suyo, sino cualquier cosa que te vaya a hacer acordarte de su persona. Todos esos objetos que son como una personificación de vuestra historia, que, aunque materialmente no sean nada, afectivamente, pueden significar todo un mundo. Son como un relato tangible de lo que habéis vivido, que no basta con que esté solo en tu recuerdo, sino que son como un soporte físico. Te servían para sentirlo cerca cuando estabais juntos, pero ahora no puedes ni mirarlos sin echarte a llorar. Empezamos por las fotos, objetos personales que se haya dejado en tu casa, regalos que te hizo, ropa suya que te ponías y te sigues poniendo. Cosas que a saber por qué guardas, entradas de cine, billetes de avión, las fotos de Polaroid que tenías en la puerta de la nevera, ese anillo hecho con la anilla de una botella y que simbolizaba vuestro amor eterno —ejem, ejem—, cartas... —sí, hay gente que se escribía cartas, ¿qué pasa?—. Cuando digo todo, es todo. La única excepción es si tienes hijos, en ese caso, puedes mantener los recuerdos en su dormitorio, pero nunca en el tuyo ni en estancias comunes.

Vamos a clasificar los objetos en dos secciones. Por un lado, objetos suyos y regalos materiales, y otro grupo de recuerdos de más carga emocional, como, por ejemplo, las fotos. Quemar todos los recuerdos puede ser un acto muy simbólico, pero no todos disponemos de una hoguera o una barbacoa de obra donde realizar nuestra catarsis, como en *La isla de las tentaciones*. Además, deshacerte de todo de golpe no es algo que recomiendo. Eliminar todo lo que te vincula a tu ex, cuando tu corazoncito todavía está sanando, sería demasiado duro, como arrancarte un órgano de cuajo, y te podría generar más ansiedad. Pero sí hay otras cosas que podemos hacer.

Objetos de tu ex o regalos. A no ser que te haya regalado un Mac Pro con pantalla de Retina de última generación, lo más recomendable es regalárselos a alguien o venderlos por Wallapop. Liquidación por ruptura. Tengo una conocida que vendió el anillo de casada y el de compromiso, y con lo que sacó, se fue a Bali con una amiga. Allí conoció a un surfero y dijo: «Este pollo, para rellenarme el hoyo». Y se tiró una semana con las patas para arriba como un pavo en Nochebuena y amorrada a su prepucio a morro lechón. Si esto no es terapéutico, que venga Walter Riso y lo vea.

La segunda opción es devolvérselos, siempre, por supuesto, utilizando un intermediario, nunca en persona. Si tu ex es más tóxico que chupar pilas, asegúrate antes de haber realizado correctamente el contacto cero. No queremos que use esto como excusa para comerte la oreja o confundirte.

La tercera opción es tirarlos directamente a la basura, reciclando cada cosa en el contenedor adecuado, porque tener el corazón destrozado no está reñido con la conciencia ecológica. Es una opción radical, que solo recomiendo en caso de que la relación haya sido más destructiva que mezclar lavandina con detergente y tengas claro que no lo quieres ver ni en pintura. Aunque sí hay recuerdos que aconsejo tirar sin miramientos, como envoltorios de comida o incluso de preservativos (sí, la gente guarda recuerdos de lo más inverosímil).

Los objetos muy personales. Como fotos y cartas, que no puedes vender por razones obvias y que tú ya sabes lo que tienes que hacer con ello, porque te lo han dicho tus amigas y tu Pepito Grillo, aunque tú, como siempre, no les has hecho ni puto caso. Pero ahora te lo digo yo, que soy una experta en la materia: lo metes todo en una caja, la cierras con precinto y la guardas en algún sitio de difícil acceso. Puede ser en el fondo del canapé, en lo alto de un armario, en el altillo, en la buhardilla, en las cuevas de Moria en Mordor. Donde te salga del jilguero, pero no la tengas a mano, bien lejos. La intención es no abrirla. Ni se te ocurra recurrir a esa caja cuando tengas un arranque de nostalgia. Si no te ves capaz, dásela a una amiga que te la custodie. Se trata de empezar a desintoxicarte de todos esos objetos que te siguen vinculando a él, que son como una materialización de la relación, que te traen su imagen a la cabeza y que, encima, están ocupando parte de tu casa y tu mente. No vamos a eliminarlos, son recuerdos que forman parte de tu pasado, pero, por el momento, son demasiado dolorosos, así que vamos a sacarlos de tu alcance. Ya te contaré más adelante qué tenemos que hacer con ellos. Por ahora, ahí se quedan.

Sí, es cierto que todavía quedan muchas cosas que va a ser imposible que podamos eliminar tan fácilmente. En el ya clásico de Jim Carrey *¡Olvídate de mí!*, el protagonista descubre que su ex, Clementine, ha recurrido a una técnica innovadora de borrado de recuerdos para eliminar todo rastro de su tormentosa relación. Pero, lamentablemente, o por suerte tal vez, todavía la ciencia no ha avanzado tanto como para hacernos un reseteo de disco duro. Esa canción que te recuerda a él, que no vas a poder evitar que suene en algún bar, pasar por la puerta de esa cafetería donde solíais quedar o las bromas que solo os hacían gracia a vosotros no se van a ir de tu cabeza así como así, lo sé. Lo que sí te aseguro es que, si haces todo lo anterior, esas memorias van a ir perdiendo valor y se van a ir depreciando más rápidamente que un Dacia Sandero.

16

La huella digital

Si volviera a conocerte de nuevo, te bloquearía desde el primer día.

Desde el momento en que se produce la ruptura, se empieza a construir una nueva rutina. Dejar atrás a alguien con quien has compartido tantos momentos y recuerdos, de quien conoces tantas cosas y que te ha visto hasta cagando no resulta nada fácil. No es que sea jodido, es que es más difícil que distinguir a Los Chichos de Los Chunguitos. Para más inri, si todo antes se podía finiquitar rápidamente metiendo en una caja todo lo que te conectaba con otra persona y dejarlo en el altillo más recóndito de tu casa o, directamente, pegándole fuego, ahora tenemos algo mucho más complejo de eliminar: la huella digital. Todas esas publicaciones de Instagram donde gritabais a los cuatro vientos lo felices que erais, las fotos de vuestros viajes en la memoria del móvil... ¿Recuerdas todas esas conversaciones de WhatsApp que teníais hasta las tres de la mañana? Mejor te hubieras dormido.

¿Qué hacer con todas estas cosas? Por supuesto que todo depende de cada uno. Primero, hay que analizar muy bien cuáles son los sentimientos que nos despiertan. Que ver esos recuerdos nos dé nostalgia es normal y puede que, en ocasiones, incluso nos ayude a ir reubicando nuestros pensamientos, tomar conciencia de la realidad y, poco a poco, procesar lo ocurrido. Pero, normalmente, sobre todo, en fases iniciales de la ruptura, ver todo ese material digital puede intensificar las emociones y causar mucho sufrimiento, así que, tal vez, sea necesario distanciarse un tiempo y sacar esos estímulos de nuestra vida. Sufrir a lo tonto es *pa na*, así que es mejor apartarlas por el momento, para ver cómo nos sentimos más adelante.

Así que puedes contemplar la posibilidad, por radical que te parezca, de archivar las fotos que tenéis en las redes donde aparecéis juntos. Tampoco hace falta que las elimines, puedes guardarlas en alguna carpeta aparte y recuperarlas cuando te sientas mejor. En este sentido, Facebook, Google Fotos y sus puñeteros recuerdos son unos auténticos gentuzos. Siempre que me recuerdan algo, o estaba de viaje en alguna isla paradisíaca —siempre lo hace cuando estoy trabajando— o era más feliz o estaba más buenorra. ¿Qué clase de terrorista emocional ha inventado esa mierda?

Así que, como la inteligencia artificial está constantemente trabajando para mejorarnos la vida o para hacerla menos miserable, ya tenemos la opción de ocultar los recuerdos de nuestro ex, para que no nos aparezcan de repente y nos revuelvan las tripas. Con lo cual, a no ser que seas mi abuela Eufrasia, posiblemente, ya sepas de sobra cómo hacerlo. Pero, por si acaso, aquí estoy yo para contártelo y que no dejemos ningún cabo suelto.

Google Fotos. Dentro de la *app*, pincha en tu foto de perfil, arriba a la derecha. Ve a **Ajustes de fotos** y, una vez dentro, busca **Preferencias** y, luego, **Recuerdos**. Verás que puedes usar la opción de **Ocultar personas y mascotas**. Solo tienes que marcar la cara de tu ex para que Google deje de utilizarlo para mostrar recuerdos o hacer composiciones. Será como si esa persona no existiera, pero sin eliminarla definitivamente.

Facebook. Dirígete a **Recuerdos**. En el menú de la izquierda, aparecerá la opción **Ocultar personas**. Escribe el nombre de tu ex o de cualquier persona que pueda recordártelo, como su mejor amigo, si lo tienes en tu lista de amigos, y listo.

Para los amigos que tenéis en común —sobre todo, aquellos que son más suyos que tuyos— y sus familiares, existe la opción de tomarte un descanso de lo que publiquen sin tener que eliminarlos o bloquearlos. Entra en sus perfiles y dales a los tres puntos que se encuentran debajo de la foto de perfil. Selecciona **Bloquear** y te aparecerán tres opciones:

1. Ver menos contenido. Se limitarán las publicaciones que hagan y no te aparecerán en la sección de noticias. No podrás etiquetarlos ni mandarles mensajes.
2. Limitar lo que verán. No verán las publicaciones que compartas a menos que los etiquetes.
3. Editar quién puede ver las publicaciones anteriores. Puedes eliminar las etiquetas de las publicaciones que tenéis juntos o editarlas todas al mismo tiempo para desetiquetarte automáticamente.

17

Rellenar los vacíos

No olvides poner a tu pareja siempre en las esquinas de las fotos. Así será más fácil recortarlo cuando te mande a la mierda.

Ahora que hemos retirado de nuestra vista todos los recuerdos de nuestro ex, es muy posible que hayan quedado huecos vacíos. Ver cada día ese espacio en la pared donde estaba la foto de vuestras vacaciones en Isla Mauricio es casi tan terrible como la foto misma. Llegar a casa y no poderte poner esa sudadera tan cómoda que todavía conservaba su olor te hace acordar de él de nuevo. Así que vamos a rellenar el vacío de cada uno de esos objetos. Se trata de reorganizar las rutinas que todavía tienes asociadas a tu ex. Después de romper, es normal que cualquier situación nos traiga a la cabeza un recuerdo. Conozco a un chico que, después de dejarlo con su ex, estaba más desubicado que un daltónico jugando al Twister, iba el pobre como un tordo romero. Se pasó una semana poniendo dos platos a la hora de comer, sin darse casi ni cuenta, de forma totalmente automatizada. Y en el momento en que era consciente de que había un plato vacío enfrente, se venía abajo. Poco a poco, hay que ir sustituyendo esos escenarios con nuestro ex por otras rutinas que rompan con esa asociación del día a día en su presencia.

En el lugar donde había un cuadro, coloca otro. En el marco donde estaba vuestra foto, pon otra con una amiga o una donde salgas tú sola, con tu abuela o con tu perro. Pon la foto que venía con el marco. Pon lo que te salga de la cataplasma, pon el Satisfyer con un lazo, pero pon algo. Compra una sudadera nueva, rosa con capucha y dos tallas más grandes. El caso es que no quede ningún hueco por rellenar, que se lo pongas complicado a tu cerebro para que establezca cualquier tipo de conexión.

Los lazos que tienes con tu ex necesitan ir cambiándose de forma progresiva y una forma muy interesante de hacerlo es plantearte realizar algunos cambios en la decoración de la casa. Si compartisteis muchos recuerdos en ese piso, es muy probable que cada rincón te traiga una memoria asociada. Hay que romper con esa asociación para sentir que tenemos un nuevo hogar. Creer que estamos en un sitio nuevo, diferente, nos hará comprender que empezamos una nueva etapa.

Hay muchas personas que, después de la ruptura, dejan todo como estaba. Incluso tienen algunas zonas o rincones como si fueran santuarios. Cuántas veces no hemos visto en las películas, sobre todo, en alguna de Antena 3, donde la protagonista se llama Sophie, que, tras la pérdida de una hija o un ser querido, la familia deja la habitación tal cual estaba el día que se fue. Sin mover nada, sin tocar nada, con los pósteres de la Bravo y el osito de peluche. Eso produce una especie de estancamiento, es como negarse a desvincularse del pasado, y el cerebro sigue aferrado a todo lo que representa esa habitación.

Otras personas, sin embargo, prefieren directamente irse a vivir a otro sitio. Si el proceso de duelo está siendo muy doloroso, es muy probable que entrar en lo que es tu hogar y ver los espacios que compartiste con tu ex te haga recordar lo ocurrido y te sientas más agobiada que Rosalía comiendo pipas. Si la economía te lo permite, es decir, eres rica, pero rica de no mirar los precios en el Zara, adelante. En caso de que no, porque te encante tu casa o porque tengas una hipoteca que no sabes ni cómo te la han dado, hay otras cosas que podemos hacer. Además, que con todos los aperos que tienes, eso puede parecer la huida de los hebreos por el desierto. Y no estamos para que, encima del duelo afectivo, nos coja la ciática.

Cambia los muebles de sitio. Ver la casa con una disposición diferente puede dar una sensación de cambio y de aire fresco. No tengas problema en ocupar todo el espacio disponible, este hogar ahora es más tuyo que nunca y ya no tienes que ponerte de acuerdo con nadie, puedes hacer lo que te dé la gana. Ese sillón donde tu ex se sentaba a leer —dando por hecho de que supiera leer—, acaso lo puedes vender y comprar otro que vaya más acorde con la decoración nueva. Una estancia decisiva es el dormitorio, ya que es una parte de la casa que tiene una especial carga emocional. En él os habéis arrimado la almeja al boquerón, habéis hecho la croqueta los domingos por la mañana y habéis retozado como gorrinos en celo. Si hay una habitación en la que te tienes que enfocar, es esta. Existen *apps* que te pueden ayudar a redistribuirlo todo e incluso puede que le saques mejor partido y ganes espacio. También puedes reorganizar la disposición, ignorando o, incluso, desafiando las leyes del *feng shui*. Así, para las siguientes mierdas que te pasen, podrás dejar de echarle la culpa al universo y echársela a los muebles.

Cambia elementos decorativos, como cortinas o fundas de cojines. Son baratos y fáciles de renovar y, además, muy vistosos, le dan un aire nuevo a todo el conjunto. Esos cojines que teníais de Mr. & Mrs. —que solo por eso ya os tendrían que haber expulsado del país—, ya sabes dónde tienen que ir ¿no? Exacto, directos al Wallapop.

Cambia el color de las paredes. Puede ser que siempre te apeteciera poner un color llamativo que a tu ex no le hacía gracia. Pues ahora ya no tienes que pedirle permiso, puedes poner la pared de color amarillo pollo si te da la gana, un papel pintado de flamencos rosas o aquel mural que tanto te gustaba y que él dijo que ni hablar. Si es que el pobre era más soso que un ramo de acelgas. Además, si lo haces tú misma, es una de las actividades que más pueden reducir el estrés y la ansiedad: te mantendrá ocupada y te ayudará a liberar ese exceso de energía mal enfocada. Cuando hayas acabado, te sentirás útil y tendrás la autoestima que dará la vuelta a la manzana. Así que pon música y canta con el rodillo como si fuera un micrófono mientras das color a tu vida.

Juega con los sentidos. Compra plantas, son un excelente transmisor de energía. Si no se te dan bien las que están vivas, ponlas artificiales, que tampoco hay mucha diferencia y no queremos más damnificados por tu ruptura. Pon flores frescas, jarrones aquí y allá.

Coloca cuencos con popurrí aromático, velas con olor o cambia el ambientador.

Márcate un Marie Kondo. Organiza un zafarrancho de limpieza y tira todo lo que no necesites. Un pañuelo en la cabeza, ventanas abiertas, amoníaco y Radiolé. Pasa la aspiradora al ritmo de *I Want to Break Free*, limpia los cristales mientras cantas *Largo al factotum*. Limpiar y reorganizar la casa y los armarios sirve también de catarsis, porque es como si así ordenases tu mente. Actúa como una especie de limpieza emocional. No limpias, exorcizas. No hay nada más liberador en esta vida que tirar bolsas de basura y dejar la casa como el trono de la Macarena.

BIENVENIDA DE SOLTERA

¿La gente no hace despedidas de soltero cuando se va a casar? Pues ¿por qué cuando uno se separa no puede hacer lo mismo? Que no hace falta estar casada para hacerlo, estás celebrando el principio de tu nueva vida, la recuperación de tu libertad y tu vuelta a la soltería. Ahí es *na*. Ya lo hizo Madonna cuando se divorció de Guy Ritchie, que cerró una planta entera del Ritz-Carlton y organizó un fiestón al que asistió todo su equipo. A partir de ahí, surgieron un montón de empresas de *divorce party*. Que va en serio, que no me lo invento. Que ya sé que yo hay veces que parece que me invento las cosas, pero os prometo que es verdad. Te lo juro por que se me caiga el techo del Freshka encima.

En la época en la que estamos, aunque vayamos muy de *open minded*, todavía hay para quien la etiqueta de separado, divorciado o soltero sigue siendo sinónimo de soledad o fracaso. Cuando es todo lo contrario, más bien debería ser símbolo de fortaleza, pues no hay mejor señal de poderío que dar carpetazo a una relación que no querías seguir aguantando. El pasado, pisado. Ahora empiezas una vida nueva y qué mejor manera que darle la bienvenida marcando un punto de inflexión, un hito, un antes y un después. Has recuperado el control y todas las decisiones son tuyas. Vas a poder hacer todo lo que no has hecho antes, todos los planes que aplazaste, todo lo que tenías que consensuar; ahora depende solo de ti. Además, vuelves al mercado, estás disponible para que futuros pretendientes hagan cola y los castigues con el látigo de tu indiferencia, así que, salvo que hayas tenido que gastarte todo tu dinero en un abogado para que tramite el divorcio, ¿no te parece genial mostrárselo al mundo?

CARTA DE DESPEDIDA

Escribir es una cosa que está muy anticuada, no lo vamos a negar. Yo me imagino en lo alto de mi torreón, con un gorro en forma de cono, de cuya punta se desprende un velo de tul, mientras escribo con mi pluma de faisán mojada en tinta. Sí, es una cosa muy antigua, pero también es un ejercicio muy sanador. Nos puede servir para canalizar y soltar nuestras emociones, es la versión tangible de nuestras ideas, sensaciones, problemas, miedos, materializados en forma de palabras. Existen varios niveles de procesamiento: pensar sería el más básico y escribir, el más complejo. Es como si tus pensamientos fueran los cables de los auriculares. A veces empiezas a darle vueltas a un pensamiento, que es algo abstracto, hasta el punto de que se enmaraña como los cables. Escribir requiere de muchos más recursos cognitivos, porque, para escribir algo, necesitamos ordenarlo y darle sentido, para poder trasladarlo al papel. Esas reflexiones dejan de ser algo volátil y se convierten en ideas concretas, conceptos tangibles. Al escribir, estamos desbloqueando emociones y rompemos con la repetición de ideas negativas, dejando de rumiar. Evitamos el efecto bucle que tienen los pensamientos, que vuelven a tu cabeza una y otra vez. Las palabras, no, es como si, al escribirlas, se quedaran ahí, en el papel. Es como vomitar emociones que tienes dentro hechas un nudo y dejarlas sobre un folio en blanco, como si arrancásemos lo que tenemos dentro para ponerlo fuera de nosotros.

El beneficio de escribir esta carta es, primero, decir cosas que quizá no has podido o no has querido decir, pero que te están quemando por dentro. Al escribir, salen a la luz los conflictos existentes y podemos explicarnos aquello que antes no entendíamos. Como sucedía con la carta anterior, la de la rabia —si es que la llegaste a escribir, porque, normalmente, no me hacéis ni puto caso—, no es algo que tengas que hacerle llegar a él. El objetivo no es que tu ex la lea, es un ejercicio terapéutico para ti. Un detalle muy importante es que ha de ser a mano, en papel y boli, olvida todo tipo de dispositivo electrónico. Así que baja a los chinos a por folios, porque seguro que no tenías en casa ni uno, y vamos a ello. Esta carta la vamos a dividir en cuatro apartados:

Desahogo. Como ya sacamos la rabia con la carta de la ira que escribimos anteriormente y hemos proferido insultos y maldiciones armenias, ahora vamos a redactar algo parecido, pero con más elaboración, con calma y sin acusar. Cuenta qué es lo que te ha causado tristeza, qué le reprochas y qué te ha producido más dolor. Escribe qué es lo que te genera temor de esta situación por la que estás pasando.

Gratitud. Es uno de los principales componentes del bienestar emocional. Ya hemos escrito las cosas que le reprochas, ahora toca escribir lo que le agradeces. Esta parte puede resultar más fácil o más difícil dependiendo de la fase en la que te encuentres o cuáles sean los sentimientos predominantes. Así que, aunque tu ex sea el mismísimo Gárgamel, vamos a intentar sacar todas las cosas buenas que te ha dado la relación. Por ejemplo, «gracias a ti aprendí que quiero estar soltera hasta el 2056». La idea es relativizar los problemas y centrarnos un poco en lo aprendido, disipando los sentimientos de amargura y resentimiento.

Funeral por la vida que querías. Ahora vamos a llorar un poco por todo aquello que pudo ser y no fue. Escribe sobre tus ilusiones perdidas, describe cómo sería la casa donde ya nunca vais a vivir, de ese viaje que planeasteis y nunca vais a hacer y despídete para siempre de los hijos que no vais a tener o de cualquier plan que tuvierais juntos.

Perdón. Aquí ya no se trata de acusar, sino de mirar dentro de nosotros y liberar el pasado. Este es el final de la carta y el adiós definitivo, así que despídete.

No voy a poner aquí ningún ejemplo de carta similar, porque eso es un soberano coñazo que no se lee nadie. Se trata de un ejercicio muy personal, muy íntimo, así que tómate el tiempo que necesites y procura ser honesta. Yo no estoy delante para saber si lo has hecho bien o no —aunque lo estuviera, tampoco me lo iba a leer, porque algunas escribís unos tochos que válgame Dios—, pero la idea es que no te dejes nada en el tintero. Solo tú tienes acceso a tus sentimientos y a las cosas de las que quieres deshacerte. Según las sensaciones que tengas después de haberla escrito, sabrás qué te toca hacer a continuación.

Puedes quemar la carta, llevando a cabo un ritual de cierre. Puedes romperla y quemar una varilla de incienso o de palo santo. Otra opción es guardarla en un sobre, cerrarlo y escribir una dirección imaginaria, por ejemplo, al Infierno, a Mordor de Abajo, al Ministerio de las Injusticias o al Centro de Reclusión para Capullos Integrales, y meterla en la cápsula del tiempo. Pero, sobre todo, no se la mandes a él. Se trata de cerrar un ciclo, de decir adiós, no de dar opción a que te conteste y volver a tener más frentes de guerra abiertos. ¿Recuerdas dónde están orientados los focos? Hacia tu persona ¿no? Pues eso.

18

Autoestima

> Un día, como perra empoderada y, otro, como perra
> atropellada. Pero siempre perra.

Imagina un billete de 50 euros. Si yo te pregunto cuál es el valor de ese billete, me dirás que 50 euros y, acto seguido, pensarás: «Esta tía es tonta, puedo tangarle cuando le pague la sesión y darle un billete del Monopoly». Pues si ese billete lo aplasto hasta hacerlo una bola y te pregunto cuánto vale, seguirán siendo 50 euros. Y si ese billete, hecho una bola, lo piso y lo machaco y lo dejo más arrugado que el chumino de la Duquesa de Alba, ¿cuánto valdrá? Sigue valiendo 50 euros. También es verdad que, si lo sigo reventando, no me lo cogen ni en El Corte Inglés, pero eso ya es algo anecdótico. Quedémonos con la metáfora, no con los detalles.

La autoestima no es algo lineal ni homogéneo, sino que está formada, por así decirlo, por varios compartimentos. Una persona puede ser una auténtica inepta social, pero, en el terreno profesional, tener una autoestima más dura que una lluvia de hachas. Así que, aunque seas una mujer empoderada, que se ha hecho a sí misma, como Cher, y una profesional del copón bendito en tu campo, cuando una relación se acaba, resulta inevitable que haya cierta pérdida de amor propio. Se trata de algo perfectamente normal. Es como cuando en el insti sacabas un sobresaliente en inglés y en lengua, pero un aprobado raspado en matemáticas.

En esta situación, es natural que nuestra autoestima se vaya al carajo, al menos, durante un tiempo. Porque hay sentimientos de fracaso, de abandono, de soledad. Si, por ejemplo, nos dejan por otra persona o hay terceros implicados, que eso suceda es casi imposible de evitar. Porque ese que era tu pareja, que te quería, ha puesto a otra persona por delante de ti. O ha elegido quedarse con ella. O incluso te ha dejado para irse con nadie, para estar solo. Pues vales lo mismo como persona estando en el mejor momento de tu vida que cuando estás pisoteada y arrugada y más jodida que la pata de un banco. Pero, como el billete, que ahora mismo estés aplastada como El Coyote cuando lo pilla el tren no quiere decir que valgas menos. Sigues valiendo mucho, solo estás un poco arrugadita.

Vamos a hacer un pequeño test, sin ningún tipo de validez científica, para evaluar tu nivel de autoestima.

1. **Un amigo te pide que le dejes la furgoneta para hacer una mudanza el finde, pero tú la necesitas para irte fuera. ¿Qué haces?**
   a) Le digo que, si tiene pan Bimbo para que me coma el coño, que se alquile una furgoneta, el tío rata. ¡Habrase visto, qué morro le echa la gente!
   b) Le digo que no puedo dejársela ese finde, pero sí echarle una mano durante la semana.
   c) Cancelo mis planes y voy por no quedar mal, le presto la furgoneta y cargo las cajas yo misma. Como consecuencia, me coge el lumbago y me tiro una semana andando doblada como una alcayata.

2. **Alguien te interrumpe en el trabajo cuando estás haciendo algo urgente. ¿Qué haces?**
   a) Le pongo cara de estar sentada en una ortiga y no le escupo de milagro.
   b) Le atiendo, pero le digo que espabile, que no tengo todo el día.
   c) Le atiendo, hago su trabajo y luego me quedo dos horas extra para acabar el mío.

3. **Tu jefe te echa una bronca monumental levantándote la voz. ¿Qué haces?**
   a) Le digo que no tengo el chichi para farolillos y me voy dando un portazo que baila hasta el gato.
   b) Le digo que menos gritos, Milagritos, que o baja la voz o me voy.
   c) Aguanto el chaparrón haciéndome bicho bola y luego me voy al rincón de llorar.

4. **¿Qué sientes cuando alguien descubre algún defecto tuyo?**
   a) ¿Defectos? ¿Qué defectos, estúpida?
   b) Mejor, cuanto antes los conozcan, antes podrán salir corriendo.
   c) Me muero de vergüenza y me alejo lentamente caminando hacia atrás, como Homer en el seto.
5. **¿Te has sentido herida por cosas que te han dicho otras personas?**
   a) Lo que digan los demás me lo paso por el arco de Trajano.
   b) Solo si personas que me conocen bien critican cosas importantes, por ejemplo, mis croquetas.
   c) Todo el rato, soy un ofendidito. Ahora mismo, por ejemplo, estoy llorando por un tuit.
6. **¿Has sentido alguna vez que nadie te quiere?**
   a) Claro que nadie me quiere, pero es porque me tienen envidia.
   b) Me quiere el número de personas justas, las necesarias para no estar sola y que no den mucho por culo.
   c) No me quieren ni pagando en las sectas.

Mayoría de A: Tú no tienes autoestima, tú lo que tienes es un ego más grande que abrir los brazos, no te cabe en el Bernabéu. Eres más chula que aparcar en la puerta. Está bien quererse, pero baja un poco el nivel, que no te chupas los pezones porque no llegas. Tienes más ego que plástico tiene un Lego.

Mayoría de B: Tienes una buena autoestima y un buen autoconcepto. Pero, por si acaso, sigue leyendo, que de autoestima, de escote y de *engagement* nunca se va sobrado.

Mayoría de C: Tu autoestima rompe todas las escalas, pero hacia abajo. En el sótano de tu fracaso, siempre hay una planta más.

¿QUÉ ES LA AUTOESTIMA?

La autoestima va mucho más allá de mirarnos en el espejo y decir: «Madre mía, qué pibón». Es el valor que nos damos a nosotros mismos, pero viéndonos desde una perspectiva realista y siendo conscientes de nuestros defectos y nuestras virtudes. Es como la nota que nos ponemos como personas. Como un equipo de pequeños jueces que hay dentro de nosotros que nos evalúan cada mínimo acto. Aunque, en este caso, esos jueces eres tú.

Cada mensaje que te das a ti misma, los que te da el entorno, amigos, tus padres, tus jefes, cuando tu abuela te dice que eres la más guapa del pueblo, cuando aprobabas un examen a la primera o tu profesor te decía que los números no eran lo tuyo... Todos esos mensajes son como un pequeño ladrillo que vamos colocando en un muro y que va construyendo nuestra autoestima. Y aunque nosotros no podemos controlar esos ladrillos, esos granitos de arena, sí que podemos decidir qué ladrillos van al montón y qué ladrillos van a la basura. Así que, en cierta medida, depende de nosotros que sea la casa de paja del cerdito pequeño o la casa de ladrillo del cerdito grande.

Las personas de nuestro alrededor pueden aportar ladrillos fuertes que dan lugar a una autoestima sólida o lanzarnos pedruscos que hagan agujeros en el muro que tanto nos ha costado construir. Si constantemente nos dicen que no valemos nada, al final, seremos nosotros los que terminaremos cogiendo esas piedras y lanzándolas contra nosotros mismos sin piedad.

La autoestima va de la mano del autoconcepto, pues es muy difícil construir una buena autoestima si no tienes esto bien definido. El autoconcepto es la identidad que creamos sobre nosotros, saber quién somos, cómo somos, qué nos define; en definitiva, conocernos bien. Y verlo de un modo realista, de una forma mucho más neutral. Es saber que tienes mala puntería, pero posees buena memoria; que se te da bien hablar en público, pero bailas como un mono oligofrénico cuando le pica el escroto. Esto también implica tus rasgos físicos, por ejemplo, que tienes pelazo, pero tus dientes son como una camioneta de *Cars*. Si el autoconcepto no está claro, cualquier cosa que venga de fuera me va a llevar por delante, cualquier crítica que reciba derribará mi frágil muro de paja.

La autoestima no es algo lineal ni que se vaya a mantener constante a lo largo del tiempo. Puede depender de muchas cosas, de momentos o circunstancias vitales, nuestros logros, pérdidas u objetivos. Se va construyendo durante toda la vida, es como la Sagrada Familia, que no se acaba nunca. Y en la vida, hay situaciones que van a ir poniéndola a prueba constantemente.

Estilos de atribución

Algo clave en la construcción de la autoestima es lo que se conoce en psicología como «estilos de atribución». Esto es, la forma que tenemos de interpretar el mundo y de atribuir las causas de las cosas que nos suceden. Cuando nos pasa algo, de manera no intencionada, tendemos a buscarle una explicación y nuestra cabeza elabora una ruta mental para encontrar el porqué de lo que nos ha ocurrido. Podemos establecer dos tipos de atribuciones:

Atribuciones internas: achaco las cosas que me pasan a agentes internos, factores personales que normalmente suelen ser inmodificables o poco modificables (mi forma de ser, mis habilidades, mis talentos y aptitudes son elementos internos).

Atribuciones externas: adjudico las cosas que me pasan a factores externos, circunstanciales y contextuales, que están fuera de mi control y que no puedo cambiar (el ambiente, las acciones de otras personas, la suerte o el azar son elementos externos).

Pongamos el ejemplo de que voy a examinarme del práctico del coche y, estando parada en un semáforo, el vehículo de delante sale antes de que se ponga en verde. Yo no me doy cuenta y salgo detrás de él, saltándome un semáforo en rojo. Como consecuencia, suspendo. ¿Qué dos tipos de atribuciones puedo hacer?

- Atribución externa: «El de delante tuvo parte de culpa, porque salió antes de tiempo, me despistó y, como yo estaba nerviosa, salí detrás y no me di cuenta». La conducta del otro conductor es un factor externo, algo que no puedo controlar. El hecho de que yo estuviera nerviosa es algo interno, pero puntual, no estable, es fruto de las circunstancias.
- Atribución interna: «Soy más corta que el cuello de un pingüino, ¿cómo no me di cuenta de que el semáforo estaba en rojo?». La atribución es interna y hacia algo que resulta poco modificable, como es la inteligencia.

¿Qué persona crees que tendrá mejor autoestima? ¿La que hace la primera atribución o la que hace la segunda? El efecto que tiene un estilo de pensamiento es muy diferente dependiendo de si pienso de una manera u otra. Si considero que la culpa de que suspendiera no es mía, sino que fue una tercera persona que me despistó, y además, yo reaccioné así porque estaba nerviosa, que es algo circunstancial, resulta más fácil que me sienta capaz de aprobar la próxima vez, porque no estoy dudando de mis capacidades. Si considero que soy tonta, que soy un desastre y un despiste, eso es algo poco modificable y estoy dándome un mensaje a mí misma de que no tengo aptitudes, con lo cual, ¿para qué voy a presentarme al examen de nuevo, si no voy a aprobar? Esos pequeños mensajes que nos damos son los ladrillos de los que hablábamos antes y construir nuestra autoestima con esos ladrillos puede acarrear dificultades en muchos ámbitos de la vida. Si yo estoy convencida de que soy una ineptitud con patas y que antes se saca el Luisma las oposiciones a magistrado que yo un quesito del Trivial, no solo tendré baja autoestima, sino también un comportamiento disfuncional de cara a asumir retos o proyectos, incluido tener una pareja o empezar una relación.

Por eso, es muy importante prestar atención a los factores externos, circunstanciales y muchas veces arbitrarios que no podemos controlar y que también pueden explicar lo que sucede. Con esto no quiero decir que tengamos que andar tirando balones fuera y echando la culpa a los demás de nuestras mierdas, sino que tengamos en cuenta ambas perspectivas para disponer de toda la información antes de sacar conclusiones. Que una relación te haya salido mal no es plato de gusto, porque duele y nos quita las ganas de seguir adelante, pero, una vez pasada un poco la vorágine emocional, podemos pararnos a valorar la situación.

- Factores internos: ¿Qué ha ocurrido por mi parte? ¿Qué decisiones he tomado? ¿En qué podía haber influido mi conducta?
- Factores externos: ¿Qué cosas han sucedido que no dependían de mí? ¿Qué dependía de la situación o de la otra persona?
- Aprendizajes futuros: ¿En qué me comprometo conmigo misma para que, en otra ocasión, pueda hacerlo mejor? ¿Qué cosas que dependían de mí pueden cambiar en el futuro?

Esto ayuda a reforzar nuestra autoestima, pues tener autoestima no es creer que vayamos a hacerlo todo bien, sino que, cuando algo sale mal, podamos evaluar nuestra parte de responsabilidad y no faltarnos al respeto, permitiendo que vuelva a suceder más adelante. Si no, mírame a mí. ¿Soy la más guapa o la más inteligente? No. ¿Soy la mejor persona del mundo? No. Pero ¿intento mejorar y ser mejor persona cada día? Tampoco.

Diálogo interno

Cuando hablamos de autocompasión, a menudo, se confunde con pena por uno mismo. Es una palabra que tiene asociadas connotaciones negativas. Esta sociedad está cargada de exigencias, todo hay que hacerlo bien, todo hay que saberlo gestionar. Tenemos que ser emocionalmente estables, no dejarnos llevar por nuestras emociones, no perder el control, ser seres de luz, comportarnos de forma siempre acorde con la situación. De esta manera, junto con este baremo sociocultural que hemos interiorizado, conforme desarrollamos el lenguaje, también empezamos a hablarnos a nosotros mismos de forma interna, juzgándonos con la misma dureza que nos juzgan los demás.

Así, la autocompasión es interpretar y hablarnos desde la amabilidad y la comprensión, observándonos con una mayor distancia. La excesiva autocrítica no es buena para nadie y, menos, para evolucionar y tomar decisiones. A veces, somos nuestros peores enemigos.

Vamos a cuestionar el discurso que te das a ti misma. Todos en nuestra vida cotidiana tenemos una vocecilla dentro, como un Pepito Grillo, que retransmite lo que vamos haciendo. Es como hablar solos, incluso mucha gente lo hace en voz alta, y se trata de algo normal y que hacemos casi de forma automática. No solemos darnos cuenta, pero, en ocasiones, ese Pepito Grillo, que sería más como la voz de nuestra conciencia, es reemplazado por una señorita Rottenmeier, una déspota directora de reformatorio victoriano, severa e implacable, que te reprende duramente por cada pequeño error que cometes. Esa señora eres tú y es que tendemos a ser demasiado duros con nosotros mismos y nos damos una caña que flipas. Si cada vez que cometemos un error nos enviamos mensajes del tipo «no vales *pa na*», «eres más inútil que girar el cuadrado del Tetris», eso es un ladrillo de paja que no ayuda a que tu autoestima sea sólida. Piensa si le dirías estas cosas a una amiga tuya que está en tu misma situación. Sin lugar a dudas, la tratarías de forma mucho más compasiva y no serías tan dura con ella, aún incluso, suponiendo que tengas razón y la pava se lo merezca. Si no le harías eso a otra persona, ¿por qué sí lo haces contigo?

¿Cuántas veces no te levantas por la mañana, vas que te caes de las chancletas, te miras al espejo y te ves cada vez más defectos y solo te concentras en ellos? Entonces, piensas: «Madre mía, parezco Rocky guiñando el ojo vago». En serio, dale una vuelta, ¿le dirías eso a una persona que quieres? ¿Le dirías eso a tu mejor amiga o a tu hija? Pues no, le dirías que no es para tanto, porque, seguramente, no lo es, y que igual eres guapa de lejos y, de cerca, tienes otras virtudes. Justo lo que también tienes que hacer contigo.

Las personas con una baja autoestima, inseguridades, limitaciones o tendencia a la ansiedad suelen tener un diálogo interno nocivo e incluso maltratador, más tóxico que la saliva de mi suegra. Parecerá difícil de creer, pero cuando recibimos un maltrato verbal por parte de otra persona, nos afecta tanto como si ese maltrato nos lo hiciéramos nosotros mismos. El cerebro no distingue si el mensaje viene de tu propia cabeza o de otra persona y lo procesa de igual forma, dejando nuestro amor propio como la fregona de un burguer. Así que imagínate lo dañino que puede resultar. Además, son mensajes internos que tenemos tan automatizados que ni nos damos cuenta. Por tanto, el primer paso para combatirlos es identificarlos.

Mensajes autocríticos. Soy un desastre, soy medio tonta —o tonta del todo—. Nos fijamos y enfatizamos nuestros defectos y limitaciones y obviamos todas nuestras virtudes y lo que hacemos bien. Por ejemplo, estás cocinando un arroz caldoso que huele de muerte y, en estas, se te cae la cuchara, salpica y te mancha la ropa y al perro. ¡Y tiene tomate, con lo mal que sale esto! Blasfemas un par de veces en hebreo, o en algún otro idioma que no dominas, y dices: «Joder, qué torpe, ¿es que no soy capaz de hacer nada bien?». Si analizamos lo que acabas de pensar, no tiene ninguna razón de ser, porque has sacado el pescado a tiempo para descongelarlo, has hecho el *fumet* sin que se te queme, te ha salido rico y has dejado la cocina limpia.

Cuatro cosas bien hechas y solo una mal, pero tú evalúas que no haces nada bien porque has manchado tu ropa con la salsa del arroz.

Mensajes catastróficos. Anticipamos desgracias y catástrofes que nunca sucederán. Tu pareja se ha liado con otra a tus espaldas y la idea que te viene a la cabeza es esta: «Todos los hombres me engañan, todos son infieles, todos son unos mamonazos». Realmente, no sabes si todos los hombres que te vas a cruzar en la vida te van a engañar, pero, con esa percepción distorsionada de la realidad, solo te generas estrés. Te pondrás en un estado de alerta, con una constante ansiedad por el futuro que te va a hacer muy infeliz y que puede sabotear futuras relaciones.

Mensajes victimistas. Solo hay quejas y lamentaciones constantes, haciendo énfasis en que tu estado de desesperanza no tiene cura. Te percibes como en un callejón sin salida, con una visión negativa de tus propias capacidades. Recuerdo una chica que había engañado a su pareja con su anterior ex y, como consecuencia, él la dejó. Ella asumía que había sido un error y estaba completamente devastada, pero su ex no quería volver a verla ni en foto. El chico aplicó el contacto cero como un auténtico profesional —pensé que el muchacho había leído mi libro, lo cual era imposible porque todavía no lo había escrito— y la borró de su vida. El diálogo que mantenía consigo misma era absolutamente victimista, como si ella no hubiera sido la que se había liado con otro, diciendo todo el rato frases como: «Nunca tendré pareja, soy especialista en cagarla». A pesar de que la responsable de la ruptura había sido ella, su percepción era como si hubiera una fuerza superior que la llevase a estropearlo todo constantemente y como si no hubiera tenido ningún control sobre sus actos. Porque la autoestima no es creer que todo lo hacemos bien, sino saber detectar qué cosas hacemos mal o regular y ver qué mecanismos podemos poner en marcha para mejorarlas.

Mensajes autoexigentes. Consiste en exigirse demasiado sin aceptar que los errores son algo normal y que no se puede llegar a todo siempre. Te pones metas poco realistas y te machacas si no cumples con tus objetivos de *superwoman*. Llevas varios meses separada de tu ex y viviendo en carnes propias lo que es la crianza de tus hijos sin ninguna ayuda. Después de una dura jornada de trabajo, donde has tenido que aguantar a varios clientes, soportar a tu jefe, cinco *calls* y tres reuniones, dejar a los niños en la escuela, recogerlos, llevarlos a judo, pasar mientras por el Mercadona, ir a inflar las ruedas del coche y hacer una parada en la tintorería, por fin, llegas a casa reventada, te quitas los zapatos y les das para cenar un paquete de salchichas frankfurt que has calentado en el microondas y un Tigretón. Entonces, piensas: «Pero cómo le doy esto de cena a mis hijos? Soy una madre nefasta». No eres una madre nefasta, eres una madre agotada.

Hablarnos a nosotros mismos de forma negativa puede tener un gran impacto en nuestra autoestima, en la actitud que tomamos hacia las cosas que nos suceden y en la manera en que afrontamos los reveses de la vida. Vamos a ver, entonces, cómo podemos reestructurar ese diálogo interno y convertirlo en algo más constructivo.

Presta atención a los mensajes que te das. Los tenemos muy interiorizados y son muy inconscientes, así que lo primero que tenemos que hacer es abrir los ojos. O los oídos. O el oído de nuestro cerebro. Bueno, tú ya me entiendes. Cada vez que te descubras hablándote mal y siendo demasiado dura contigo misma, párate y presta atención. Cuando los detectes, escríbelos e identifica de qué tipo son, si victimistas, catastróficos, autocríticos o autoexigentes. Haz una lista, vamos a trabajar con ellos.

Cambia ese mensaje a uno en segunda persona con tu nombre. Cuando nos hablamos en segunda persona, somos más conscientes de nuestras emociones y nos juzgamos menos. De esta forma, tomamos distancia, como si hubiera un locutor y un oyente, un yo que habla y un yo que escucha.

Cuestiona ese mensaje. Tus pensamientos están fuertemente ligados a cosas que te han pasado en la vida. Con toda esa información que vas almacenando a lo largo de años, sacas unas conclusiones que aplicas como si fueran una verdad absoluta, sin pararte siquiera a cuestionarlos. Si no eres consciente de ellos y los ajustas a la realidad, serán un filtro, unas gafas de ver con las que analices y juzgues todas tus vivencias. ¿De dónde crees que vienen esos mensajes? ¿Alguien te decía ese tipo de cosas en el pasado? ¿Tal vez algún profesor, tu madre, alguna expareja? Puede ser que identifiques alguna situación en la que alguien te haya dicho algo que haya condicionado tu forma de verte negativamente. Recuerda los estilos de atribución de los que hablábamos antes. ¿Hay alguna evidencia real de esto que estás pensando? ¿Estás valorando la situación de forma realista?

Reconstrucción. Ahora viene la madre del cordero, la parte más complicada. Vamos a racionalizar y transformar ese mensaje. Pasamos el mensaje a segunda persona e imaginamos que alguien le dice eso a una amiga tuya. ¿No te parecería terrible que alguien le dijese algo así a alguien que quieres o, incluso, que se lo dijeras tú misma? ¿Qué le dirías para que se sintiera mejor? Transforma ese mensaje en lo que le dirías a ese ser querido. Intenta valorar la situación, aportando un punto de vista más constructivo y compasivo, recordándole lo que vale y las cosas buenas que tiene. No se trata de que te convenzas a ti misma de cosas que no te crees ni forzar el pensamiento positivo —que, dicho sea de paso, lo odio—. No tienes que decirte a ti misma que eres una diosa, divina, maravillosa, perfecta. Eso no es tener autoestima, es distorsionar tu autoconcepto, aparte, probablemente, de no tener espejo en casa. Se trata de tener una visión más realista y conciliadora. Tanto si el filtro que tienen tus gafas son rosas o son negras, es un pensamiento irreal.

Propósito de enmienda. ¿Hay algo que puedas hacer para cambiar esto? Hazte el propósito de mejorar los errores o las cosas que te sacan de quicio de ti misma, siempre que sean susceptibles de cambiar y realistas.

Veamos un ejemplo:

1. Situación: Me dejo las llaves del coche en otro bolso y me doy cuenta cuando llego al parking. Me toca volver a casa a buscarlas y, como consecuencia, llego tarde.
2. Vocecita interna: Soy un puto desastre, no me extraña que Joaquín me dejase.
3. Cambio a segunda persona: Paloma, eres un puto desastre. No me extraña que Joaquín te dejase.
4. Cuestiona ese mensaje: Mi madre solía decirme que era un desas-

tre. Si dejaba un día la cama sin hacer, me decía: «Paloma, hija, eres un desastre. No eres capaz ni de hacer la cama, ¿tanto te cuesta? Pobrecito el que se case contigo». No soy un desastre por dejarme la cama sin hacer, ni siquiera me convierte en una persona desordenada. Además, es fácil de solucionar, solo tendría que hacer la cama.

5. Reconstrucción: No eres un desastre por dejarte las llaves, es un despiste que le puede pasar a cualquiera. Y Joaquín no te dejó por eso, te dejó porque, después de cuatro años, la relación había llegado a un punto muerto.

6. Propósito de enmienda: La próxima vez que salga de casa, voy a revisar bien que no me falte nada en el bolso. Pondré una lista en la puerta para recordar todas las cosas que no debo olvidar: llaves de casa, llaves del coche, monedero, móvil, gafas de sol, cara de culo. Lista, podemos irnos.

Algo que suele funcionar muy bien en terapia es ponerle un mote a tu vocecita interior, algo que sea gracioso o ridículo. Ya la hemos bautizado como Rottenmeier, pero puedes llamarla sor Cansina, María Angustias o doña Dramas. Cada vez que asome con un pensamiento negativo a darte la turra, le espetas: «¡Rottenmeier, cállate un mes!». De esta manera, la estamos silenciando, como si fuese algo ajeno a ti, se toma conciencia y se desdramatiza, logrando que esos pensamientos pierdan fuerza.

Al principio, puede ser muy complicado reconstruir este diálogo interno, ya que son patrones muy interiorizados que nos acompañan durante años. No es fácil ponerle una mordaza a la señorita Rottenmeier que vive en ti y que te machaca cada vez que puede. Pero, con un poco de práctica, de manera paulatina, ese piloto automático de crueldad hacia ti misma se irá transformando en mensajes mucho más amables.

Así que ten paciencia con tu proceso de aprendizaje. Sé que quieres estar bien ya, que tienes ansia viva por sentirte mejor, pero es un trabajo diario, de pico y pala. Es algo que se logra con el día a día, con práctica y cariño. Lo más probable es que estos mensajes sean algo puntual, que piensas en momentos de debilidad o de bajón, pero si identificas que hay demasiados mensajes machacones en ese diálogo interno o que la visión de ti misma ha cambiado radicalmente a raíz de la ruptura, es posible que necesites ayuda profesional. Cambiar todos estos sesgos cuando están muy arraigados a veces requiere de un terapeuta que te ayude en el proceso.

Quiérete

Cuando intentamos superar una ruptura, dependiendo de muchos factores, es muy habitual que ese muro donde habíamos puesto nuestros ladrillos, que estaba firme y perfectamente alineado, se tambalee. Si tu pareja te dejó por una tipa veinte años menor, justo cuando empezaban a salirte las primeras canas en el parrús, es muy normal que tu autoestima se haya visto tocada. Bueno, más que tocada, digamos que ha venido tu ex con la bola esa de Miley Cyrus y te ha dejado el muro con un agujero como el de Bankia. Que no *panda el cúnico*, es perfectamente normal. Toca ponerse el mono de currela, coger el cemento cola y liarnos chino chano a arreglar todo este desastre. Vale ¿pero cómo?

No te hagas la dura. Puede que, en esta situación, tu orgullo pueda contigo y no quieras darle el gusto a nadie de verte jodida, pero es que lo estás. No intentes mostrarte como la ganadora en la ruptura, como que te han hecho un favor dejándote y ahora eres más feliz. Porque esa fortaleza es más falsa que una pelea de los Power Rangers, se ve a diez kilómetros, mi *ciela*. Cualquiera con un poco de trayectoria vital sabe que, cuando acabas de romper con tu pareja, lo normal es estar más jodida que las toallas de Freddy Krueger. Puede ser porque, una parte de ti quiere verse por encima del dolor o porque no quieres enfrentarte a él por la complicación y el sufrimiento que conlleva, pero mirarlo cara a cara es lo único que te ayudará a aprender a gestionarlo y, con el tiempo, lograr que desaparezca. Reconocer nuestras heridas nos hace más fuertes, más humanos y, en definitiva, más empoderados. No tienes que demostrarle nada a nadie, no eres Chuck Norris.

Baja el nivel, Maribel. A veces, nos puede el ansia perfeccionista y queremos hacerlo todo perfecto y estar bien ya. Hacer todo perfecto y a la primera no es posible ni para Siri, que, siendo un robot, a veces la caga; imagínate lo que la cagaremos nosotros, que somos simples mortales. La autoexigencia no te lleva a ningún sitio y puede conducir a la rumiación poco adaptativa. Hay personas que llegan a terapia porque dicen que no consiguen superar su ruptura y, cuando les preguntas, resulta que cortaron anteayer. Pero antes de ayer, literalmente. Superarlo en una semana o dos días es imposible, a no ser que el tío te importe menos que el peso ponderado de las verrugas del culo de un pingüino. Por mucho que el tío sea un impresentable y por más que tus amigas te hayan dicho que no te merece, eso no quiere decir que tengas que estar tan tranquila, ver la realidad ya y aceptarla a toda hostia, como si la cosa no hubiera ido contigo, como si la relación le hubiera pasado a otra. La manera de recorrer cien kilómetros es empezar dando un paso. Es un proceso y lleva su tiempo, así que, relaja la raja —¿has visto? Cinco años de carrera y dos Máster carísimos para terminar diciendo «relaja la raja».

Pon límites. El respeto que los demás nos den en nuestra vida diaria no depende de nuestra autoestima, pero si esta no es sólida, poco a poco te vas convenciendo de que no mereces amor ni cariño, que no vales nada, y que, si alguien te trata mal, es porque mereces que te traten así. Las personas con baja autoestima no son conscientes de lo que valen ellos mismos y su opinión, y prefieren hacer caso omiso en lugar de actuar en consecuencia. Porque, realmente, son los actos los que cuentan.

Veo muchos ejercicios que proponen algunos coaches, el típico de mirarte al espejo y hablarte a ti misma, lanzando mensajes del tipo «tú vales mucho, mereces que te quieran», que se basan en la premisa de que, cuando el cerebro repite el mensaje muchas veces, al final, se lo acaba creyendo. Puede que yo me diga eso todos los días, me ponga pósits por toda la casa escribiendo lo valiosa que soy y hasta me lo tatúe en la frente. Pero todo eso no servirá de nada si luego, en la práctica, no soy capaz de ser coherente con ese mensaje y poner límites a las cosas que permito que entren en mi vida. La autoestima no se trabaja diciéndote una y otra vez lo guay que eres, como un mono repetidor —sobre todo, si no te lo crees ni de coña—. Es más bien no permitir que nadie te machaque ni que ponga en duda tu verdadero valor. Si consientes que te pisen o que te hablen mal, ¿qué enseñanza te estás dando a ti misma? ¿Qué mensaje estás mandando al pequeño juez que pone los ladrillos de tu autoestima? Pues te lo digo yo: en lugar de autoestima, lo que tienes es un paso de peatones, porque pasa por encima de ti todo el mundo.

Hay un ejercicio muy fácil y útil que puedes poner en práctica cada vez que sientas que alguien no te está tratando bien o se está aprovechando de ti. Consiste en preguntarte si mereces o no mereces eso. Si tu pareja —o tu «casi algo»— te deja en visto en el WhatsApp durante dos días, pregúntate si te mereces que te haga eso. Si la respuesta es no, empieza a no permitirlo y pon límites para que no vuelva a pasar. Porque, si consentimos que las otras personas los traspasen, nos estamos dejando pisotear y faltando al respeto a nosotros mismos.

En lugar de obviar que lleva días ignorándote, déjale claro que no consientes que lo haga, que no te ha gustado su actitud. A continuación, infórmale de las consecuencias que tendrá su conducta si la repite en el futuro. Y, si esas consecuencias son que no le vas a contestar más, hazlo. Pero hazlo de verdad, por más que te duela, porque, de esa manera, te estás tratando como te mereces y lo estás poniendo en su sitio.

Recuerdo un tipo con el que estuve saliendo hace unos años. Era un bigardo de los que ya no quedan, estaba para arrimarle el tocino del cocido: metro noventa de cuerpo apolíneo, que, si el paisano llega a nacer en el Renacimiento, Miguel Ángel habría dejado de hacer esculturas y se habría puesto a crear moldes con su cuerpo. Además, era un tío muy inteligente y buena persona. Sí, a pesar de que tenía más ego que un pavo con los huevos de un caballo, no me cabía duda de que así era. Se dedicaba a rescatar animalitos desamparados y a meterlos en casa, que aquel piso parecía Jumanji. Encima, había sido boina verde y yo me lo imaginaba en mis fantasías rescatando a Mélodie Nakachian con una mano, mientras con la otra salvaba a un cachorro de gato de una muerte segura. Ese lado tierno, sumado a lo buenísimo que estaba, me ponía las bragas como el delta del Ebro. ¿El problema? Quedaba conmigo cuando le daba la gana. Siempre estaba ocupadísimo. Cuando no tenía cita en el padrón municipal, era el cumpleaños de su tía abuela, se había dejado el móvil en silencio o había hecho planes con otra gente sin acordarse de que había quedado conmigo. Eso sin contar todas las veces que estaba tan, tan liado, que desaparecía durante semanas. Tras una de esas desapariciones, volvió a hablarme, supongo que con intención de verme, y me mandó una foto de una alfombra de césped donde, minuciosamente, había hecho una composición de mi nombre con margaritas. Tamaña cursilada, válgame el Señor. Solo por eso ya tenía que haberle mandado a escaparrar, no se puede ser tan moñas en esta vida. ¿Qué va a ser lo próximo, Romeo, regalarme una estrella? Supongo que él pensaba que yo iba a salir a su encuentro, muerta de amor ante semejante despliegue de romanticismo sin precedentes. A lo mejor ese truco barato le habría servido con cuatro mentecatas que tienen las neuronas juntas para no cagarse encima y con más hambre que amor propio, pero conmigo pinchaste en hueso, chaval. Naturalmente, lo mandé a tomar por donde amargan los pepinos, no sin esfuerzo, porque lo que realmente me pedía el cuerpo era ir y comerle todo lo que cuelga. Pero, como dijo John Wayne, a veces, una mujer tiene que hacer lo que tiene que hacer. Bueno, no dijo eso exactamente, pero ya me entiendes.

Y el tío encima se enfadó, manda narices: que con todo lo que le había costado recoger las flores, que lo había hecho con toda la ilusión y que vaya desprecio que le había hecho... O sea, que me ignora, pasa de mi cara, me habla cuando le va bien y, además, intenta manipularme haciéndose la víctima porque no quiero entrar en su juego. Y es que, cuando ponemos límites, a veces sucede que hay personas que se alejan de nosotros o que se rebotan en una especie de pataleta. Eso juega a nuestro favor, es como un proceso de selección de personal que se hace solito, ellos mismos se autoseleccionan y se despiden. Esa gente no nos hace ningún bien, así que, cuanto más lejos, mejor. Las únicas personas que se quejan de que empieces a poner límites son aquellas que se beneficiaban de que no pusieras ninguno.

CUÍDATE

No es que todas estas recomendaciones vayan a convertir tu vida en un anuncio de compresas de repente ni que eleven tu autoestima al Olimpo de los dioses, pero no podemos dejar que acabe más hundida que el restaurante del Titanic. Siempre es buen momento para empezar una nueva vida.

Presta atención a tu aspecto. Tengo una amiga que lo dejó con su pareja y, a partir de entonces, empezó a ser habitual verla con unas pintas que la podrían mirar de reojo en cualquier comedor social. A veces, cogíamos el autobús para que no le tirasen monedas por la calle. La actitud que adoptó era de total pasotismo, con frases tipo: «Total, ¿para qué me voy a arreglar? Ya ves, para quien me tiene que ver...». ¿Cómo que para quien te tiene que ver? Primero, te estoy viendo yo, que pareces Mari Legañas, y segundo y más importante, ¡te estás viendo tú, pazguata!

Es normal que, cuando estamos transitando la fase de tristeza, descuidemos nuestro aspecto físico. No solo es que sea normal, sino que es hasta recomendable que pasemos unos días sin que nos preocupemos por nada más que por llorar y lamentarnos de nuestra existencia. Incluso, se puede considerar que esa tendencia a parecer un cubo de cáscaras y esa cara capaz de hacer llorar a las cebollas, atienda a un mecanismo adaptativo para que los demás nos perciban como un perro apaleado y vengan a socorrernos. Pero quedarnos acomodadas en este estado de dejadez absoluta trae a la larga consecuencias muy negativas. Si yo me miro al espejo y la imagen que me devuelve es la de la decadencia, como diría Mónica Naranjo, una yonqui que viene de robar cobre, una piltrafa humana, un rastrojo, ¿qué voy a pensar de mí misma? Pues que con razón me dejó, que cómo me va a querer nadie, si doy más pena que alegría. Casi con toda seguridad, no me dejó por eso, pero verme en ese estado me sume en la autocompasión y el victimismo, y ese es un agujero donde podemos quedar atrapadas con mucha facilidad.

Por otro lado, la imagen que proyectas en los demás hace que se produzca una especie de retroalimentación. Si la gente que te rodea te ve como una quinqui que ha perdido todos los puntos del carnet, ¿cómo te van a tratar? Lo harán con pena, como si estuvieras a las puertas de la muerte, relacionándose contigo desde la conmiseración y haciendo que te sientas aún más miserable, si es que eso es posible. Esta situación solo hará que confirmarte que eres digna de lástima, formándose así un bucle infinito.

Así que es hora de romper el círculo. Una buena imagen te dará confianza, podrás ir recuperando el sentimiento de valía personal y empezar a controlar la forma en la que eres percibida. Hay mucha gente que dice que el físico no importa, que puedes sentirte bien contigo misma sin ver un peine y llevando unos pelos como para que aniden una pareja de estorninos. Veo a gente así todos los días, créeme, incluso profesionales respetados. No digo que no haya parte de verdad, pero eso solo es posible cuando tu autoestima no está hecha un guiñapo. Partiendo de un nivel de amor propio a menos cero, es prácticamente imposible sentirse bien con esas pintas. Estar a gusto con nuestro aspecto exterior contribuye de forma positiva en nuestra sanación emocional. Seamos honestas, pocas sensaciones son tan maravillosas como salir de la peluquería divina de la muerte, con el color recién hecho y haciendo ondear tu melena al viento, como la bandera de Mongolia. En ese momento, te sientes poderosa, como si te fueras a comer el mundo. Te apetece salir, lucir ese pelazo, encontrarte con aquel niñato que te rechazó en el instituto o con esa amiga arpía que te metió la puñalada trapera. Aunque, en verdad, no sea el pelo, sino la confianza en ti misma que transmites. Lo externo se retroalimenta con lo interno, creándose un flujo de energía bestial. Es hora de que vuelvas a sacar a la diosa que llevas dentro. Pide cita en la peluquería, córtate las puntas, que llevas el pelo como para fregar una pescadería. Hazte las mechas, cambia de look, haz lo que te apetezca. Pero sal de ahí como Beyoncé, caminando como si fueras a romper el asfalto.

Haz cosas para ti. Elige cosas que te hagan sentir bien y dedícales tiempo, independientemente de quién te vaya a ver o no. Te vas a ver tú, ¿te parece poco? ¿Hay alguien más valioso en tu vida que tú misma? Ya te lo digo yo, no lo hay. Píntate las uñas, hazte la pedicura, échate un *body milk* de coco y siente tu piel tersa y perfumada. Sustituye las bragas de abuela por ropa interior bonita, de esa de puntillas y encajes, o la que más te guste. Cómprate un pijama de Women'secret y tira de una vez la camiseta que usabas para dormir de Recauchutados Paco. Ponte unas extensiones de pestañas de esas que te hacen levantarte de la cama con cara de recién follada, hazte con el Satisfyer de última generación. Vete de cena con tus amigas, cómete una tarrina de helado de stracciatella, pon tu música favorita a toda hostia y canta a grito pelado. Desplúmate la cotorra y déjatela como para entrar a vivir, que no hay mayor acto de amor propio que depilarse el parrús aun sabiendo que no te lo va a ver nadie. Quiérete, quiérete, coño.

Ten una cita contigo misma. Siempre recuerdo a mi madre cuando pasaba temporadas en casa y yo me iba con las amigas a tomar el vermut y mi padre se iba a hacer sus rutas moteras —sí, tengo un padre motero, somos así de guay—. Mi madre siempre decía: «Pues me haré un huevo frito o una tortilla para comer, porque total, para mí sola...». Qué gran error. Es de gran importancia mimarse y quererse y dedicarse tiempo. Si estás sola en casa, hay que aprovechar esa soledad para estar contigo misma y darte el cariño que mereces. Da igual si estabas acostumbrada a cocinar para dos, la otra persona para la que cocinabas no era más importante de lo que eres tú. Así que saca un vinito, pon velas, música —que no sea reggaeton, por favor te lo pido— y ponte a cocinar una cena maravillosa para ti, aprovechando para hacer el plato que te guste como a ti te guste, con los ingredientes y la cantidad que te dé la gana. Y la disfrutas sola, sin descuidar un detalle.

Y vuelve a brillar, aunque solo sea porque eres de piel grasa, pero brillar al fin y al cabo.

QUINTA PARTE

ZANCADILLAS

19

Echo de menos a mi ex. «Sorroco»

Te iba a mandar un «te extraño», pero me invitaron a salir. La semana que viene te extraño sin falta.

Algo que forma parte del duelo afectivo son las recaídas. Vas a tener bajones para aburrir, son como los marcos incomparables, el vino y la gaseosa, las chanclas con calcetines, inseparables, un añejo indisoluble. El proceso de duelo no es algo lineal, no es como la ruta Barcelona-Reus, que vas pasando por pueblos y pedanías hasta llegar a tu destino, que es la aceptación. No es ir pasando niveles en el Candy Crush. Esto va como quiere. A lo mejor, pasas dos días que estás genial, parece que lo estás llevando mejor y te encuentras más animada. Vas caminando con tus taconazos moviendo el culo, mirándote en los escaparates, que parece que va crujiendo la acera a tu paso, y chasqueando los dedos como la más chunga del Bronx. Pero, de repente, se enciende una chispa. Algo te trae un recuerdo a la cabeza y hace que te invada una sensación de soledad absoluta, de tristeza, y sientes unas ganas terribles de llamarlo y oír su voz, de abrazarlo. Llegas a casa y entierras la cara en ese jersey que aún conserva su olor. La posibilidad de volver a verlo se te antoja un bálsamo. Ay, amiga, la yonqui ha vuelto, tienes un mono que, si lo pilla Cheeta, le deja la minga como el pie de un sherpa.

Cuando estamos en plena ruptura, y más cuando todavía quedan sentimientos, resulta normal que tengamos momentos en que echemos de menos a nuestro ex, pasemos días obsesionadas perdidas y solo pensemos en él. Nos acordamos de lo bueno que hubo y eso hace que tengamos una visión algo idealizada: crees que no habrá nadie como él e incluso llegas a plantearte si quieres volver. Si a eso le sumas que sales una noche y regresas a casa como Nati Abascal de ruta por La Rioja, pues los mecanismos de defensa se desactivan y sientes muchas ganas de verle. La tentación de llamarle es muy grande, pero no puedes echar a perder todos los avances que has conseguido a base de mucho esfuerzo. Es como si llevas dos meses sin fumar y ahora te quieres meter, entre pecho y espalda, una caja de Trujas.

Párate y recapacita un momento. Sé que es complicado pedirte honestidad cuando tienes tan nublado el juicio, pero intenta responder lo más sinceramente posible. ¿Por qué quieres llamarlo? ¿Solo quieres saber cómo le va la vida, tienes intención de volver con él, le echas mortalmente de menos y sabes que, en el fondo, llamarle es una mala idea?

Por mucho que creas que lo echas de menos, no es cierto. Lo que en realidad extrañas no es a tu ex, sino a ti misma siendo feliz. Añoras las sensaciones que te hacía sentir, no a la persona. Después de dejar una relación, nos solemos focalizar en los aspectos positivos y nos cuesta dejar de lado las verdaderas razones por las que terminó. Toda esta idealización, este recordar la relación a través de unas gafas rosas de purpurina es lo que en psicología se llama «atracción por frustración». O, lo que es lo mismo, queremos lo que no podemos tener.

Cuando una relación se acaba, se crean miles de sesgos cognitivos, pensamientos distorsionados que hacen que veamos las cosas muy diferentes de cómo realmente son. Nuestra memoria es muy poco fiable; cada vez que recordamos algo del pasado, las redes cerebrales cambian alterando el recuerdo del suceso original. Cada vez que recuperamos un recuerdo de nuestro almacén de memoria, lo vamos reconstruyendo en base a las emociones y expectativas que tenemos en ese momento, de tal manera que acabamos teniendo una imagen por completo distorsionada del suceso original. Esto sucede hasta el punto de que la idea de nuestro ex puede volverse cada vez menos y menos precisa, hasta convertirse en un recuerdo más falso que un lanzamiento de la NASA. Nos acordamos solo de lo bueno y pensamos que, si volvemos con él, todo será de nuevo idílico, cuando realmente nunca lo fue. Sobre todo, porque, si lo hubiera sido, no se habría acabado. Cuando eres rechazado por alguien o esa relación ya ha llegado a su fin, lo deseas aún más por la sencilla razón de que está fuera de tu alcance. Así de poderosa es nuestra atracción por la frustración, el inmaduro empeño de nuestro cerebro en conseguir aquello que no tiene.

Una de las fantasías más recurrentes tras una ruptura consiste en soñar con que volvéis y lo arregláis todo. De repente, él aparece, a lomos de un caballo blanco y con la melena al viento. Después de un tiempo separados, se da cuenta de lo mucho que te echa de menos y que no quiere vivir sin ti. Tu ex regresa, arrepentido, maduro, lleno de amor y compromiso. Recreas en tu mente la escena de *Pretty Woman* y lo ves como a Richard Gere, en la escalera de incendios, con un ramo de flores en una mano y el paraguas en la otra, mientras de fondo suena *La traviata*. Y más que *La traviata*, lo que debería sonar es la música de entrada de la Metro-Goldwyn-Mayer, de la película que te estás montando tú sola, alma de cántaro.

Pensando todas estas cosas, es normal que lo eches de menos, y es que todos estos pensamientos están cargados de idealización. De tu ex y de la relación. Es como si, de repente, tu cabeza hubiera borrado lo mal que te lo hizo pasar y solo recuerda los momentos buenos. La idealización no es más que una anestesia mental para evitar el dolor que te produce la ruptura, que nos hace refugiarnos en el recuerdo de un pasado idílico y no venirnos abajo por completo. Nos da menos miedo aferrarnos al pasado que afrontar el futuro, enfrentarnos a nuestras emociones, y usamos esa idealización como escudo para no sentir la decepción y el dolor. Pero, al mismo tiempo, sufres como una perra recordando esa parte tan ideal y tan perfecta que te has montado en tu cabeza con retazos muy bien seleccionados por el saboteador de tu cerebro.

La idealización, a veces, también funciona como un mecanismo de autoafirmación. A nadie le gusta reconocer que la ha cagado, que nos equivocamos, que nos falló el radar, y preferimos recordar lo bueno porque así estamos validando nuestra decisión de elegir a esa persona. Da igual si se ha portado contigo como un auténtico capullo, tú solo recuerdas esa sonrisa que solía desarmarte, lo bonita que fue vuestra primera cita, aquella vez que fuisteis al parque del Retiro de pícnic y lo viste comerse un yogur sin cuchara —insertar aquí, a tu criterio, emoticono de nostalgia o patetismo.

Pero mientras imaginas estos escenarios en tu mente, más miserable te sientes, porque estás viviendo de tu fantasía y de tus recuerdos, no estás más que persiguiendo una situación de telenovela. Mientras dure el mono, tendrás muchos momentos de debilidad en los que necesitarás urgentemente una dosis de él y todos esos recuerdos y emociones te harán creer que hay algo vivo y que esa persona merece todos los intentos del mundo. Pero la realidad es que, cuando dejes de idealizar y recuerdes realmente cómo fue todo, te darás cuenta de que esa no es la relación que quieres ni la que mereces. Así que, como estas situaciones se van a dar más de una vez, es importante que estés preparada para hacerles frente.

Piensa en los motivos que causaron la ruptura. Focalízate en todos los momentos que te sentiste mal. Tu cerebro se está agarrando a los recuerdos buenos como si se estuviera cayendo de un precipicio, pero no olvides por qué rompisteis. Recuerda las situaciones que marcaron un antes y un después en la relación. Vuelve a los instantes previos a la ruptura, cómo eran tus emociones, el tono de su voz, sus palabras, si te sentías a gusto con lo que teníais y si quieres volver atrás. Revive las cosas exactamente tal y como sucedieron. No se trata de convertirlo en el malo de la película ni de echarle la culpa hasta de la muerte de Kennedy, sino de dejar de idealizarlo y tener una perspectiva más realista que permita empezar a cerrar el capítulo.

Vuelve a recordar cómo era cada vez que te sentías sola y vacía en la relación. La persona que echas de menos es la versión idealizada que ha creado tu mente de tu ex y de los buenos momentos que vivisteis juntos. Pero ahora tienes que pensar en la persona real, la que te hizo daño, la que te traicionó, la que no luchó por vuestra relación. Recuerda todas las veces que te sentiste invalidada, ninguneada, como una bayeta vieja, un felpudo, un mojón. En todo lo que lloraste, lo que sufriste y pregúntate si quieres pasar por eso de nuevo. Si ya no forma parte de tu vida, es por una razón.

Pregunta a tus amigos qué opinan de él. A veces, es bueno dejar que hablen personas que se encuentran en un nivel de más objetividad, que lo ven como un simple mortal. Y, si definitivamente, quieres una opinión de alguien que se moje y que los ve venir de lejos, pregúntale a tu madre. Es muy posible que, para ella, nadie sea lo suficientemente bueno para ti, pero a lo mejor, es justo eso lo que necesitas.

Ahora vamos a hacer una cosa que nos encanta y es escribir las cosas. Haremos una lista con las virtudes y defectos de tu ex, de la forma más objetiva posible. Pedirte objetividad ahora mismo es como pedir a Anabel Pantoja que recite la lista de los reyes godos, pero, por lo menos, lo vamos a intentar. En la columna de la izquierda, pondremos las cosas que te gustaban, la llamaremos «cuando lo compras por AliExpress», y en la columna de la derecha, cosas que no te gustaban o esas supuestas virtudes vistas de forma un poco más realista. Se llamará «cuando te llega a casa». De nuevo, puede que aquí necesites la ayuda del aquelarre de las brujas de tus amigas. Así que, si ves que te atascas, convoca una reunión de Los ángeles del *chirri*, abre un par de vinitos y deja que te ayuden. Nada como una amiga honesta, sin pelos en la lengua, para darte un buen chute de realidad.

Aquí tienes un ejemplo de cómo lo puedes hacer.

CUANDO LO COMPRAS POR ALIEXPRESS	VS	CUANDO TE LLEGA A CASA
• Tiene una sonrisa preciosa. • Viste muy bien. • Sabe cocinar. • Es bueno en la cama.		• Se saca los «paluegos». • Le huelen los pies a quesería holandesa. • Fuma como un cosaco de las estepas asiáticas. • Se tira pedos y los mantea. • Tiene el pelo como el chocho de osa parda.

Pues ahora que tienes esa lista, vas a borrar la lista de la izquierda y te vas a quedar solo con la de la derecha. Sí, las cosas malas. Imprímela, escríbela en un papel, hazle una foto y te la pones de fondo de pantalla; grábala a fuego en una placa y te la cuelgas al cuello. Lo que quieras, pero llévala siempre encima. Cada vez que te sientas flojear, que veas que empiezas a pensar en tu ex en exceso o que te tiemblan las piernas porque ha sonado la canción con la que entrasteis al banquete en vuestra boda, vuelve a leerla. Te digo yo que funciona.

Es muy curioso que las veces que he visto a otras personas hacer este ejercicio, además de tener muy idealizado al ex y a la relación, normalmente, las cosas malas suelen ser muchas y las buenas muy pocas. Ellas mismas se suelen sorprender al encontrar una lista interminable de defectos y dos o tres virtudes que, al final y si las analizas, tampoco son tan buenas y suelen estar distorsionadas por el filtro del amor.

Todas las relaciones tienen partes buenas y malas, pero si vuestra historia acabó es porque las malas pesaban más que las buenas o se fueron acumulando durante demasiado tiempo. No olvides que no queremos volver ahí. Si fuiste capaz de romper con el hombre perfecto —o con el que tú creías que lo era, que ya has visto que no lo era tanto—, a lo mejor es porque, en ese momento, tenías motivos más que suficientes. Sin embargo, si fue él el que te dejó, piensa en cómo fue esa ruptura y si era propia de una persona tan maravillosa como la que está ahora mismo en tu cabeza.

Si a pesar de llevar a cabo todo lo que te estoy diciendo, te da el tabardillo de la muerte y no puedes aguantar las ganas de llamarlo, llama a una de las amigas de tu lista de emergencia. A ser posible, a esa que es la peor influencia del mundo. La que tiene las cosas clarísimas, la ingobernable, la de carácter de hierro, la sexy, la *fucker*. La que sale a echar un café y acaba volviendo a casa de madrugada como un travesti saliendo de un naufragio. No solo te ayudará a distraerte y disuadirte de la idea de llamarlo, sino que te dará una perspectiva mucho más realista de cómo fue vuestra relación.

20

Mi ex ha vuelto

A veces, Dios te manda de nuevo a tu ex para comprobar si sigues siendo igual de imbécil.

Aquí falta poner música de fondo de suspense. La banda sonora de *Tiburón* o de *Psicosis*. Porque que un ex reaparezca en tu vida, es como recibir una carta de la Agencia Tributaria, sabes que te va a traer problemas. Cuando Díaz Ayuso dijo que en Madrid nunca te encuentras con tu ex, no sé si hablaba de Madrid o de Pekín, porque yo me he topado con él hasta en otra ciudad y en otro país, ahí es nada. Si estás en pleno proceso de recuperación, coincidir con tu ex puede ser como una auténtica película de terror.

El universo puede llegar a ser bastante gentuzo y, aunque hayas aplicado el contacto cero de forma estricta y sin saltarte ni un paso, cabe la posibilidad de que te lo encuentres en el lugar más insospechado. Da igual si han pasado semanas o meses, para algo así nunca se está sobradamente preparado. Y es normal, porque por muy estudiada que tengamos nuestra estrategia, cuando las emociones aparecen, son capaces de tirarte a tomar por el fondillo semanas de gestión de emociones e impactar directamente en tu estabilidad mental, como una bomba de hidrógeno en tu *statu quo*. Así que, aunque hayamos hecho un perfecto trabajo previo y hasta nos hayamos mudado a vivir a Kuala Lumpur, la posibilidad de que te cruces con él siempre está ahí.

Tú estabas más o menos tranquila, lo llevabas bien, con tus altibajos, pero bien, progresando adecuadamente. Habías hecho todo lo que te dijo la psicóloga —esa que te cobra 85 euros la sesión y la muy perra te ofrece un vaso de agua, en lugar de un copazo, que es lo que te mereces y estás pagando—, el contacto cero, la cápsula del tiempo, todos los deberes. Y un sábado has salido porque tenías una fiesta de cumpleaños, te has maquillado como una travesti expresionista y te has puesto unos tacones que son como un bajo entreplanta. Incluso has divisado un par de mozos recios en el horizonte, que ya estás barruntando que hoy no te vas a casa sin arrimar el pepino a la vinagreta. Hoy pillas, aunque sea un catarro. De repente, oyes una voz familiar: «¡Vaya, qué sorpresa!» y te das la vuelta como a cámara lenta, pensando «que no sea él, que no sea él, por favor, que sea una ilusión de mi cerebro». Pues sí, es él. Mientras lo miras cara a cara, se te ponen los ovarios de corbata y se te encoge el estómago, te tiemblan las piernas y sientes que todo te da vueltas. *Mecagoenmiputavida*. No se te ha caído la copa de milagro.

Y encima, qué guapo está, el *jodío*. Empieza a tener contigo una conversación de ascensor, ni nervioso se le ve ni nada, como quien habla del tiempo con la vecina, mientras a ti te zumban los oídos: que cómo estás —pues bien, muy bien, nada, aquí—, que qué bien te veo —sí, gracias a ti, perdí diez kilos, ni operación biquini me hizo falta— y se va diciéndote «bueno, pues me alegro de verte, un beso». ¿Un beso? Un beso es el que te va a dar mi psicóloga cuando se entere, porque esto me va a costar, por lo menos, diez sesiones más de terapia. Me cago en toda mi raza, con lo bien que iba.

Un encuentro de estas características lo normal es que te ponga el mundo patas arriba. Tú que estabas empezando a ordenar tu cerebro, y llega el capullo este y, en un minuto, te lo deja como Coco Bongo en fin de año. No importa el tiempo que pase, encontrarte con esa persona es normal que te genere una oleada de sentimientos encontrados.

Cuando un ex reaparece, experimentas una sensación muy parecida a la que sentías al principio, la de los primeros días, esos nervios de cuando os estabais conociendo, las famosas mariposas en el estómago. Aunque, en este caso, es más bien un retortijón como cuando bajas en la montaña rusa, que se te sube el duodeno a las orejas. Posiblemente, pienses que se han reavivado los sentimientos que tenías por él y que has dado pasos atrás, que todo el trabajo de curación que has hecho no ha servido de nada. Pues déjame decirte que eso que estás interpretando como amor no lo es. Las mariposas son ansiedad, ya lo vimos en un capítulo anterior, y los sentimientos que crees estar reviviendo son la huella de tu memoria emocional.

Como definición, la huella emocional es la marca en nuestro cerebro de las experiencias que hemos vivido, especialmente, las que tienen una carga afectiva, ya sea positiva o negativa. Imagina, por ejemplo, un bloque de cemento que está en proceso de secado. Si llegas y colocas la mano, la forma quedará grabada para siempre y solo tu mano encajará a la perfección. Ese bloque de cemento es tu cerebro. Cada experiencia ha ido dejando una huella, unas más grandes, otras más pequeñas, y algunas, en extremo duras y dolorosas, han dejado una cicatriz que duele cuando llueve. Si, de repente, aparece algún recuerdo, algo que está asociado a esa experiencia, esa memoria emocional se reactiva, haciéndote revivir todas las emociones casi de forma tan intensa como el primer día. Es lo que nos sucede cuando percibimos un olor que nos trae algún recuerdo. Por ejemplo, a mí el olor a goma de las pelotas de playa me recuerda a mi infancia, casi me transporta a mis vacaciones en Peñíscola. Ese estímulo activa un montón de recuerdos asociados y lo hace con un realismo abrumador. Hay huellas emocionales agradables, que te retrotraen a momentos maravillosos de tu vida, y hay otras mucho más profundas, dolorosas e incapacitantes. Estas últimas son lo que se conocen como «traumas».

«Pero Doc, he sentido mariposas en el estómago, las mismas que sentí cuando lo conocí». Sí, se te ha encogido la tripa con la misma sensación de cuando quedabas con él las primeras veces, las primeras citas. Las mariposas que sentías al principio de la relación de nuevo comienzan a aletear, inquietas. ¡Oh, Dios mío, me estoy volviendo a enamorar! Pues, obviamente, no. Se trata de una impresión que puede dar lugar a falsas interpretaciones, ya que tú la tienes muy asociada a esa persona en concreto. Pero el hormigueo en la barriga solo es el resultado de la liberación de adrenalina, es una reacción física ante situaciones de alta intensidad. Curiosamente, también está presente en otras situaciones estresantes o cuando se experimenta angustia, miedo o sensación de amenaza. Lo sentiste cuando hiciste el examen práctico del coche, era la misma sensación, con la diferencia de que ahí no interpretamos que estamos enamorados. Bueno, a no ser que el examinador fuera Henry Cavill. Así que no te preocupes, no te estás volviendo a enamorar ni estás despertando sentimientos dormidos, solo es la reacción de tu cuerpo ante una situación estresante.

De la mano de las mariposas, tendemos a romantizar los encuentros fortuitos con nuestras exparejas. Tenemos tan interiorizados los mitos del romanticismo, hemos visto tantas películas y tantos videoclips de Laura Pausini que, en el fondo, queremos ser protagonistas de uno de ellos. Daniel, de treinta y siete años, se encontró con su ex por casualidad un año después de haber roto y lo describió así: «Nos hemos encontrado en un paso de cebra, caminando los dos en distinta dirección, parecía que ese largo año no había pasado por ella, estaba igual. En el momento en que nos hemos cruzado, es como si el tiempo se hubiera detenido, nuestras miradas se han encontrado y hemos sido incapaces de pestañear ni de apartar los ojos el uno del otro. Tres segundos de intimidad, de profunda conexión, donde todo a nuestro alrededor desaparecía y solo estábamos nosotros».

¿Quién no ha vivido esto alguna vez o, más bien, interpretado —o querido interpretar— lo que mejor se adecuaba a su recuerdo, a su memoria o a su amor propio? Aunque esta escena, propia de un fragmento de la serie *Valeria*, pueda resultar muy bonita relatada de esta forma, es muy posible que solo haya estado en su cabeza. Aunque Daniel lo vivió de una manera muy romántica y hasta un poco cursi, lo que pasó de verdad es que su exnovia ni siquiera lo vio. La pobre era más miope que un topo octogenario y, cuando se cruzaron, no llevaba gafas. Se quedó observándolo, con esa mirada que, según él, lo traspasó entero y cuando, en realidad, ella solo estaba intentando enfocar y averiguar quién era ese tipo que la miraba fijamente.

Otro sentimiento que puedes experimentar es inseguridad. Estás intentando a toda costa poner cara de póquer y que no note que todavía no lo has olvidado; totalmente inexpresiva, que cualquiera que te vea no sepa si estás más caliente que el fogón de las paellas o estás pasando productos por la caja del Dia. Sin embargo, tienes la sensación de que se te nota muchísimo que estás nerviosa y que el encuentro te ha movido el piso. Pero puedes estar tranquila, te aseguro que él no puede leerte la mente y que ese nerviosismo no resulta tan evidente desde fuera como tú lo percibes.

Todos esos sentimientos al reencontrarte con tu ex, las mariposas, los nervios, la ternura o, incluso, la atracción sexual, no significan que el amor que sentías por él se haya despertado de nuevo o que todo el trabajo para olvidarlo no haya servido de nada. Solo se ha activado la huella de tu memoria. «¿Qué puedo hacer entonces para superar este bache?», te preguntarás.

Sé que tus instintos más primitivos te instan a mentarle a su madre, hacerle una peineta y decirle: «Que te folle un pez polla, comemierda». O a tirarte al suelo mientras te sujetas a su pierna, gritando desesperada: «¡Vuelve, por favor, voy a cambiar, lo juro!». Pero vamos a intentar controlar la fiera que llevas dentro y comportarnos como lo que somos, una señora en la calle.

Tengo una amiga que se encontró con un ex en un bar, el cual había sido una parte muy oscura de su vida y la había llevado durante años como geisha por arrozal. Al verlo, puso cara de sondeo electoral y, sin más miramientos, le espetó: «Perdona, ¿cómo te llamabas?». A continuación, ante la cara de estupefacción del susodicho, lo remató diciendo: «Ostras, disculpa, no te había reconocido, ¡qué cambiado estás! ¿Qué te ha pasado?». No diré que sea la reacción más madura del mundo, pero he de admitir que fue una buena patada en el escroto al ego del aludido, sobre todo, con las risas de fondo de los amigotes presentes, que no me cabe duda de que lo torturaron durante meses con la bromita. Si te sientes fuerte para hacerlo, no seré yo quien te lo desaconseje, yo no he estado aquí —aunque iremos al infierno las dos, tú por hacerlo y yo por reírme—. Pero si decides dejarte de escenas de novela de Televisa y comportarte como la persona mentalmente equilibrada que quieres ser, toma nota de las siguientes recomendaciones.

Ante todo, dignidad. Sin duda alguna, la situación es un trago o, como mínimo, incómoda. Si tu ex te ha visto, pero te ignora, lo mejor es asumirlo y respetarlo, sus razones tendrá. Tal vez no se encuentra preparado para volver a verte o tiene menos habilidades sociales que una ameba lobotomizada, en cuyo caso, mejor dejarlo estar. Ni se te ocurra hacerte la encontradiza ni montarle una escena hollywoodiense. Lo de echarle una copa de ponche por encima solo queda bien en las películas, en la vida real, vas a parecer una loca despechada que ha visto demasiadas veces *Amarte así, Frijolito*.

Si no te apetece saludarle, no lo hagas. También estás en tu derecho. No tienes obligación y tampoco tienes que ser hipócrita. Tanto si te da un palo tremendo como si crees que ese reencuentro te va a desestabilizar, puedes decidir evitarlo. Hay muchos coaches por ahí que dicen que no es saludable evitar los problemas, que las dificultades se superan afrontándolas. Mierda para ellos. No tienes que demostrar nada, esto no es una prueba de madurez mental. Enfrentarte con alguien que va a hacer tambalear tu mundo durante días o semanas por el simple hecho de probarte a ti misma que no eres una cobarde, solo te traerá problemas. A veces, correr no es de cobardes, sino inteligencia adaptativa. Y aquí se trata de sobrevivir a toda costa. Hay ocasiones en las que sabemos, porque lo conocemos, que él no va a ser capaz de respetar los límites. Te va a montar un pollo, te va a poner en una situación comprometida o te va a pedir volver. O incluso, puede que tú misma te veas haciendo eso en un acto desesperado. En este caso, si no confías en él o no confías en ti misma, mejor huir, sal de la escena serpenteando como una culebrilla de charca. Prima tu salud mental.

Si va acompañado de su nueva pareja. O, lo que es peor, si es por la que te dejó o con la que te puso más cuernos que la escolta de El Chapo Guzmán, te va a tocar tragar bilis y hacer de tripas corazón. Aunque te den ganas de agarrarla de los pelos, dejarle la cara como el culo de un jinete y acabar como dos luchadoras guatemaltecas, contente. Saluda con normalidad. Ponte el traje de la reina Letizia, te metes un palo por el culo y le das dos besos al aire, como si tuvieras miedo de que te contagie algo. Si, por suerte, está solo, eso que te quitas, pero no uses este encuentro como una oportunidad para averiguar si está con alguien o si cortó con la que estaba. Es tu ex, ya no es asunto tuyo. Además, es muy patético. Y tú de patético tienes, como mucho, la nómina, no lo olvides.

Sé amable, pero no mucho. Si el encuentro es inevitable, sé cordial, pero tampoco te vengas arriba, ya que podrías estar dando señales confusas. No fuerces el contacto físico dándole un abrazo, te podrías encontrar con que está más tenso que el tanga de Obélix y eso te pondría más nerviosa todavía. Mantén cierto grado de cordialidad sin tocar temas personales, no le cuentes tu vida ni dejes que te cuente la suya. No descartes la opción de ser honesta y reconocer que la situación es un pelín incómoda. Puedes decirle: «Vaya, no esperaba encontrarte aquí», cuando lo que realmente te gustaría decirle es «¿qué haces aquí, malparido, no tienes casa?».

Evita una excesiva confianza. O ciertas bromas o gestos que eran solo vuestros. Es normal que, cuando se ha tenido un vínculo muy fuerte con una persona, al volverla a ver, por inercia tiendas a comportarte de la misma forma que antaño. Sin embargo, ya no estáis juntos. Así que darle un abrazo, guiños de complicidad o hacer alusión a recuerdos o momentos que compartisteis ahora resulta completamente fuera de lugar y solo vas a conseguir quedar de intensa. Son cosas que, si eran muy vuestras, ya no corresponden al momento que estáis viviendo.

No hables de intimidades ni intentes rememorar viejos tiempos. A no ser que mantengáis una cordial amistad, cosa que yo desaconsejo durante el proceso de duelo, no abras el cajón de mierda ni toques temas espinosos. Mantén la distancia y no te juegues el tipo entrando en terrenos pantanosos que podrán acabar estallándote en la cara. Comportarte con alguien que para ti significó mucho con una actitud más fría que el aliento de un dementor puede resultar descorazonador, pero es la opción mentalmente más saludable. Al menos, por el momento. Cierra la conversación cuanto antes. Piensa en lo rápidamente que despachas al comercial de Vodafone, ahí no te tiembla el pulso. Dile que tienes que bañar al pez o que te dejaste una olla de agua en el horno. Con decirle «cuídate» o «me alegro de haberte visto» es suficiente. El equivalente para los ex del «saludos cordiales» en los correos de trabajo.

No malinterpretes su amabilidad. No creas que porque tu ex esté siendo simpático o incluso cariñoso contigo, le sigues gustando o quiere volver. Posiblemente, empieces a analizar cada uno de sus gestos y miradas, y tu cerebro buscará señales de amor o de reconciliación. Cuidado con estas falsas ilusiones, todas esas señales solo están en tu cabeza y únicamente son indicadoras de la fase del duelo en la que te encuentras. Recuerda que todavía estás superando la abstinencia emocional, así que no te dejes manipular por tu cerebro. Es perfectamente normal que te quedes con mal cuerpo durante todo el día, pero hazme caso, esa sensación pasará.

Sin embargo, a pesar del terror que te daba encontrártelo, cabe la posibilidad de que, después de verlo y del subidón inicial, te des cuenta de que te resulta totalmente indiferente, que ni lo amas ni lo odias, que no te habías dado cuenta, pero ya no estás tan pillada como pensabas; que durante semanas o meses has estado sufriendo por alguien por quien ya no sentías nada, pero no lo sabías.

Lo cierto es que, a veces, las personas somos como la Penélope de Serrat, pasamos años enamoradas de un recuerdo, manteniendo vivo un amor y un sufrimiento por alguien que, en realidad, ya no existe, solo está en nuestra mente. Puedes seguir enamorada de alguien que, si te lo volvieras a encontrar, harías lo que hizo Penélope al reencontrarse con su amante, decirle: «Tú no eres quien yo espero». Por tanto, aunque al principio lo vivas como un drama, es probable que encontrarte con tu ex te abra los ojos a la realidad, salgas de la ensoñación en la que estabas inmersa y, al final, sea lo mejor que te pueda pasar.

21

Mi ex ya tiene otra relación

> Si tienes un mal día, piensa que, en algún lugar, puede que haya alguien conociendo a tu ex y pensando que es alguien especial.

A pesar de que puedes estar llevando el duelo bastante bien, ya he comentado con anterioridad que los altibajos forman parte de este duro camino. Son como piedras con las que vas a ir topando. Unas se te meterán en el zapato, otras te harán tropezar y, con otras, igual te pegas una hostia de dejarte los dientes en la acera. Si de una de esas hostias te ves dos días sentada en el suelo y llorando, no te asustes. No quiere decir que te hayas atascado o que estés dando pasos atrás: forma parte del proceso del duelo.

Son muchas las piedras que nos podemos encontrar. Desde una fecha señalada, un aniversario o cumpleaños, eventos importantes que nos estrujan el corazón y nos hacen pasar el día más sensible o más llorona... Pero la más habitual es recibir la noticia de que tu ex se casa o que ha empezado una nueva relación.

Se te han quedado los ojos de huevo duro cuando lo has visto con otra persona, paseando por la calle, de la manita, como enamorados que se acaban de conocer, dándose besos sin que sea Navidad ni el cumpleaños ni nada. Si lo acabáis de dejar, ¿en serio? ¿De verdad ya está con otra? ¿Es que vuestra relación no significó nada? ¿Cómo es posible que te haya olvidado tan pronto? O mucho peor, ¿ya estaba con ella antes de dejarlo y ni te enteraste? ¿No se te cae la corona porque te la sujetan los cuernos? Entonces, empiezas a rumiar pensamientos. Como una vaca con reflujo, sacas de tu cabeza ideas que acaban dando más vueltas que un rosco de *Pasapalabra* y, luego, otra vez para adentro. Es inevitable que tu ego se vea dañado y que comiencen las nada constructivas comparaciones.

Si te paras a pensar un momento, el sentido común te dicta que te la debería bufar lo que tu ex haga con su vida. Como si se hace sectario de la luz cósmica y dona toda su fortuna al Maharamindri Baba. Debería ser algo irrelevante para ti; objetivamente, ya no es tu pareja y los dos tenéis todo el derecho de hacer lo que os salga del níspero. Te la suda, te la pela, te la repampinfla. ¿A que sí? Pues no. Ni te la suda ni te la pela ni te la repampinfla, qué me vas a contar a mí. Una cosa es la lógica, pero esa lógica se va a tomar por el ojete cuando te viene a la cabeza que, mientras tú estás en casa con un pijama de Hello Kitty y tu mejor plan es poner dos lavadoras, él seguramente está con la otra dándole contra el armario hasta cruzar Narnia. A ver, es feliz. Y es feliz ¡con otra! No es fácil asumir eso, no.

Racionalmente, sabes que no debería importarte, pero la realidad es que sí te importa. Sientes una mezcla de rabia, tristeza, celos y frustración al ver que todo lo que antes hacía contigo ahora lo hace con otra persona. O incluso, cosas que jamás hicisteis juntos. Empiezas a dudar de si lo sigues queriendo, porque ¿si no lo quieres, por qué te sientes tan mal? No te preocupes, todo ese torbellino de emociones tiene una explicación. Y la mayoría de ellas no tienen nada que ver con que aún albergues sentimientos, sino que son algo pasajero.

La herida narcisista. Que te hayas quedado jodida después de ver a tu ex con otra persona mientras la mira con corazones en los ojos no significa que no hayas superado aún la ruptura. Se trata, más bien, de una competición de egos. Cuando una pareja termina como el rosario de la aurora —o incluso acabando bien—, se empieza a generar una especie de batalla por ver quién supera la relación antes, cuál de los dos llega primero a la meta de ser más feliz y «rehacer» su vida. Ver que tu ex te ha adelantado por la izquierda y te ha arrancado hasta las pegatinas de la ITV se vive como una derrota y, además, te vuelve a conectar con emociones como la rabia y el sentimiento de injusticia. Es un puñetero golpe bajo que te dice que hay alguien ocupando un lugar que antes era tuyo. Te vuelves a sentir la perdedora de la relación. ¿Por qué él sí y yo no? Pero esto no es una batalla, es una carrera de fondo y tu ex queda completamente fuera de la ecuación. Y aquí, el primer error es entender que para «rehacer» tu vida tengas que tener una relación con alguien. El hecho de que él ya esté con otra persona no quiere decir ni que lo haya superado ni que tú lo estés llevando peor por eso.

Cierre final con broche de oro. Que tu ex tenga otra relación es la constatación de que lo vuestro, definitivamente, se acabó. Has sido borrada de sus circuitos neuronales. A veces, aceptar esto cuesta, porque nos obliga a afrontar la realidad de cara y empezar a sentir el dolor de la pérdida. ¿Mola? Pues no, pero es muy necesario que haya pruebas palpables de que tu relación ha acabado y que no hay vuelta atrás. Cojonudo, punto final, ya podemos cerrar la puerta a futuras reconciliaciones o a retomar lo vuestro. Ver a tu ex comiéndole los morros a alguien que no eres tú es como ver la esquela de vuestra relación en el periódico. D.E.P., murió, descanse en paz.

Envidia de la mala. Como si hubiera envidia de la buena. La envidia es mala, malísima, es un pecado capital y nadie, absolutamente nadie es inmune a ella. Mira que juraste y perjuraste que nunca volverías con él, que antes te hacías *hare krishna* y te rapabas la cabeza al cero que volver con ese impresentable, pero ahora lo ves con otra y te jode. Puede que incluso te empiece a rondar la cabeza la idea de recuperarlo. Recuerdo cuando era pequeña que podía tener ropa sin ponerme durante meses, pero, como se la viera puesta a mi hermana, automáticamente la quería. Me ponía hecha un basilisco y le exigía que me la devolviera de inmediato. Y, al día siguiente, me la ponía yo, y me pavoneaba delante de ella con ese jersey que tenía olvidado en el fondo del armario, solo para demostrarle que era mío. ¿Recuerdas lo que hablábamos de la atracción por frustración? Así somos los seres humanos, envidiosos y *antojones*. Por tanto, dale una vuelta a la —estoy casi segura que— fatídica idea de mandarle un *wasap* a las tantas de la noche o de hacer patéticos intentos de llamar su atención, con eso solo conseguirás ganarte el sambenito de exnovia loca de recuerdo. Piensa que la relación terminó por algo y que los motivos de la ruptura siguen estando ahí, no ha cambiado nada en absoluto, así que mejor concéntrate en por qué decidisteis separaros. Puede que empieces a compararte con la nueva pareja y eso resulta demoledor porque no la conoces de nada. Compararte con una persona de la que no sabes sus defectos te va a llevar irremediablemente a perder, porque no te vas a comparar con ella, sino con la idea que te has creado en tu cabeza. No te sirve de nada, de ahí a ser masoquista solo hay una pelota atada a la boca.

Atascos en el duelo. En ocasiones, sí puede ser un síntoma de que el duelo no se ha superado. En caso de que te encuentres todavía recogiendo los pedazos de tu corazón partido, es completamente normal que una noticia así te descomponga por completo. Pero cuando el duelo ya se tiene superado, el dolor que sentimos ha de ser algo puntual y momentáneo. Si la sensación que tenemos es algo más que una punzada en el corazón y esta noticia reabre antiguas heridas, puede ser que nos esté indicando que existe un sufrimiento real y que seguimos atascadas en el capítulo del sufrimiento. Si no se trabaja bien, se puede convertir en un duelo eterno. En estos casos, lo más adecuado es empezar a asumir que nuestro ex tiene una nueva vida y que tú tengas la tuya depende de ti misma. Así que puedes tomarlo como un revulsivo, como una colleja para que saques la cabeza de tu culo y empieces a vivir tu vida. Si tu ex puede ser feliz, ¿por qué no vas a serlo tú?

Por otra parte, los motivos por los que alguien deja a una pareja y vuelve a tener otra a los dos días pueden ser varios y, en esta situación, es normal que te hagas preguntas. ¿Estará de verdad enamorado de ella? ¿Ya se ha olvidado de mí? A continuación, te explico las causas más probables de que tu ex ya esté con otra persona.

No sabe estar solo —relación liana o relación puente—. Si tiene poca tolerancia a la frustración y no sabe gestionar bien el dolor, es posible que se haya buscado lo que yo llamo una «novia tirita». Y no quiere decir que tenga mucho frío, sino que es una especie de parche, un anestésico que nos ayuda a calmar el dolor. No son pocos los que intentan superar una relación empezando otra nueva. Hablaremos de ello más adelante, pero hay personas que arrastran la falsa creencia de que tener pareja es el único escenario factible de felicidad y eso les conduce a empezar una relación lo antes posible. Iniciar una historia cuando todavía no se ha superado la anterior nunca es buena idea. Solo estarás llenando vacíos emocionales.

Ya hizo el duelo durante la relación. Las relaciones no se acaban de la noche a la mañana, lleva un tiempo llegar a ese desenlace y no siempre se tienen los mismos ritmos. Sobre todo si fue él el que decidió terminar la relación, es probable que ya llevase un tiempo madurando la idea. O, lo que es lo mismo, para él lo vuestro empezó a morir hace tiempo, mientras que tú empezaste el proceso cuando la relación oficialmente se acabó. Él comenzó esta carrera de fondo antes que tú y, cuando definitivamente terminasteis, él ya lo tenía más superado que la muerte de Chanquete. Por eso, le está resultando más fácil conocer a otra persona.

Ya estaba con esa persona estando contigo. Es lo más difícil de asumir, sobre todo, si era un dato que ignorabas. A lo mejor no eres la cornuda de España, pero siempre cabe la posibilidad de que esa persona haya sido la causa o haya desencadenado la ruptura. No resulta fácil de procesar. Sentirse traicionado dificulta el proceso de curación y puede que te haga retroceder unos pasos. Estabas mejor y ahora te da el bajonazo padre. Cualquier cosa que sientas es normal, recuerda que tienes derecho a cabrearte. En caso de que sea así, tal vez es mejor haberte dado cuenta de con qué tipo de persona estabas y dar gracias a Dios o al universo o a la Virgen de la teta al hombro por haberlo sacado de tu vida.

Nunca te ha querido. Si tu ex es un narcisista de manual, demanda constantemente la validación de los demás y una fuente de atención y admiración. No se trata de ti, no es personal. Solo necesita sentirse valioso sin importarle el coste. En realidad, le da igual que seas tú, Juanita, Juanito o la vecina del tercero. Solo necesita otra persona que refuerce su ego, otra víctima a la que amargarle la existencia. En ese caso, siéntete afortunada por haberte librado de ese vampiro emocional.

Ha pasado página. Oye, que a lo mejor el chico es una especie de X-Men emocional y va cerrando heridas a toda hostia. Por más que todas las posibles explicaciones que nos podamos dar a nosotros mismos sean mucho más beneficiosas para salvaguardar la autoestima, cabe la posibilidad de que te haya olvidado y se haya enamorado de otra persona. La vida es así, a veces, el amor llega así de esta manera y uno no se da ni cuenta, para los *jovenzanos*, esto es un guiño a una canción de Julio Iglesias, no penséis que me he dado un golpe en la cabeza).

PERO, Y SI ME JODE, ¿QUÉ HAGO?

Es humano que te haya sentado como una patada en los ovarios saber que tu ex está con otra o que tiene proyectos de futuro que jamás tuvo contigo. Así que, para empezar, no seas demasiado dura contigo misma. Identifica el motivo por el que eso te hace sentir tan mal; como vimos antes, tendemos a creer que, si nos remueve por dentro, es porque no lo estamos llevando bien o porque aún quedan brasas en la hoguera de nuestro amor y, generalmente, no es así. Lo primero, ten claras las razones que hacen que estés reventada viva y no las atribuyas a que todavía lo quieres, así, a lo loco.

Segundo, date permiso para sentir ese malestar y no te intentes convencer a ti misma de que estás llevando la noticia de maravilla. Admítelo, no pasa nada, no eres mala persona por eso. Deseas que les vaya como el culo, que su relación se instale en el tedio y en la rutina, que le salgan los hijos con hipotiroidismo y que a ella se le caigan las tetas hasta poder ponérselas de bufanda. Dilo, no te cortes. Porque si lo niegas, ya sabes lo que pasará, ¿no? Exacto, que irá a más, ya sabemos cómo funciona nuestro querido cerebro en este sentido.

Evita quedarte con ese sentimiento mucho tiempo instalándote en el victimismo o en el drama. No puedes controlar lo que sientes, pero sí lo que haces con ello. Si esta noticia te ha revuelto por dentro y te has quedado todo el día sin poder pensar en otra cosa, es recomendable que te desahogues. Pero no vuelvas a entrar en el bucle de la ira y los pensamientos obsesivos. Déjalos que salgan, pero no que se instalen. Si empiezas a volver a hablar de tu ex a todas horas, espiarle en las redes sociales o recabar información sobre la nueva moza, lo único que vas a conseguir es hacerte daño y castigarte. Si habías aplicado el contacto cero, continúa con ello. Comenta con tus amigos comunes que no te hablen del tema. Al fin y al cabo, no te incumbe.

Sea cual sea el motivo, no permitas que este hecho te desestabilice y olvides que en quien tienes que centrarte es en ti. Que tu ex esté con alguien, se haya hecho *drag queen* o se dedique a hacer butrones con el nabo nos importa menos que el agujero de la capa de ozono —ojo, no porque no estemos concienciados con el medioambiente, sino porque ya hace tiempo que se cerró, como los agujeros de la oreja—. La rapidez o el motivo por el cual ya tiene otra relación no dice absolutamente nada de ti, ni de tu valor como persona. Porque, en realidad, no cambia nada; las razones por las que la relación se acabó siguen siendo las mismas. Si había algún atisbo de esperanza en ti, si quedaba algún resquicio de la fase de negociación y pensabas que una reconciliación era posible, hasta te ha hecho un favor. Porque ahora ya sabes que no lo es, es más fácil que Belén Esteban sea medallista olímpica en natación sincronizada. Así que ya puedes cerrar esa puerta, centrarte en ti y mirar hacia delante.

Cada vez que veas a tu ex con su nueva pareja, recuerda por qué no funcionó vuestra relación y piensa: «¡Qué felices somos los tres!».

SEXTA PARTE

MASOQUISMO EMOCIONAL

22

Un clavo saca otro clavo

De tantos clavos, lo que vas a necesitar es una estaca.

Cuando tenemos el corazón partido y hecho polvo, lo peor que podemos hacer es intentar enmascarar ese dolor con otras relaciones sin haber superado la anterior. A veces, nuestras amigas, con muy buena intención, pero poco conocimiento —y más si son tan perras como las mías—, nos aconsejan el típico «tú lo que necesitas es pegar un buen polvo que te quite todas las penas». En un principio, te parece buena idea. Un buen maromo que te pegue un repaso y te coma *to lo fregao*. ¿Qué mejor sensación hay que sentirse deseada y culminar ese deseo con un buen orgasmo? Pasión, un encuentro tórrido, eso es lo que necesitas. Eso rejuvenece, te deja hasta la piel más tersa. Es mejor que una inyección de bótox.

Así que ahí te lanzas tú, te apuntas al Tinder, al Badoo, al Bumble y hasta a la sección de contactos de *La Gaceta de Salamanca*. Al principio, se crea un maravilloso efecto balsámico. Empiezas a recibir aluviones de *likes* y de flechazos, y tienes más opciones de sexo que Henry Cavill en un casting de tentadoras. Decenas de hombres interesados en ti y diciéndote eso de «¿cómo una chica como tú está soltera?». Tu autoestima mermada —o más bien, tu ego— comienza a inflarse como un pavo. Pero al cabo de unos días de lanzarte a buscar consuelo en otros especímenes, abrirte de piernas como las tres menos cuarto y acabar con el chumino como el logotipo de Batman, te entra una depre que empiezas a sentirte incluso peor que al principio. Después del subidón, viene el bajón. Porque no hay nada peor que mirar a quien tienes al lado en tu almohada y que esa persona no sea la que esperas.

Este tipo de conductas producen una falsa sensación de control. De forma inconsciente, vas a empezar a comparar a ese chico ideal —que muy probablemente ni tan ideal sea, porque, bien visto, recién levantado parece un Gormiti de tierra— con el otro chico ideal. Ahí viene el efecto rebote, como en las dietas malas.

¿Recuerdas lo que hablábamos en el primer capítulo de la oxitocina? Tu cerebro la segrega después del sexo y tu cuerpo pide cariño y abrazos, pero no de esa persona precisamente. Empiezas a echar de menos a tu ex, incluso más que antes. Para colmo, ahora, además de estar deprimida, estás para que te ingresen en reumatología. Tienes unas agujetas del copón y caminas como una grulla recién nacida, bajas las escaleras como Lina Morgan y las subes sin poder doblar la rodilla, como un perro meando. Y menos mal que has hecho caso del contacto cero y has borrado su número evitando la tentación de llamarle. De esa te has librado, Maricarmen (si no te llamas Maricarmen, puedes sustituirlo por tu nombre real y el ejemplo seguirá funcionando).

Eso sin contar que puede darse el caso de que esta nueva persona sea incluso más ideal que la primera, aquella que querías olvidar, y entonces, por culpa de la puñetera oxitocina, acabas pillada también de la segunda y te sale el tiro por la culata. Porque no hay nada peor en esta vida que estar esperando mensajes de amor de dos amantes bandidos y no recibir ninguno. Quién te mandará a ti salir de casa.

No, pretender olvidar a una persona usando a otras es como tener un empacho y ponerte a comer croquetas. Y no seré yo quien niegue que las croquetas son casi el remedio para todo.

Pero sucede a veces que lanzarse a la emocionante aventura de nuevas conquistas no es tan mala idea. Hay personas que, cuando terminan su relación, parece que acaban de descubrir que existía el sexo. Esto suele darse en relaciones largas, parejas que llevaban sin echar un polvo desde que nevó en Granada. Todas las relaciones no son iguales y, por ende, las rupturas tampoco. Hay parejas que están años agonizando, relaciones que mueren lentamente y, en ese caso, la ruptura se ve más como una liberación. Todos tenemos a la típica amiga recién divorciada que siempre tiene un pepino en el frutero y que se la pasa reiterando hasta el hartazgo que no había tenido tanto sexo en su vida, que ya la llamáis *la 100 montaditos*. En estos casos, si tenías los bajos fondos con más telarañas que la buhardilla de Drácula, es normal que vayas a buscar lo que durante tanto tiempo no has visto ni en foto. Cuando has estado años en una relación que era más aburrida que un acuario de mejillones, puede ser muy recomendable volver a sentir que somos personas sexualmente atractivas. A veces, no solo es sexo, sino seducción, aventura, adrenalina y también sentirse deseada, que nunca viene mal. Aquí la cuestión radica en si esto te hace sentir mejor o peor, porque no hay una fórmula mágica, esto no es café para todos. Lo que para uno puede funcionar, para otro puede ser contraproducente. Así que escucha a tus tripas y a tu chominola, y si tienes el erizo a falta de un buen escorzo, no seré yo quien te diga que eso no te va a ayudar. Cada persona intenta lidiar con el dolor lo mejor que puede, pero asegúrate de ser consciente de los vacíos que estás intentando llenar y no estar tapando con sexo otras carencias emocionales. Las personas no somos parches de nicotina que podamos poner y quitar cuando nos va bien. Incluso con los polvos de una noche, hay que intentar mantener la responsabilidad afectiva.

23

Relaciones dependientes

> Si estás intentando cerrar un ciclo, es importante no
> llamar al ciclo, no ver al ciclo y no acostarse con el ciclo.

¿CÓMO SÉ SI ESTOY EN UNA RELACIÓN DEPENDIENTE?

«Ni contigo ni sin ti, mis males tienen remedio. Contigo, porque me matas y, sin ti, porque me muero». Estos versos, por mucho que hayan sido escritos por Machado, encierran un trasfondo más tóxico que un columpio de Chernóbil.

Las relaciones dependientes son siempre tóxicas. En ellas, uno o ambos miembros de la pareja intenta cubrir sus necesidades afectivas a través de la otra persona, generando adicción y tolerando conductas insanas porque se ven incapaces de salir de ahí. Son aquellas en las que, al revés que en una relación saludable, donde hay satisfacción emocional y afectiva, una o ambas personas sufren más de lo que experimentan placer o felicidad. Hay actitudes y sentimientos negativos y constantes, y uno de los dos integrantes —generalmente, el más dependiente— experimenta un gran desgaste psicológico por estar constantemente intentando salvar la relación.

Los momentos de felicidad son muy escasos, ya que, para que sucedan, hay que ignorar y minimizar ciertas acciones y conductas, que si se les diera la atención que merecen, causarían estrés en la pareja o incluso la ruptura.

Romper una relación dependiente tiene una complejidad especial. Se sufre más que en una separación sana, se llora más y se recae más. Si superar una ruptura es un vía crucis, la de una pareja dependiente es como pasar ese calvario a cuatro patas y con dos garbanzos en las rodillas.

Cuando hablábamos de la neuroquímica del amor y del desamor, hacíamos hincapié en el síndrome de abstinencia que se crea cuando se produce una ruptura. Ese bajón de todos los químicos que tu cerebro produce y que le dan tanto gustito, hace que busques y te aferres a tu ex con todas tus fuerzas. Se trata de algo que se da en cualquier relación, incluidas las relaciones sanas. A veces, confundimos las cosas, y es que echar de menos a tu ex desesperadamente cuando habéis roto hace poco no es dependencia, es lo normal.

La dependencia emocional no suele ser fácil de identificar y de asumir. «No es amor, lo que tú sientes se llama obsesión». Así nos cantaba Aventura en su *hit* veraniego, es decir, que solemos confundir el amor con estar enganchados a alguien. Si en una ruptura se produce algo similar al síndrome de abstinencia, en una relación dependiente tienes una adicción de padre y muy señor mío.

Hay que tratar las relaciones dependientes como una adicción en toda regla, mucho más potente y adictiva que la que se produce en cualquier ruptura. Como un enganche a las drogas, al alcohol o a las rebajas del Zara. La otra persona se transforma en algo sin lo que no podemos vivir. Se convierte en estar con alguien porque lo necesitas, no porque sea una elección libre. Cuando las parejas rompen una y otra vez es porque, en el fondo, el otro no les hace feliz, pero como hay un enganche enfermizo, terminan dando su brazo a torcer porque piensan —insisto, piensan— que no pueden vivir sin esa persona. Acaban dejando a un lado sus valores, sus necesidades, su dignidad y su vida entera con tal de no perder a su amor.

Entonces, si he terminado mi relación y siento que me muero, que me falta el aire, que estoy llorando en mi habitación y todo se nubla a mi alrededor —estás flipando con todas las referencias musicales, ¿a que sí?—, ¿cómo distingo cuándo estoy en una ruptura de una relación, digamos, normal o en una relación dependiente? Pues hay algunas cosas que las diferencian, que hacen que lo normal se vuelva tóxico y que la recuperación sea más complicada que distinguir el perejil del cilantro.

Perdonas faltas de manera reiterada. Perdonar es de sabios, dicen, o de pardillos, depende de cómo lo enfoques. ¿Eres un sabio o eres un pardillo? La diferencia está en que el pardillo perdona incluso pasando por encima de su propia dignidad. Piensa si has perdonado a tu pareja tragándote tu orgullo, con tal de volver con él. Porque, a base de ceder, te va comiendo terreno y, cuando te das cuenta, estás haciéndole masajes prostáticos con unos guantes estriados con tal de que no te deje.

Basas tu bienestar y tu autoestima en tu relación. Sabes que un mal gesto suyo es capaz de arruinarte el día y que no te coja el teléfono o no te responda a los mensajes te va a tener en la cuerda floja durante horas o incluso días. Toda tu vida acaba pasando a un segundo plano cuando estáis mal o cuando discutís. Es el centro de tu universo.

Justificas y minimizas cualquier error o problema. Te ha dicho cosas horribles en el fragor de la discusión. Si yo tengo la mecha más corta que un petardo de peseta, grito a mi pareja y le llamo perro sajón, muy probablemente, en frío, me arrepienta y diga «*joer*, me he pasado, si es que se me calienta el pico». Hablaremos, él me dirá cómo le ha hecho sentir mi comportamiento y yo le pediré perdón. En el acto de pedir perdón, hay una voluntad implícita de no volverlo a hacer, de analizar por qué ha pasado y de poner medios para aprender a gestionar mi mala leche y que eso no suceda de nuevo. Pero, en una relación dependiente, lo que hacemos es quitarle importancia y minimizar algo que es bastante grave, como que te griten o que te falten al respeto. Lo justificas diciendo «es que estaba nervioso», «lo dijo, aunque en el fondo, sé que no lo siente». Después, cuando os reconciliáis, no se disculpa, se limita a volver a tratarte bien o echarte un señor polvo y lo interpretas como que te está pidiendo perdón. O te pide perdón, vuelve arrastrándose como una babosa, pero, a los dos días, vuelve a hacer lo mismo otra vez. Tú sigues disculpándolo: «es que es muy orgulloso, pero yo sé que se arrepiente», «yo sé que me quiere de verdad». Él no sé si te quiere de verdad, pero tú demuestras quererte muy poco tolerando estas actitudes. ¿Ves esa estrella fugaz en el cielo? Pues es tu dignidad cayendo en picado y explotando en la atmósfera.

Evitas el conflicto. Le pides perdón aun sabiendo que el que la ha cagado ha sido él, con tal de que no te deje, o evitas hablar del tema para no discutir otra vez. Te da igual si el conflicto se resuelve o no, tú lo único que no quieres es que os volváis a enfadar. Porque para ti una discusión es una fuente de malestar que amenaza la continuidad de la relación. En una relación sana, las cosas que molestan se hablan y se negocian los límites. Y, si esos límites se traspasan, eso lleva a plantear el final. En una dependiente, cualquier cosa que lleve al conflicto se evita, porque la sola idea de que la relación peligre se vuelve insoportable.

«Cuando estamos bien, estamos muy bien». Esta frase me da más miedo que trece llamadas perdidas de mi madre. Si me dieran un euro cada vez que la he escuchado, ahora tendría a Zuckerberg limpiándome las llantas del Maserati. Cuando la oigo, se me enciende la luz de alarma, es un indicador de peligro, pero de los gordos. Dependencia emocional *alert*. La frasecita de marras encierra mucha mierda debajo de la alfombra, porque, si cuando estamos bien estamos muy bien, implica que, cuando no estamos bien, estamos muy mal. No solo eso, sino que estar bien se convierte casi en una excepción que compensa todo lo demás. Da igual si estáis enzarzados en discusiones todo el santo día, el que estáis bien es como volver a la luna de miel, todo es maravilloso y piensas, «¿por qué no será siempre así?». Y es lo que mantiene la relación de dependencia, porque sabemos que, una vez que pasa la tormenta, llega la «reconciliación», lo cual está perpetuando el enganche. Lo normal en cualquier pareja es que estar bien sea la regla, no la excepción.

Actitud salvadora. Tienes la esperanza de que, en algún momento, todo mejorará o volverá a ser como antes. Porque el amor todo lo puede, su amor por ti lo hará cambiar. Piensas que te necesita para convertirse en una mejor persona. Los momentos en que estáis muy bien te sirven de tabla salvavidas para aferrarte a eso. Te convences de que las cosas van a estar siempre así a partir de ahora y que, esta vez, seguro que es la definitiva. *Spoiler*: no va a pasar. Deja de intentar arreglar juguetes rotos, bastante tienes con arreglarte a ti misma.

No solo sufres en las discusiones, también cuando no discutís. La montaña rusa en la que vives y la dependencia que sientes acaba por sustituir a los sentimientos positivos y, hasta cuando estáis bien, vives en una constante zozobra, temiendo que, en cualquier momento, esa calma se acabe. Sientes inseguridad, ansiedad, miedo a perderle, a volver a pelear, celos. ¿En serio quieres estar así toda la vida?

EL REFUERZO INTERMITENTE

Lo que perpetúa las relaciones dependientes es el clásico tira y afloja. En psicología, se llama «refuerzo intermitente». Este término fue acuñado por el señor Skinner, que era un tipo con pajarita —yo me lo imagino con pajarita— que hacía experimentos de conducta con ratas. Descubrió que las ratas que habían aprendido a presionar una palanca para obtener una bolita de comida la presionaban con más frecuencia cuando la comida caía unas veces sí y otras veces no. La incertidumbre de no saber cuándo les iba a tocar el premio hacía que las ratas fueran más y más insistentes en su conducta.

A todos nos ha pasado alguna vez —bueno, a mí no— que estamos conociendo a alguien que se muestra muy interesado y nos manda mensajes de buenos días y buenas noches, te deja pósits con mensajes de amor en el vaho del espejo después de la ducha, te dice cordera, moza recia, te voy a dejar la pepitilla oliendo a neumático quemado. En fin, lo típico del inicio de la relación cuando estás en todo lo alto. Pero, de repente, un día se muestra distante, más frío que el plástico de Laura Palmer. Igual ni contesta a los mensajes o lo hace a las cinco horas con un «ok, ja, ja, ja». Cuando estamos a punto de bloquearlo o pasar de él —que es lo que se merece, por veleta—, nos vuelve a hacer caso otra vez y, de nuevo, está encantador. Nos suelta alguna excusa, como que se había muerto su abuela por tercera vez. El caso que nos hace después de ignorarnos durante días produce una liberación tal de dopamina que convierte ese refuerzo en algo mucho más potente que si nos hubiera contestado el primer día a los dos minutos. A toda esa incertidumbre y ese malestar que hemos sentido, se suma el alivio, el cual también es poderosamente reforzante. Y lo que ocurre es que, en lugar de huir —que es lo que tendríamos que hacer—, nos sentimos más atraídos hacia esa persona. E intentamos hacer todo lo posible por no perder su atención, porque, cuando nos dan amor y cariño, ahora sí y ahora no, una de cal y una de arena, lo que estamos haciendo es esperar, de forma inconsciente, nuestra dosis de refuerzo, que no sabemos si vendrá ni cuándo, pero seguimos insistiendo, porque sabemos que, en algún momento, llegará.

Es una manera que tiene nuestro cerebro de hacer que sigamos trabajando para obtener una recompensa. En este caso, la recompensa es la atención de nuestra pareja, esos momentos en los que «estamos tan bien». Tú quieres que sea así todo el rato. Igual que una rata muerta de hambre presiona la palanca para que le caiga una bolita de comida, tú tampoco sabes cuándo llegará la próxima recompensa, cuándo vendrá ese momento mágico de luna de miel. Así que, como la rata, presionas la palanca una y otra vez, sigues intentándolo, no te rindes. Hasta que la bolita cae, tú recibes tu premio en forma de amor y tu conducta se refuerza.

Este es el mecanismo que siguen las máquinas tragaperras y la mayoría de los juegos de azar para generar esa atracción tan potente que hace que los adictos acaben incluso hipotecando la casa y vendiendo hasta la Nespresso para seguir echando moneditas. El adicto sabe que, si repite su conducta —meter una moneda—, en algún momento, esa conducta será reforzada y llegará el premio —recibir más monedas—, pero esto se produce bajo un patrón que es indescifrable para la persona. Como no sabe cuándo llegará el premio, sigue jugando y jugando hasta quedarse en bragas.

Cuando una pareja tiene una relación saludable, los refuerzos se dan en todo momento y es algo estable. Que tu chico te dé un abrazo, te sonría, te escuche y acabe empotrándote contra la encimera de la cocina son refuerzos constantes y es lo esperable en el día a día. Estar bien, a gusto y quererse es lo normal. Sin embargo, en una relación tóxica, estos «premios» son impredecibles. Que tu pareja esté muy cariñosa, que se muestre romántica o que vuelva a ser el príncipe azul del que te enamoraste antes de que empezase a mutar a anfibio se da de forma esporádica, a menudo, mezclado con otros momentos menos agradables. Esto obliga a un miembro de la pareja a trabajar más duramente para volver a la fase de luna de miel. Esta imprevisibilidad es, precisamente, la que causa la dependencia.

¿Alguna vez te has preguntado por qué nos gustan tanto los malotes? Pues es por esto. El malote se muestra inaccesible, te marea, te vacila, no siempre está disponible. Te ignora a ratos, tontea con otras, te hace ver que puedes perderlo en algún momento. Eso te acaba enganchando como una perra. Resulta curioso cómo funciona el cerebro, el muy capullo. Es increíble que nos enganche más ser felices solo a ratos que ser felices todo el tiempo. La razón radica en que los circuitos de placer de nuestro cerebro se activan y se fortalecen cuando el refuerzo es intermitente. Cuando la recompensa es predecible, estos circuitos se acostumbran y nuestro cerebro libera menos dopamina, lo cual es menos adictivo.

Las relaciones caóticas crean una adicción que es mucho más duradera que el amor estable. Sí, una relación de este tipo suele ser más difícil de romper que una relación sana, pero eso no quiere decir que la relación sea más fuerte. Más bien todo lo contrario. No hay una base sólida de confianza, cariño, respeto, nuestra pareja no es un lugar de refugio. Suelen crear mucho malestar y son frustrantes y agotadoras. Generan una gran inseguridad y la autoestima se ve muy afectada, ya que sientes que no tienes ningún control sobre las cosas que te suceden y, lo que a veces es peor, puedes llegar a pensar que no eres digno de un amor completo y que solo mereces migajas.

Entonces, si eres tan infeliz en tu relación, ¿por qué no lo dejas? Pues porque, aunque la dinámica de la pareja tiene mucho que ver, también hay otras muchas cosas que nos hacen seguir aferrados a este tipo de relaciones. Ya que, por mucho que el malote de turno esté para darle como a sello de notario y que, seguramente, utilice esa estrategia de canallita de la Costa Brava con cada una que se cruza, no todas salen corriendo a su encuentro como una iguana con las bragas en el contramuslo. Algunas lo mandan a cagar a la primera de cambio, a portes pagados y sin billete de vuelta. Todas tenemos alguna amiga así, que no deja que los tíos la toreen ni media, y que es cinturón negro en mandar a tomar por el orto a cualquiera que la vacile lo más mínimo. En consecuencia, ¿qué hace que unas personas se enganchen y otras no?

Estilos de apego. Sí, es un cliché que te cagas ir al psicólogo y que te diga que le hables de tu infancia, pero es que la mayoría de los problemas que tenemos en nuestras relaciones de adultos tienen su origen en nuestros primeros años de vida y, más concretamente, en los estilos de apego. Es decir, la forma que cada persona tiene de relacionarse con los demás y, especialmente, con la pareja. En gran medida, está determinada por los vínculos que se establecieron con nuestros cuidadores en la infancia. Si, cuando éramos pequeños, nuestros padres nos daban lo que necesitábamos, y no hablo de que te comprasen el Scalextric o Quimicefa, sino que cubriesen nuestras necesidades afectivas, nos dieran apoyo emocional y validasen nuestras emociones, es probable que, de adultos, nos sintamos atraídos por quien nos trata de la misma manera. Los niños que tienen estilos de apego desadaptativos desarrollan patrones de conducta que luego incorporan a sus relaciones con los adultos.

Baja autoestima. La baja autoestima y la codependencia forman un combo, una pareja perfecta. Es prácticamente imposible que esté la una si no está la otra. ¿Cuál fue antes, el huevo o la gallina? Pues yo qué sé, soy psicóloga, no adivina. Resulta complicado saber cuál es la causa, pero lo que está claro es que ambas se retroalimentan. Las personas con baja autoestima tienen más carencias emocionales que yo económicas. Estos déficits las llevan a intentar agradar a los demás sea como sea y la necesidad de aceptación es tan grande que, a menudo, implica humillarse con tal de recibir afecto y atención de los demás. No solo es la base de que caigamos en este tipo de relaciones, sino que la propia relación va generando una visión cada vez más negativa de uno mismo, desarrollando la creencia de que, sin la otra persona, no soy nadie. Esto va minando la autoestima más y más, formándose así una espiral de autodestrucción emocional terrible.

Miedo a la soledad o al rechazo. Como uno cree que no vale nada, la pareja se vuelve un signo de validación externa, de forma que, sin pareja, se sienten unos fracasados: si no tienes pareja, es porque no te quiere nadie. Si, por circunstancias de la vida, se encuentran solteros —y digo por circunstancias de la vida, porque nunca lo están por propia elección—, empiezan a tener dudas irracionales de su propia valía. Este miedo absurdo a la soledad les produce una enorme ansiedad, a veces, solamente por el hecho de pensar en la posibilidad de quedarse solos. Así que, para evitar que esto suceda, aceptarán cualquier condición o situación con tal de mantener a la otra persona a su lado. Es decir, para no volver al mercado, son capaces de malvender su pescado.

En serio, creo firmemente que la archimillonaria industria de Disney debería indemnizarnos a las damnificadas por la romantización del amor que lleva haciendo, ya no años, sino décadas. Parte de la culpa de este tipo de relaciones la tienen los mitos del amor romántico. Nos hemos criado viendo películas de «chica conoce chico», tópicos hollywoodienses y comedias pastelonas donde los protagonistas se aman y se pelean, pero siempre hay una fuerza superior que los une. Por más vicisitudes que se encuentren a su paso, el amor es tan fuerte que puede con todo, contra viento y marea. Las letras de las canciones de desamor están llenas de este tipo de mensajes, donde es imposible vivir sin el ser amado. Interiorizar esta clase de premisas nos lleva a concebir que el amor es sufrimiento, es dolor y es estar enganchado a una persona como yo lo estoy a las palmeras de chocolate.

El amor todo lo puede. Que el amor es fundamental para que una pareja funcione parece casi de Perogrullo. Chica, dime algo que no sepa —por ejemplo, que el verdadero nombre de Chayanne es Elmer—. «Es que nos queremos mucho». Esta frase es una manera de justificar que, por el hecho de quererse, hay que permitir cualquier cosa, y que, aunque tengáis más problemas que un libro de matemáticas, tenéis que estar juntos, porque el amor mueve montañas. Porque es lo que mueve el mundo, ¿a que sí? Pues no, lo que mueve el mundo es el dinero. Sabemos de sobra que tener una relación sana no es fácil y que todas las parejas discuten y tienen sus diferencias, ¿cómo no? Pero también sabemos que el amor no basta. El amor es como el arroz en la paella, es imprescindible, pero solo con arroz no haces una paella. Si al amor no le pones respeto, comunicación, empatía y confianza, entonces, no tienes paella, tienes un arroz blanco de los que te comes cuando te vas de vientre. El único amor que puede con todo es el que te profesas a ti misma, porque es el que te va a ayudar a mandar a tomar por la puerta sur a quien no te valore como te mereces.

Mito de la media naranja. Tenemos la firme convicción de que hay una persona que es absolutamente ideal para nosotros, que nos complementa, con la única con la que podemos ser felices. No vamos a encontrar a otro con el que sintamos una felicidad similar ni que nos haga sentir lo mismo. Creemos que existe alguien por ahí que está hecho para estar con nosotros y que encaja como dos piezas de un puzle, como el puerto y el *pendrive*, como el enchufe y el cargador, donde todo se acopla. Cuando conocemos a alguien con quien congeniamos, empezamos una relación pensando que estamos hechos el uno para el otro. Sin embargo, la perfección es imposible, ni siquiera al principio. Las personas somos distintas unas de otras y siempre surgirán diferencias y conflictos. Que dos personas estén juntas solo es fruto de la casualidad y que sean felices es gracias a su capacidad de serlo, a su inteligencia emocional, habilidades o esfuerzos para entenderse y aceptarse. Creer que existe una media naranja ahí fuera y que, cuando lo veas, te va a mirar a cámara lenta mientras, de fondo, estallan fuegos artificiales, genera una gran ansiedad. Porque ¿y si no lo encuentro? ¿Y si es una persona que ya conozco y no me doy cuenta? ¿Y si mi media naranja estaba ayer en el bar donde fueron mis amigas y yo no lo pude conocer porque me quedé en casa viendo Netflix? O, lo que es peor, ¿y si vive en otro continente? Porque si hay alguien totalmente perfecto para mí ahí fuera, ¿qué posibilidades hay de que esa persona viva en mi misma ciudad o en mi mismo barrio? ¿Y si no me lo cruzo jamás? Esta limitación que nos ponemos a nosotros mismos nos hace creer que nuestro desarrollo personal no depende de nosotros, sino de otra persona que nos hará completos. Y el hecho de que pensemos que hemos tenido la suerte de encontrar a esa persona tan única y tan especial, nos llevará a intentar mantener la relación viva a toda costa. Aunque esté más muerta que la mamá de Bambi.

Sin amor, la vida no tiene sentido. El concepto erróneo de que el amor nos va a cambiar la vida hace que, de repente, todo valga la pena. Como la Cenicienta, viviendo con dos hermanastras más malas que la suegra del diablo y una madrastra que va todo el día con cara de guardar cabezas en vinagre, limpiando mierda y metida en casa. Lo que viene siendo una vida de *ascopena*. Que digo yo, ¿no podría la Cenicienta, con su experiencia, haber buscado un trabajo en una empresa de limpieza, con sus ocho horas, sus vacaciones y sus pagas extra? Y decirles a las hermanastras y a la otra bruja: «vamos a jugar al escondite, porque a mí ya me habéis visto, me vais a comer todo el fuagrás». Pero no, tiene que ser el príncipe el que venga a liberarla de la oscuridad y la miseria. Y su vida da un giro de ciento ochenta grados y todo se transforma. Hasta cuando estamos pasando por una mala racha, hay gente que nos dice «tú lo que necesitas es un novio», como si eso fuese a arreglar tu mierda de vida. Esta idea nos hace creer que el amor surge de la necesidad y de las carencias, y eso es un error. Sí, tener pareja puede hacerte sentir mejor en algunos aspectos, pero si tu vida tiene sentido solo por el hecho de estar con alguien, entonces, estás dándole a esa persona toda la responsabilidad de tu felicidad. Eso es injusto y agotador. Y, sobre todo, caldo de cultivo para que termines desarrollando una dependencia emocional como la catedral de Burgos.

Si tiene celos, es porque me quiere. Tenemos tan asumida la idea de que el amor es pertenencia, es exclusividad y es posesión, que identificamos los celos como un síntoma de amor verdadero. Hasta el punto de que, a veces, los provocamos para hacer ver a la otra persona lo que realmente siente. Resulta natural sentir celos alguna vez, pero no son señal de que estamos muy enamorados, sino más bien de que existe una inseguridad que provoca el miedo a perder a la otra persona.

Los amores reñidos son los más queridos. O, como decíamos de pequeños, «los que se pelean se desean». Esta frase no tiene ninguna justificación si tienes más de seis años —seis años cronológicos, que no mentales—. Es lo que decíamos en el patio del colegio cuando un niño te tiraba de las trenzas, porque, cuando eres un zagalico, es normal que no tengas los recursos suficientes para mostrar tu interés a la niña que te gusta y la única manera de llamar su atención sea tirándole de las trenzas. Pero trasladar esto a la vida adulta en frases que suenan más a dichas por tu tía abuela Adelaida, indica una falta de madurez ante los problemas. Esta creencia solo le da excusas a la persona que está en una relación tóxica para que siga en ella, porque, si nos peleamos, es porque «nos queremos mucho», cuando discutir con alguien a quien queremos no tiene nada de romántico. No, si discutís constantemente, no quiere decir que os queráis mucho, quiere decir que no os sabéis comunicar, que arrastráis conflictos que no habéis sabido solucionar e incluso puede que no os respetéis.

El hecho de estar en una relación dependiente hace que pensemos que no podemos afrontar la vida sin esa persona. Estar con él se convierte en una necesidad vital, como comer, beber o respirar. Y eso nos lleva a dos dinámicas muy típicas en este tipo de relaciones: una son las relaciones liana, y otra, las relaciones *boomerang*. Vamos a ver en qué consisten.

24

Relaciones *boomerang*

Para repeticiones está el gimnasio, no tu ex.

Ya hemos visto lo que es el refuerzo intermitente en las relaciones de pareja y cómo desemboca en relaciones dependientes. Cuando uno intenta dejarlo, aun a sabiendas de que es lo mejor, al haber ya una dependencia emocional, se crea a su vez una relación *boomerang*. Tú sabes que tu relación es una relación de mierda, te hace daño, sufres más que el logopeda de Mario Casas y, en definitiva, no eres feliz. Porque, como digo yo, que me encanta citarme a mí misma, si te mojan más los ojos que las bragas, ahí no es. Pero, aunque sabes que dejarlo es lo que más te conviene —te lo ha dicho tu madre, te lo han dicho tus amigas, te lo ha dicho hasta tu perro—, estás tan enganchada que no puedes. Cada vez que lo dejas, al poco tiempo vuelves, una y otra vez.

Todos conocemos a alguna pareja así o incluso puede que lo hayas vivido en tus carnes. Lo dejan, vuelven, discuten, lo dejan, vuelven, se tiran los trastos a la cabeza, lo dejan otra vez, ahora sí que sí, se acabó, estoy harta, se reconcilian, vuelven de nuevo, vuelven a discutir, que tienen a los de Pimpinela tomando apuntes. Y así hasta que la cosa empieza a oler peor que un huevo tapado con una manta. En psicología, se llaman «relaciones intermitentes» y, además de tóxicas, son profundamente adictivas.

Primero, si rompéis, es porque tenéis un problema, porque hay algún conflicto que no habéis conseguido resolver. A causa de la dependencia emocional, volvéis a estar juntos sin aseguraros primero de que ese problema se ha resuelto. Porque, si no se soluciona, volverá a salir la mierda a flote en cualquier otro momento y eso hará que rompáis de nuevo. Lo que motiva el regreso no es que las cosas hayan cambiado, que el problema que ocasionó la ruptura se haya resuelto, sino el hecho de echarse de menos y de no ser capaces de tolerar el vacío que provoca la ruptura. Cuando hay dependencia, el problema en sí ya no importa, porque la dependencia ES el problema.

Imagina que rompisteis porque él es muy celoso. Su exnovia le ponía los cuernos hasta con las farolas de la calle y él aprendió a desconfiar y a ver señales de infidelidad por todas partes. Era más paranoico que un pavo oyendo una pandereta. Te preguntaba dónde habías estado, se mosqueaba cuando hablabas con algún chico más de la cuenta y, si te veía mirar el móvil y sonreír, enseguida pensaba que estabas tonteando con alguien, cuando, en realidad, estabas viendo un vídeo de una gallina corriendo en zapatillas. Esa situación, al final, te tenía ya hasta el ñoqui y lo mandaste a que lo aguante su madre. Juraste que nunca más volverías con él, que te tenía harta, que no podías más; que, antes de volver, preferías meterte a monja repostera y hacer *cupcakes* marianos, fueron tus palabras exactas. Pero, conforme pasaban los días, empezabas a echarlo más y más de menos —idealización, *pa* qué te quiero—, y solo recordabas los momentos buenos. Y no se te ocurre otra cosa que escribirle para ver cómo está, es que el pobre, después de la ruptura, se quedó fatal, igual te pasaste. ¿Que quieres saber cómo está? Y una mierda. Tú lo que quieres son tus píldoras de metadona y, cuando te das cuenta, estás en la cama con las bragas por los tobillos, él encima y tú echando pompas por el congrio. Has tardado poco en olvidar que hace una semana te tenía hasta el panetone con tantos celos y tanta escena de drama siciliano.

Habéis vuelto por septuagésima vez. ¿Qué te hace pensar que, en esta ocasión, va a funcionar? ¿Por qué crees que va a ser diferente a otras veces? Lo primero que hay que tener en cuenta es si se ha resuelto el conflicto que os separó. Habéis vuelto porque eso significa dejar de sentir el dolor que te provocaba su ausencia, pero lo habéis hecho sin hablar las cosas, sin analizar qué os llevó a romper, sin propósito de enmienda y sin saber cómo vais a arreglar los problemas de comunicación, de confianza y de inseguridades que os hicieron poner fin a la relación. Estáis más perdidos que la maldad de Winnie the Poo.

Así que, si acabas de descubrir que estabas en una relación dependiente, eso no quiere decir que no se pueda salir de ella y romper el círculo vicioso. Vas a salir de esto igual que yo conseguí salir del Ikea aquella vez me perdí y pude sobrevivir comiendo arenques a la mostaza. ¿Qué puedes hacer para salir del agujero?

Identificar las relaciones intermitentes. Ya hemos visto algunas pautas para detectar cuándo estás en una relación dependiente o *boomerang*. Además, es necesario reconocer a tiempo las que te vayas a encontrar en el futuro. Porque, si hay algo bueno que tiene ir cumpliendo años y experiencia, es que empiezas a ver mal de cerca, pero, a los impresentables, los ves venir de lejos. Si conoces a alguien y empieza a manifestar este tipo de conductas: se va, lo dejamos, vuelve otra vez, ahora te quiero mucho y estoy arrepentido, ahora me he muerto, ahora te odio, ahora te quiero, ahora me ha abducido un ovni... Mi consejo es que huyas sin mirar atrás. Pregúntate si realmente te compensa el sufrimiento que esta relación te ocasiona. Obvio que es una pregunta retórica, ya te lo digo yo: no, no compensa. Y lo mejor que puedes hacer es ser tú la que desaparezca. Para siempre. Pero, si ya te encuentras inmersa en una de ellas y ves jodido poder romper con la dinámica de la dependencia, tendrás que tener en cuenta algunos puntos adicionales.

Contacto cero. Ya hemos trabajado este aspecto, pero, en esta situación, es vital y no negociable. Aquí no valen excusas, estás en una coyuntura tan vulnerable que cualquier cosa te hará recaer, así que es primordial dejar la tentación bien lejos, fuera de tu alcance. Me da igual si tu ex es tu asesor financiero, contacto cero total y sin paliativos.

Trabajar la autoestima. Hemos visto este punto con más detalle en el capítulo 18. Aunque tengamos un estilo de apego nada adaptativo, eso se puede arreglar. Se lleva a cabo mejorando la relación que tenemos con nosotros mismos y queriéndonos por encima de todas las personas. Y debemos saber que, cuando alguien no nos corresponda ni nos dé lo que merecemos, tenemos que dejar de apretar la palanquita esperando nuestro premio, dejar de mendigar amor e ir a buscarlo a otro sitio donde sí nos valoren.

Pedir ayuda profesional. Si te ves envuelta en este tipo de dinámica en tu relación y ya has intentado muchas veces salir de ella sin éxito, casi con toda seguridad te digo que no hay un manual que te vaya a ayudar, porque vas a necesitar un enfoque personalizado y alguien que te dé la mano en el camino. Plantéate si necesitas asistir a terapia, ya que es muy posible que este vínculo, más tóxico que una sopa de cigarrillos, solo pueda ser tratado con un trabajo en profundidad. Con ayuda de un terapeuta, te resultará más sencillo identificar el círculo vicioso de la dependencia y reforzar tu autoestima para salir del agujero, y que la última vez que rompáis sea la última, pero de verdad. Una y no más, santo Tomás.

25

Relaciones liana

> Usaste una persona para olvidar a otra. Y ahora tienes
> que olvidar a dos.

Defínase como relación liana aquella que no acaba hasta que no tienes bien afianzada la siguiente. Es dejar a tu pareja por una tercera persona y, a su vez, a esa tercera persona por una cuarta, como Tarzán en la selva saltando de rama en rama, no sueltas la liana hasta que no tienes bien asegurada la otra, no vaya a ser que te caigas al abismo negro de la soltería. No, soltería no, por favor, ¿qué dices? Terror, miedito. *Vade retro*.

A mí me gusta imaginar las lianas como si fueran penes. Soy así de romántica.

Cuando uno deja una relación, una cosa es intentar recuperar el tiempo perdido dándole mambo al aguacate y otra es buscarle un sustituto a tu ex a toda costa, cambiándolo por otra persona, como si fuera una vacante de conserje. Generalmente, las personas que empiezan una relación liana no son plenamente conscientes de ello. Necesitan sentirse queridas, que alguien las consuele y obtener algo parecido a lo que tenían con su expareja. Estas relaciones suelen estar abocadas, en la mayoría de los casos, al fracaso, porque no son relaciones basadas en el enamoramiento, sino en la dependencia y la necesidad. Embarcarte en una relación nueva cuando todavía no has superado la anterior no es más que una desesperada huida hacia delante. Y, teniendo en cuenta que vas cuesta abajo y sin frenos, es más que probable que acabes estampada contra un muro.

Que una persona empiece una relación inmediatamente después

de haber acabado otra no quiere decir, por fuerza, que sea una relación liana. Ya hemos hablado de que hay veces que el duelo de la ruptura se elabora antes de dejarlo. Hay parejas que se pueden pasar años entre estertores y, cuando la historia finalmente acaba, uno ya ni siente ni padece. Esto no quiere decir que se estén enmascarando sentimientos, sino que el duelo ya se hizo previamente y se puede estar plenamente preparado para iniciar algo nuevo. Esto no tiene por qué ser un problema si el duelo está lo suficientemente avanzado o, incluso, cerrado del todo.

Sin embargo, si miramos a nuestro alrededor, todos conocemos a alguien que no ha estado soltero ni un solo minuto de su vida, que no sabe lo que es estar sin pareja, porque, en cuanto termina una relación, se lanza a la búsqueda desesperada de otra persona. Y, además, lo encuentra, oye. Yo no sé si es un tema de feromonas o qué, la actitud o la mirada, pero hay personas que parece que tienen un cartel luminoso, el de «salida de emergencia» concretamente. Les falta cantar «Desesperada», como Marta Sánchez. Y, además, hoy en día, esto es muy sencillo, porque tenemos a nuestro alcance un amplio catálogo de opciones, de plataformas para singles, páginas para solteros exigentes o más feos que la parte de arriba del melón. No importa, se meten en cualquiera de estas páginas tirando los tejos como mi madre la zapatilla, buscando novio haciendo pesca de arrastre, *to pa mí*. Y, seguramente, no tardan en encontrar a alguien eliminando todo tipo de criterio de selección y centrándose únicamente en cubrir una vacante, da igual quién sea. Créeme que es muy fácil encontrar otra pareja si bajas el listón lo suficiente. O si lo quitas, directamente.

Así que, si piensas que por encontrar a otra persona rápidamente has conseguido pasar por el desierto del duelo en una alfombra mágica, déjame decirte que todas las emociones y sentimientos que no elaboraste están ahí, en una mochila de piedras que llevas a la espalda. Es casi como empezar una relación en el mismo punto que lo dejaste, con tu ex todavía idealizado y pretendiendo que otra persona que no es él ocupe su lugar. En el amor, hay que limpiar la última mierda antes de volver a cagarla de nuevo.

Este tipo de conductas suelen darse en personas con problemas de dependencia emocional y baja o nula tolerancia al dolor afectivo, que no saben enfrentarse y disfrutar de su soledad y que necesitan a una pareja para encontrar su identidad. Normalmente, suelen atraer a personas en la misma situación, lo cual no es buena idea. Es como juntar grasas con carbohidratos, Mentos con Coca-Cola, una mala combinación. Porque, aunque la nueva pareja intuya o se dé cuenta de que algo no va bien, suele aguantar y aguantar esperando que las cosas cambien. Algo que, evidentemente, no va a pasar porque hay muchas cosas que no se han trabajado bien y que no se van a resolver solas. No haber gestionado bien el duelo es un riesgo para la nueva pareja, que tal vez sí que se enamora. En este caso, lo que estamos consiguiendo es que al nuevo clavo le den un martillazo.

También hay que tener en cuenta que, aunque una relación fracase, no quiere decir necesariamente que se acabe. Hay relaciones que no funcionan, que se pueden tirar años enganchados en dinámicas tóxicas o dependientes, yendo, volviendo, dándose mil y una oportunidades y esperando en vano que las cosas funcionen algún día. Porque alguien que se engancha a ese tipo de relación también lo tiene muy difícil para tomar la determinación de decir «hasta aquí hemos llegado».

Cuando una relación llega a su fin, necesitamos elaborar el duelo y eso se hace en soledad, pasando por las fases necesarias y sintiendo las emociones que tengamos que sentir, trabajando nuestra autoestima y nuestra independencia más allá de la persona de la que ahora mismo nos sentimos dependientes. Hace falta un periodo de reflexión, de procesar la nueva situación, y esto resulta incompatible con empezar una relación nueva. Por más que no nos guste, la única forma de pasar con éxito el duelo afectivo es cogiendo a la soledad por las pelotas.

SÉPTIMA PARTE

DUDAS

26

¿Cómo repartimos los amigos?

> Los amigos es la forma en la que Dios se disculpa
> por algunos parientes.
>
> Jay McInerney

Habéis repartido un montón de cosas: los muebles, libros, enseres, las ollas de cocina, habéis dividido hasta la hipoteca, pero ¿qué se hace con los amigos? Lo normal en una pareja que lleva mucho tiempo junta es que los amigos de uno acaben siendo los amigos del otro y, cuando sobreviene la ruptura, a ver cómo hacemos para repartir eso. Y máxime cuando los amigos van a ser un pilar fundamental en la recuperación de ambos. Vamos, que los necesitas.

Los amigos no son como el menaje y las sartenes, que es posible repartirlos y llevarse cada uno la mitad. Se puede considerar que, junto con los hijos y las mascotas, los amigos son algo más que debemos añadir a la lista de daños colaterales.

Tus amigos siempre han estado presentes en tu vida. Te han sujetado el pelo cuando vomitabas estando de fiesta en un baño comido de mugre como el de *Trainspotting*, os han caído mal las mismas personas, han soportado tus interminables audios, se han descojonado de ti cuando te has caído en la calle. Juntos habéis reído, llorado, os habéis emborrachado. Siempre van a ser tus amigos, porque saben tantas cosas de ti que, si algún día dejan de serlo, tendrías que matarlos a todos. Lo cual es un engorro que flipas. Además de ser un follón, en una ruptura, tu autoestima se va a quedar más jodida que las sandalias de Kunta Kinte, por lo que es importante rodearte de gente que te valore y te quiera bien. Así que los necesitas.

LOS AMIGOS COMUNES

Los amigos que son tanto de uno como de otro, en teoría, deben ser completamente neutrales en la ruptura y no posicionarse de parte de ninguno de los dos, apoyar y acompañar a ambos miembros de la pareja sin juzgar y sin meter cizaña. Claro, y el dinero no da la felicidad, el sexo estropea la amistad y el chocolate no engorda porque viene de una planta, con lo cual, cuenta como ensalada. Y luego voy y me despierto. Porque esto será la teoría y lo ideal en los mundos de Yupi, donde ni tú ni yo vivimos. Todos sabemos que, en la práctica, es más probable que yo me haga cantante de electro latino a que exista imparcialidad por parte de personas que, al fin y al cabo, no dejan de estar implicadas afectivamente con vosotros. Los amigos, por mucho que os quieran a los dos, siempre querrán más a uno que a otro, bien por la cantidad de años de amistad, por afinidad o porque uno de los dos se ha portado como el culo y ellos se terminan posicionando.

Una separación siempre produce cambios en todo el entorno social de la pareja y el círculo de amigos se reorganiza, se desordena y se recompone. Así que, en casi todas las rupturas, sucede que los amigos que son de ambos tienden a reaccionar de manera diferente dependiendo de a quién de los dos sienten que «pertenecen». A la hora de la verdad, los amigos que eran de tu ex y, con el tiempo, acabaron siendo tuyos también es más que probable que tomen partido por él y acaben apoyándolo y respaldándolo más, quedando con él y no contigo u organizando planes «olvidando llamarte», por la sencilla razón de que tu ex tiene antigüedad en el grupo. Entonces, te encuentras con que, además de hacer el duelo por la muerte de tu relación de pareja, te toca hacerlo también por esos amigos a los que quizá ya no vuelvas a ver. Aunque sea doloroso, hay que tomárselo como una especie de pérdida de la custodia de esos amigos y asumir que algunos empiecen a esfumarse. No los culpes, el hecho de que se hayan alejado de ti no significa que no te quieran o no te echen de menos, sino que han optado por ponerle las cosas más fáciles a la otra persona, que es con la que tienen el vínculo. Porque, seamos claros y a todos nos pasa, en las rupturas, lo que esperas de tus amigos es que aborrezcan a tu ex, como mínimo, lo mismo que tú. Por el momento, tenemos que centrarnos en aquellas personas que sí han permanecido a tu lado aguantando tus neuras, que no es poco.

Sin embargo, si vuestra ruptura se ha movido en el más civilizado de los escenarios o habéis decidido seguir compartiendo grupo de amigos en común, hay una serie de pautas que te van a ayudar a manejar mejor la situación.

No fuerces la amistad con tu ex. Voy a repetir hasta la extenuación que no es buena idea intentar mantener una amistad mientras estás en proceso de duelo. Este punto quedará mejor explicado en el capítulo 28. Aunque tengáis intención de ser amigos en el futuro, mientras te siga doliendo, es preferible que la relación se quede en algo cordial. Para ello, tendréis que hacer algo propio de las personas civilizadas y que acostumbra a ser la solución para casi todo: hablar. Poned límites claros. Hay que dejar cristalino hasta qué punto puede llegar esa cordialidad entre vosotros. Desde cómo os debéis saludar hasta si podéis hablar de otros ligues o posibles futuras parejas delante del otro. Estos límites se pueden ir renegociando conforme vaya pasando el tiempo y los dos avancéis en el duelo.

Desahógate con vuestros amigos comunes, pero no lo pongas verde. No te sientas culpable por contar cómo te sientes si lo necesitas, por más que sean amigos de los dos. Tienes todo el derecho a compartir tu versión de la historia, pero no los obligues a posicionarse de tu parte ni lo pongas a caer de un burro. No olvides que también son amigos suyos y no mola nada que pongan a parir, delante de ti, a alguien a quien tienes cariño. Con eso solo lograrás que se distancien de ti, y te quedes más sola que Jeffrey Dahmer en un casting de *Masterchef*.

No cuentes cosas que no quieras que tu ex sepa. Por muy amigos tuyos que sean, a cualquier persona le gusta más un cotilleo que a una choni una foto en el baño y tu ex se puede acabar enterando. Tampoco los utilices para lanzarle indirectas, mandarle mensajes o para hacer de espía y averiguar cosas. Aparte de ser terriblemente inmaduro, podría darse el fenómeno del teléfono roto, es decir, que llegue a tus oídos información distorsionada a base de pasar de boca en boca. De la misma manera, prepárate para enterarte de rebote de algunas cosas sobre tu ex que no te hagan puñetera gracia.

No conviertas cada reunión de amigos en la casa de las dagas voladoras. Nadie pretende que seáis los mejores amigos del mundo después de romper; de hecho, de conseguirlo, seríais la excepción y no la regla, pero de ahí a que cada vez que lo tengas delante pongas cara de que te han subido el IBI, va un trecho. No hace falta que seas Miss Simpatía, pero tampoco que le escupas en un ojo. La cordialidad es la clave. Si no, la cosa puede acabar más tensa que el pezón de un arquero y solo conseguirás que no te llamen ni los de Vodafone.

No te fuerces si ves que no te hace bien. Si el hecho de seguir compartiendo círculos sociales te mantiene atada al pasado o encontrarte con él cada dos por tres te hace estar más incómoda que Doraemon en un control de aduanas, es mejor que te alejes durante un tiempo o dejes de asistir a las salidas de grupo. Puedes hablar con las personas con las que tengas más amistad y ver cómo podéis seguir en contacto. Puedes optar por acudir a esas reuniones donde sabes que él no va a estar u organizar tú algo con los amigos que quieras mantener, sabiendo que tu ex no irá. Ten por seguro que todos entenderán la situación y el que no lo entienda igual tan amigo tuyo no era.

LOS ANTIGUOS AMIGOS PERDIDOS

Es muy habitual que, después de una relación larga, tus amigos no sepan ni dónde andas. Dejar de lado a los amigos priorizando por completo a la pareja es una conducta más que recurrente. Cuando se empieza una relación, es normal que pasemos menos tiempo con nuestros amigos, por una simple cuestión de gestión del tiempo. Una no puede clonarse, como la oveja Dolly, y el tiempo libre más bien escasea. Cuando uno está soltero, está disponible prácticamente todo el día y mantiene más contacto con ellos. Si aparece una pareja en nuestras vidas, es normal que empieces a degradar a las amistades a un segundo plano y sin sentirte particularmente mal por ello, porque es la norma. No es algo que uno haga adrede, es tan solo que, cuando te llaman para ir a cenar, salir o hacer una escapada de finde, siempre les dices que no puedes, porque ya habías hecho planes con tu chico. Con el tiempo, poco a poco, dejan de contar contigo porque llevas meses que no se te ve el pelo. Cuando te das cuenta, ha pasado un año sin saber nada de ellos porque dedicaste todo tu tiempo y energía a tu nueva relación.

Sin embargo, cuando la relación acaba, te das cuenta de que no tienes a nadie a quien llamar, ni a las tres de la mañana ni a ninguna otra hora, porque la última vez que quedaste con el grupo de siempre, Marta no estaba embarazada y ahora te enteras de que el niño está haciendo la mili en Ceuta. Y llamar a uno de tus compañeros de trabajo con los que no tienes demasiada confianza te resulta un poco humillante. Asúmelo, te has quedado más sola que el clítoris de una monja. Llegados a este punto, no me queda más remedio que darte un pequeño tirón de orejas. Los amigos son la cosa más valiosa que hay y dejarlos de lado cuando aparece alguien en tu vida es una cagada suprema. Pero también es cierto que nunca es tarde, que todos somos humanos, que a quién más y quién menos le ha pasado alguna vez y que todavía estás a tiempo de arreglarlo. O, al menos, de intentarlo.

Si esta es tu situación, contacta con ellos de nuevo y cuéntales lo que te ha pasado. Piensa en la persona con la que tenías más confianza y llámala. Puede ser duro, te dará un palo que flipas y te costará dar el paso, es normal. Plantéate qué pasaría si la situación fuera al revés, que un amigo de toda la vida, del que no sabes nada desde hace años, te llama hecho un mar de lágrimas para decirte que su relación ha volado por los aires. Sin duda, lo apoyarías y lo recibirías con los brazos abiertos, porque en eso consiste la amistad. No pongas excusas y asume tus errores. Dile que lo estás pasando mal y que los necesitas. Seguramente, lo va a entender porque es algo que, en menor o mayor medida, nos ha pasado a todos. Superar la ruptura de una relación de pareja sin la ayuda de tus amigos es más difícil que darle una pastilla a un gato, así que merece la pena intentarlo.

Lo bueno de los amigos es eso, que por definición, la amistad suele ser incondicional y los verdaderos amigos nunca te darán la espalda, aunque te hayas portado como un auténtico necio. A los amigos no hay que demostrarles nada y, como hay confianza, pensamos que ellos van a pasar por alto cualquier falta de consideración por tu parte. Posiblemente, sea así, pero si vuelves a hacer lo mismo la próxima vez que tengas pareja, lo más probable es que los pierdas para siempre.

LOS AMIGOS PROPIOS

Si has tenido la suficiente inteligencia emocional como para cultivar y conservar a tus amistades durante la relación, y has mantenido tus propias parcelas de vida privada, lo vas a tener mucho más fácil en este sentido. El fin de tu relación ha dejado un hueco en tu vida en forma de maravilloso tiempo libre y qué mejor modo de rellenarlo que pasando tiempo con esa panda de brujas —y brujos— adorables.

Los amigos y también la familia más cercana pasan por su propio proceso de duelo cuando una relación se acaba. No con la misma intensidad, como es lógico, pero, de alguna manera, su vida también cambia. Se producirá un proceso de selección de amigos y algunos se perderán por el camino porque, en cuanto empieces a darles el coñazo con lo mal que estás y tengan que aguantar por trigésima cuarta vez el relato lacrimógeno del día que te dejó, algunos saldrán por patas. Te voy a decir una verdad amarga: a muy poca gente le importa el alma en pena llorosa y cubierta de mocos en la que te has convertido. Muchos se limitarán a enviarte emojis de caritas tristes, a decirte frases que suenan a sacadas de un sobrecito de azúcar y a preguntarte, con cierto tono condescendiente, cómo estás —sin intención ninguna de quedarse a escuchar la respuesta—, pero, en general, nadie quiere oír hablar de tu desastrosa vida sentimental. Si hay alguien dispuesto a tragarse el relato de tu ruptura por enésima vez, convenientemente documentada con pantallazos de conversaciones de WhatsApp, es porque quiere tirarse a tu ex y está intentando averiguar si la relación está realmente muerta o porque es un amigo de verdad. En este caso, hay dos tipos de amigos que es necesario que identifiques y que seas consciente de lo bueno que aporta cada uno.

Amigos ultras. Son esos que tienen tal grado de lealtad contigo que serían capaces de perseguir a tu ex, cortarle los huevos y hacerse un espeto. Cualquiera que te haga daño es como si se lo hiciera a ellos mismos y, automáticamente, pasa a ser el enemigo. Viven tu sufrimiento como si fuera suyo. Tú siempre eres la buena, hagas lo que hagas, y tu ex es un cabrón que se merece el garrote vil. Son los típicos a los que puedes llamar a cualquier hora, hayas hecho lo que hayas hecho —para deshacerte de un cadáver, también—, y te apoyarán en todas tus decisiones de mierda, que no son pocas. Su lema es «por mi amiga, MA-TO». Es tan alta su implicación contigo que, a menudo, pierden la perspectiva por completo. Recuerdo estar con uno de mis mejores amigos, inmersos en una conversación en la que yo me estaba desahogando y casi seguro que poniendo a alguien a caer de un burro, y le pregunté: «¿Tengo razón o no?». Él me contestó una frase que jamás olvidaré: «A mí me da igual quién tenga razón. Mi amiga eres tú». Estos amigos son fundamentales en las fases iniciales de la ruptura, porque son un tremendo apoyo emocional. Muchas veces, una no necesita soluciones, solo necesita que la escuchen y le den la razón, con una buena guarnición de insultos e improperios para acompañar. Sienten una comprensión total y odian a tu ex tanto como tú, y son maravillosos para soltar la ira y hacer un buen aquelarre, que siempre viene bien. Si no tienes una amiga así, el centro de salud debería asignarte una de oficio. Pero conforme vas avanzando en el proceso, es importante empezar a dejar atrás la rabia y tener unos amigos tan pasionales te puede dificultar el pasar página. Así que sé consciente de lo que aportan y quédate con eso, que no es poco, pero sin dejar que la carga emocional te nuble los posibles avances.

Amigos conciliadores. Te quieren, por supuesto, pero tienen una visión más constructiva de la situación y son capaces de apoyarte y aconsejarte desde el respeto y el sentido común. Es muy posible que te digan cosas que no te gusten o que no quieres oír en este momento. Si creen que estás siendo demasiado dura con tu ex, te lo van a decir; si no tienes razón, te lo van a decir; y si la estás cagando, te lo van a decir también. Escucha a estos amigos, aunque, a menudo, a tu parte más vehemente le resulte tentador refugiarse en los otros. Te ayudarán a relativizar y a llegar a conclusiones a las que no habrías alcanzado tú sola. Y, sobre todo, a centrarte en lo que de verdad importa, o sea, tú.

Ahora que tenemos localizados a nuestros amigos, vamos a designar lo que yo llamo tu «persona salvavidas». No tiene que ser una persona vitamina, puede ser más tóxico que chupar una pila, eso da igual, lo primordial es que sea amigo tuyo, que te conozca bien, que no te juzgue y que te pueda coger el teléfono a cualquier hora y las veces que haga falta. Si eres más pesada que un maratón de la tuna, en lugar de una persona, casi mejor designa a dos, porque, si es una sola, puede acabar de ti hasta el cimborrio. Esta es la persona —o personas— que será tu contacto de emergencia en caso de que te dé el bajón, desfallezcas o te entren ganas de presentarte en casa de tu ex con un ramo de flores y un grupo de mariachis.

27

¿Debo volver con mi ex?

Volver con un ex es, a veces, como ducharse y volver
a ponerse las bragas sucias.

Hay gente a la que le explota la cabeza con la sola idea de volver con su ex. Siempre nos reímos con una de mis mejores amigas, recordando cuando su ex, después de que la relación estaba más acabada que Las Grecas, le pidió que volvieran a intentarlo. La respuesta de mi amiga, tan espontánea como innecesaria, fue «¡uf, no, qué asco!», acompañada de una expresión facial de estar cogiendo la escobilla del váter por el lado marrón. Y es que hay veces que romper con alguien con quien eras completamente infeliz se vive como el fin de una vida a la que ni de coña querrías volver.

Si ese es tu caso, me alegro por ti, una duda menos. Sin embargo, la mayoría de las parejas se hace esta pregunta muchas veces durante el duelo afectivo. Y esto no siempre obedece a que realmente queremos retomar la relación. Tu cerebro tiene tal desajuste químico durante la ruptura que es muy fácil confundir las cosas. En algunas situaciones, esta pregunta tiene sentido y, en otras, es un error garrafal. No hay una respuesta a esta incógnita, porque, como hemos dicho hasta la saciedad, cada relación es distinta y cada duelo también, así que hay veces en que la pareja puede volver a funcionar después de un tiempo separados. Si algo nos ha enseñado Jennifer Lopez, aparte de que se puede tener el culo para partir nueces a partir de los cincuenta, es que una ruptura no siempre es el fin de una relación ni tiene por qué ser una decisión innegociable.

Vamos a centrarnos únicamente en las relaciones sanas que, como todas, tienen sus momentos de tensión y sus discrepancias. Pueden ser varios los motivos por los que sientes que deberíais volver a intentarlo, pero no todos son válidos para lanzarte a la piscina.

¿HA PASADO TIEMPO SUFICIENTE DESDE LA RUPTURA?

Si ha pasado algo de tiempo desde que lo dejasteis, digamos, un tiempo prudencial que os haya permitido a los dos superar el duelo, podréis encontraros en un estado mental diferente. Y cuando digo un tiempo prudencial, digo seis meses, no seis días. Si la ruptura es reciente, es más probable que la razón para volver juntos esté motivada por la dependencia emocional. Cuando estamos curando las heridas, es prácticamente imposible ver la situación con perspectiva. Tienes la relación idealizada, todavía andas con el desajuste químico de tu cerebro, estás con el mono y son tantas las rutinas que has tenido que cambiar que solo quieres volver a la comodidad de tus viejos hábitos, a tu zona de confort. Como dije en el prólogo, estás «como vaca sin cencerro» y solo quieres volver a tener tu cencerro, que, aunque te destrozase los tímpanos, te enseñaba cuál era el camino al establo. Básicamente, todavía eres adicta a tu ex, estás vulnerable y no tienes la cabeza fría para tomar una decisión de semejante calibre. Luego, también hay gente con una actitud perdedora y conformista que sigue haciendo caso del viejo refrán de «más vale malo conocido que bueno por conocer». Con ese panorama, es muy probable que confundas el verdadero amor con lo que, a decir verdad, es una reacción normal de tu cerebro en pleno proceso de desintoxicación. Una vez hayas pasado esa fase, cuando tu desolación y tu amargura no te nublen el seso, podrás volverte a hacerte la pregunta de si realmente ese amor sigue ahí.

En caso de que la conclusión sea que sí, que tus sentimientos por tu ex siguen presentes y le quiero le adoro y le compro un loro, deberemos tener en cuenta otras variables. Porque, como ya he dicho seiscientas veinte mil trescientas ocho veces, que me repito más que un bote de fabada Litoral, el amor no lo puede todo. Si me dieran un euro cada vez que lo he dicho, ahora tendría a Amancio Ortega limpiándome los filtros del jacuzzi. Junto con las Koplowitz. Pero, aunque así sea, y por mucho que quieras a tu ex, eso no es motivo suficiente para volver con él. En ocasiones, ni siquiera es motivo para seguir hablándole. Hay cosas que no se pueden perdonar, situaciones que no se pueden arreglar y segundas oportunidades que nunca deberían llegar. Así que pasemos a la siguiente pregunta.

¿POR QUÉ NO FUNCIONÓ?

Si sientes que todavía sigues enamorada de esa persona, lo segundo que nos debemos plantear es por qué terminó la relación. Porque, si lo habéis dejado, es porque algo no iba bien. Analiza detenidamente cuáles fueron los motivos de la ruptura. Las causas por las que una pareja termina pueden ser muchas, desde infidelidad, faltas de respeto, toxicidad, celos, problemas de adicción, familia, objetivos vitales distintos... ¿Esos conflictos que os separaron ya se han resuelto o están en camino de resolverse? ¿Ves cambios objetivos que te hacen pensar que, realmente, todo va a ir mejor o solo son propósitos de enmienda que pueden quedarse en agua de borrajas? El pasado es como la celulitis del culo, por más que no la mires y la ignores, sigue estando ahí y las causas de la ruptura volverán a asaltar vuestra relación si no las resolvéis de verdad. Una vez pasada la fase de luna de miel, los problemas que teníais sin solucionar volverán a aflorar y te encontrarás de nuevo en el mismo sitio que cuando rompisteis. Y encima, agotada.

En las segundas oportunidades, hay algo que nunca se puede tolerar: la violencia. Si tu ex ha sido violento contigo de cualquier modo: de forma física, psicológica o sexual, jamás, y digo jamás, tendrías que estarte planteando esto. Da igual si han sido pequeñas faltas de respeto, algo esporádico que en su momento decidiste pasar por alto. Por muy insignificantes que te parecieran, la violencia en cualquiera de sus variantes siempre va a más. Huye sin mirar atrás y derrapando en las curvas. Esto es algo que excede la temática de este libro y que, en la totalidad de los casos, requiere de apoyo psicológico. Si ese es tu caso, no te lo pienses y pide ayuda.

¿ECHAS DE MENOS A TU EX O ECHAS DE MENOS TENER PAREJA?

Tener pareja suele aportar cierta estabilidad. Los proyectos de vida en común y una rutina hacen que veamos el futuro menos incierto, aunque esa rutina sea un soberano coñazo. A algunas personas les da cierta sensación de que tienen un área de su vida resuelta, como si fueran los módulos de un máster que hay que completar. Entonces, al tener pareja, creen que su existencia está encarrilada en algún sentido, como si hubieran sentado cabeza. La realidad es que esa sensación de control es totalmente ilusoria, anda que no he visto yo parejas que, de un día para otro, cogen la maleta y se piran dejando a la otra persona como pollo sin cabeza. Puedes tener una vida estable y establecer una rutina tú sola, no necesitas a nadie para eso. Incluso, si me apuras, más estable todavía, porque no depende de que a la otra persona un día le dé un aire y se despierte diciendo que ya no siente lo mismo. Resulta mucho más fácil lograr esa estabilidad si solo depende de ti.

Por otro lado, no olvides que lo que echas de menos no es a tu ex, sino una versión idealizada que tu mente ha creado de los momentos felices que pasasteis. Echar de menos es una parte del proceso de olvidar y, por sí mismo, no quiere decir que debáis volver juntos. Haz un ejercicio de honestidad y piensa si echas de menos a la persona o el hecho de tener una pareja.

¿Habéis invertido mucho tiempo en la relación?

Cuando una pareja lleva junta media vida, han pasado por muchas cosas, tienen una gran cantidad de recuerdos y el vínculo es tan fuerte que no se imaginan el uno sin el otro. En cada momento relevante de sus trayectorias vitales, la otra persona ha estado presente. Hay parejas que llevan juntos más tiempo del que tengo yo de vida, o sea, 23 años. Y es que, a veces, aunque la relación no funcione, parece que romper algo de tantos años equivale a tirarlo todo por la borda. También, el hecho de tener lustros enteros en común hace que parezca —e insisto en lo de «parezca»— que merece la pena volver a intentarlo. No digo que no pueda ser un factor a tener en cuenta, pero, desde luego, no debería ser el único. Así que, si te estás planteando volver con tu ex porque llevabais juntos quince años, pregúntate si de verdad quieres ser infeliz otros quince años más.

¿SIENTES PRESIÓN EN TU ENTORNO?

Los círculos más cercanos, especialmente si son tradicionales o religiosos, pueden ejercer presión para que no termines tu relación. Las ideas de que el amor es para siempre y que, si te divorcias, eres poco menos que una leprosa a la que la gente va a señalar con el dedo por la calle, hace que nos cueste mantenernos firmes en la decisión de no volver.

Incluso aunque tu entorno sea una panda de hippies poliamorosos, también puede que quiera que vuelvas con tu ex y, sin ninguna mala intención, te manden mensajes que acaban calando en tu cabeza como una gota malaya. Cada vez que vas a casa de tu madre a comer los domingos, la misma cantinela. «Ay, hija mía, qué mal que lo hayas dejado con Javier, con lo buen chico que era. Mira que era majo, ¿a ver dónde vas a encontrar uno igual? Con lo mal que está el patio, a tu edad...». Por mucho que tengas la personalidad a prueba de balas y el culo pelado de lidiar con este tipo de comentarios, si es todo tu entorno el que te bombardea, al final, eso acaba nublándote el juicio y haciéndote dudar de tu propia realidad. Y terminas pensando que, a lo mejor, es verdad que te equivocaste dejando escapar a semejante partidazo.

Es normal que tu familia y amigos pongan en tela de juicio vuestra decisión de cortar, porque ya se habían hecho a la idea de tener a esa persona en sus vidas y porque puede ser que le hayan cogido hasta cariño. Yo te digo que tengo amigas que, si cortan con sus parejas, me darían un disgusto tremendo. A mí, que no soy ni su madre ni nada. Y aunque sea de forma muy sutil, eso es chantaje emocional y ejerce una presión sobre ti que es injusta y extenuante. No podemos olvidar que es tu relación, es tu decisión y es tu vida. Así que no te cortes en decirles que ya ha quedado claro su mensaje, pero que la decisión está tomada y que no vuelvan a hablarte más del tema, porque no te están haciendo ningún bien. Como decía mi abuelo, más vale una vez colorado que cientos amarillos.

¿TE DA MIEDO NO CONOCER A NADIE MEJOR?

Y si no conoces a nadie mejor ¿qué? Dice el viejo refrán que mejor sola que mal acompañada. Aun poniéndonos en el peor de los casos y suponiendo que no encuentres a nadie mejor, ¿eso justificaría tener que conformarte con alguien que no te hace feliz? Estar en pareja no es necesario, no es algo sin lo que no se pueda vivir. Cuando tenemos un trabajo de mierda, es normal aguantar hasta que encontremos otro que nos haga más felices o nos encaje más, y si eso no ocurre, nos toca quedarnos ahí, por más insatisfacción que nos produzca. Porque el trabajo lo necesitamos, no se puede vivir del aire ni de absorber energía solar por el ano. Así que, a veces, nos toca hacer de tripas corazón y aguantar esperando que las cosas mejoren. Pero en una relación, no, no es algo que necesites, puedes estar sola perfectamente. La soledad no es ningún castigo, en la mayoría de los casos, supone una auténtica bendición, pero hay gente a la que le da más miedo estar solo que a mí un libro sin dibujos. Si ese es tu caso, quiere decir que tienes muchos aspectos que trabajar para fomentar tu independencia afectiva, entrenar tu amor propio y aprender a valorarte por lo que tú eres y no por tus relaciones.

Así que, si estas dudas llevan tiempo rondando tu cabeza y, después de analizar todos los puntos anteriores, sientes que merece la pena volver, intenta hablar del asunto con amigos o familiares que te conozcan bien, si es que, a estas alturas, aún te aguantan, porque vaya tela, y si no son de los que te presionan, evidentemente. Cuando estamos en un momento emocionalmente tan intenso, nos cuesta ver las cosas con objetividad y, por supuesto, racionalidad cero, así que te vendrá bien un punto de vista externo que te aporte cierto *feedback*. Sobra decir que siempre eres tú quien decide, porque es tu relación y es tu vida, pero si todos tus amigos te dicen que, para impedir que vuelvas con él, serían capaces de encadenarte a un árbol, como Tita Cervera, entonces, igual tendrías que tener en cuenta su criterio y desechar la idea.

Hagas lo que hagas —ponte bragas—, la decisión última siempre es tuya. Pero es importante, antes de hacerlo, conocer las motivaciones reales que te están llevando a querer volver a intentarlo. Si, después de analizarlo, tu intuición salta y tus tripas te dicen que posiblemente no sea buena idea, hazles caso. Podrías estar jugando con las emociones de la otra persona o con las tuyas propias, autoconvenciéndote de que va a funcionar cuando, en el fondo de la patata, sabes que no es verdad. Y es que, a veces, volver con un ex es como cargar el móvil unos minutos antes de salir de casa, puede funcionar al principio, pero sabes que no durará mucho tiempo.

28

¿Podemos ser amigos?

> Los que dicen ser amigos de su ex solo están haciendo
> tiempo para echarles cosas en cara.

En un maravilloso mundo ideal de luz y de color, todos deberíamos ser amigos de nuestros ex. Yo podría ser amiga de los míos si no fuera por esas malditas órdenes de alejamiento. Pero eso ocurriría en una realidad utópica y perfecta, donde las cosas se recogen solas con un chasquido de dedos, como en la película de Mary Poppins, existiera la paz mundial y no tuviéramos que madrugar.

También hay quien dice que es imposible ser amigo de tu ex. Me parece una afirmación de una simpleza apabullante. Ser amigo de un ex no es algo obligatorio, pero tampoco es imposible. A veces, sobre todo en las relaciones de larga duración, la pareja se acaba convirtiendo en un compañero de viaje con quien estabas acostumbrada a compartir cosas. Sin embargo, por más que nos duela y por más que queramos, hay situaciones en las que no vamos a poder ser amigos.

CUÁNDO NO

La relación fue insana. Pero insana de tener que amputar o se gangrena el asunto. Son los casos en los que haya habido una dependencia emocional, maltrato físico o psicológico, o el ex en cuestión sea alguien narcisista, psicópata o cualquier otro subtipo de vampiro emocional. Si ha habido faltas de respeto y tu autoestima ha acabado a la altura de las cuevas de Mordor, entonces, no deberías intentar tener una relación de amistad. Rotundamente no. Que no, Antonia, que no, que no pongas esa cara. La amistad se basa en la confianza, la lealtad y el respeto mutuo. Dos amigos son personas que se conocen y se apoyan el uno al otro, son un lugar seguro, una zona de confort. Si esa persona nunca fue nada de eso para ti, sino más bien todo lo contrario, ¿qué te hace pensar que como amigo va a ser diferente? Si como pareja no fue capaz de aportarte ningún tipo de bienestar emocional y, para más inri, machacó tu autoestima, ¿por qué quieres tenerlo en tu vida? Lo más probable es que la amistad con esa persona te haga sufrir tanto o más que cuando erais pareja. Y lo peor de todo, aprovechará cualquier resquicio, cualquier atisbo de debilidad por tu parte para desestabilizarte y hacerte sufrir. ¿Serías amiga de Hannibal Lecter? No ¿verdad? Sin duda alguna, esperaría el momento en que te vas a echar la siesta para trepanarte el cerebro y pasarlo por la Turmis hasta que se quede como una *vichisuá*. Justo lo que va a hacer tu ex contigo. Después de una relación tóxica, la amistad no existe y todo intento de mantener cualquier tipo de relación o contacto no es más que una excusa que te pones a ti misma para no dejar ir a esa persona. Al enemigo, ni agua.

Tú querías seguir con la relación, pero él no. Cuando aceptamos una amistad con nuestro ex y, en el fondo, lo que queremos es otra cosa, nos estamos agarrando a un clavo ardiendo. Con más moral que El alcoyano, pensamos que, siendo amigos, conseguiremos reavivar la llama o que la otra persona se dé cuenta de cuánto nos ama y cuánto nos necesita. El problema de crearte estas expectativas es que estás tendiendo una trampa a tu ex para, al final, acabar decepcionándote a ti misma, porque eres tú la que te has creado esas falsas ilusiones. Porque las ilusiones son como los macarrones, siempre nos hacemos de más. Es muy posible que, con la excusa de que ser amigos es algo más maduro que no serlo, tal vez estés evitando afrontar tus verdaderos sentimientos. En realidad, lo que sucede es que ese contacto que sigues teniendo con tu ex no te está permitiendo avanzar y puede llegar a convertirse en algo obsesivo o muy dependiente, incluso, cuando la relación en sí no lo fuera. Una buena prueba de fuego consiste en imaginarte que quedas con tu ex a tomar un café, en plan expareja supercivilizada que gestiona sus emociones de puta madre, de los que tienen coach de vida y van a yoga y todas esas cosas. Entonces, le llega un mensaje de una chavala con la que se está viendo y te empieza a hablar de ella y a decirte que la muchacha lo tiene con la próstata en llamas. ¿Cómo te sentirías? Porque, por si no lo sabes, los amigos se cuentan cosas, hablan sobre las vicisitudes de la vida, sobre las personas que están viendo, etc., y hasta se cuentan, con todo lujo de detalles, la última vez que se amorraron al *furbi*. Si pensar en eso te hace sentir con ganas de ponerte a fumar Ducados mojados en arsénico, te estás engañando a ti misma, querida. En el fondo, lo que esperas es que os reconciliéis y todos sabemos que, cuando en una amistad uno de los dos quiere algo más, eso no es amistad, es otra cosa. Y no suele acabar bien casi nunca.

Tú no quieres seguir con la relación, pero él sí. Tal vez crees que, siendo amigos, vas a aplacar tu sentimiento de culpa. No sabes cómo está llevando la ruptura y en qué punto se encuentra, y es muy probable que, si saber de ti todavía le duele, tu amistad le haga más mal que bien. Cabe la posibilidad de que no quiera seguir teniendo contacto contigo y, en ese caso, debes respetarlo. Aunque a ti no te haga daño verle o saber de su vida, es posible que a él sí. En consecuencia, es importante que seas tú quien ponga distancia de por medio para hacerle las cosas más fáciles, porque eres quien tiene la cabeza más fría, «por su propio bien». La responsabilidad afectiva tiene que seguir existiendo incluso cuando la relación ha terminado. Y si esa persona te importa, con más razón todavía.

No has transitado todas las emociones que conllevan una ruptura. Necesitas darte un tiempo en soledad y un espacio para lamentarte y llorar por el fin de la relación, y eso implica sentir todo aquello que es normal en este proceso: tristeza, rabia, frustración, desilusión, rechazo, odio infinito y ganas de quemarle la casa y secuestrar a su perro, sin reprimirlas —por favor, no quemes ninguna casa ni secuestres al pobre perro—. Todos estos sentimientos es mejor gestionarlos sola, sin implicar a tu ex, por que esa versión de vuestra relación ya no existe.

Ha hecho algo que te resulta imperdonable. Si tienes más rencor dentro que un gato recién bañado y cada vez que piensas en él te dan ganas de arle de hostias hasta que los dedos de la mano sean pares, va a ser muy complicado que esa amistad se desarrolle de una manera sana. No digo que no podáis ser amigos en un futuro, puede que sí, pero ahora no. Es necesario que te alejes de él por un tiempo, hasta que esos sentimientos que te devoran por dentro se vayan apaciguando. Más adelante, cuando pensar en tu ex ya no te provoque una subida de leche, podrás valorar si esa amistad te merece la pena.

Cuándo sí

La relación se acabó, pero siempre fue sana. En ese caso, es muy posible que podáis ser amigos. Se trata de una persona que ha formado parte de tu vida, con la que has pasado momentos maravillosos, que seguramente te conoce mejor que tu madre y que te ha ayudado a conocerte mejor también a ti misma. Valora primero, aunque os queráis mucho, si se cumple algún punto del apartado anterior.

Si ya erais amigos antes. Retomar las risas, las confidencias y la complicidad, definitivamente, vale la pena. Se merece estar en tu vida después, pero... No ahora. Primero tienes que sanar, pasar página y, cuando eso haya sucedido, podrás plantearte retomar poco a poco algo parecido a ser amigos y quizá podáis volver al punto de partida.

Valora qué beneficios tiene esa amistad. Como dijo Ana Milán, la amistad no es un premio de consolación de segunda regional. No es el «gracias por venir» de las relaciones de pareja. «La relación se acabó, pero hemos quedado como amigos». Esto equivale un poco a decir «no nos han dado la medalla de oro, pero hemos sacado el bronce». La amistad es tan o más importante que la pareja, un amigo es incluso más sagrado que un novio, porque, sin lugar a dudas, te respetará sobre todas las cosas, te querrá de manera mucho más incondicional y sí te durará toda la vida. Así que valora si tu ex merece ese estatus y si ambos seréis capaces de estar a la altura.

Aunque los dos tengáis claro que queréis seguir siendo amigos, no es algo que deba suceder justo después de la ruptura. Si compartíais amigos y vida social o si vivíais juntos, resulta normal que eches de menos su compañía y, sientas la tentación de llenar esos vacíos con su presencia y la excusa de la amistad. Lo más recomendable es dejar que pase un tiempo y, aunque os veáis con frecuencia porque tenéis amigos comunes o incluso porque trabajáis en el mismo sitio, al principio, suele ser mejor que dejéis esa amistad en *stand by*. Es de vital importancia pasar un tiempo completamente separados, que las emociones se enfríen un poco, reincorporaros al carril de los solteros y sufrir en soledad por el fin de la relación. Incluso en las rupturas más sanas y civilizadas, hace falta un tiempo de avituallamiento para afrontar todas las emociones y los cambios. Si te resulta muy complicado hablar de tu ex sin insultarlo, echarte a llorar o ponerte de los nervios hasta que te empiece a dar vueltas la cabeza como *Bitelchús*, es muy probable que no hayas transitado todas las emociones que implican la ruptura y no estés aún en condiciones para mantener una amistad.

29
¿Cómo ser buen ex?

Madurar es terminar una relación y no hablar mal de
la rata asquerosa esa.

Mucho se habla de las primeras impresiones, pero poco de la importancia de las últimas. Sin embargo, sabes cómo es una persona en realidad por cómo te trata cuando ya no te necesita.

Cuando una relación acaba y pasa el tiempo, no siempre es necesario mantener el contacto ni ser amigos, ser buen ex no tiene nada que ver con eso. Que haya habido una ruptura significa que cada uno tomó su propio camino y, como diría tu tía Angustias, «no estaba de Dios». Eso suponiendo que tengas una tía que se llame Angustias, si no, puedes poner otro nombre y el ejemplo seguirá siendo válido. Una vez la relación acaba, ya no importa quién falló a quién, quién se implicó menos, quién mintió más, quién la cagó más, quién, quién, quién... Stop, solo hay que enfocarse en el futuro, desearle que le vaya bien o, por lo menos, que le vaya como se merece. Ahí lo dejo.

Ser buen ex tiene muchas ventajas. Es bueno para la piel, salen menos arrugas, es beneficioso para el colágeno y la salud mental, y evita que vayas acumulando querellas y órdenes de alejamiento. Además, el hecho de que no sigáis siendo amigos no significa que tengáis que odiaros. Como diría mi madre, hay que tener amigos hasta en el infierno, así que siempre merece la pena tener la fiesta en paz o, al menos, intentarlo, especialmente, si tu ex es inspector de Hacienda o juez del Tribunal Supremo.

No lo pongas a caldo. Sabemos lo tremendamente satisfactorio y liberador que resulta poner a parir a tu ex, pero deja ese ejercicio de desahogo para cuando quedes con las brujas de tus amigas, sí, esas a las que, en otra época, habrían quemado en la hoguera. Porque ¿para qué se tiene amigas si no es para criticar a la gente? En ese círculo, no te cortes, despáchate a gusto, pero evita hacerlo con amigos comunes o conocidos. Tampoco hagas comentarios sarcásticos o referencias a que tu relación ha sido un error. Frases como «ahora que me he quitado un peso de encima, estoy muy bien», «cuando sacas a gente tóxica de tu vida, todo mejora», solo te harán quedar como una niñata inmadura y dejará en evidencia que estás más jodida que la pata de un banco. A la larga, te ganarás el mote de «la despechá» y te cantarán canciones de Rosalía a tu paso.

Evita las indirectas en redes sociales. Ya no eres una adolescente con una pataleta. Es una llamada de atención muy egoísta porque puedes hacer mucho daño y, créeme, desde fuera, resulta muy patético. Este tipo de comportamientos solo lleva a malentendidos y a abrir nuevos conflictos que, a su vez, llevará a conversaciones pendientes, es decir, el cuento de nunca acabar. Cuando una pareja rompe, no solo sufren los componentes. También sufrimos todos los que tenemos que leer sus pullas en Facebook, así que, si no lo haces por ti, hazlo por tus amigos. Recuerda: cuantas más frases de superación pongas, más demostrarás que no has superado una mierda.

No lo busques. Deja que siga haciendo su vida y tú la tuya. Si fue él el que decidió terminar, respeta su decisión y no intentes retomar el contacto. Manipularlo, hacerte la víctima o acorralarlo no va a funcionar. O funcionará dos días, porque si te ha dejado, es porque no quiere estar contigo. Si fuiste tú la que lo dejaste, dale espacio y respeta su proceso de duelo. Por mucho que pensemos en apoyarlo, si nos mantenemos a su lado, la realidad es que podemos hacer mucho daño y solo conseguiremos que acabe más confundido que un guiri en Santa Pola.

Si tú tienes una nueva relación. No intentes darle en las narices. Es mejor llevarlo con cierta discreción, sobre todo, al principio, y deja que pase un tiempo prudencial para hacerlo público en redes sociales. No quiere decir que te escondas, si te lo encuentras de casualidad y te ve, pues mala suerte, pero no te exhibas. Resulta muy tentador que tu expareja te vea con otra persona y feliz. No hay nada en esta vida más placentero que encontrarte con tu ex cuando acabas de salir de la peluquería y vas con un maromo más fuerte que la radio de un geriátrico y que le saca dos cabezas. Pero es mejor que, si eso pasa, se trate de algo casual. No sabes en qué momento de la ruptura se encuentra la otra persona o cómo le puede afectar.

Si tiene otra relación. No te metas. No hay nada que puedas hacer y es una falta de respeto hacia su nueva pareja, que no tiene la culpa de vuestras movidas. Evita hacer comparaciones o comentarios hirientes sobre su físico, por lo menos, en público. Que si yo soy más guapa, que si yo soy más lista, que si no tiene ni la ESO ni un CCC de guitarra, que mírala cómo va vestida, que parece un catálogo de La Tienda en Casa... Eso lo único que demuestra es inmadurez y que tu ego es tan grande que crees que nunca encontrará a otra como tú. Esto incluye no contactar con su nueva pareja para, en lo que tú consideras un acto de sororidad, contarle lo mamón que es su novio y querer advertirle del capullo con el que está, porque —atención, *spoiler*— no te va a creer. Ya somos mayorcitos para decidir con quién queremos estar, ya no es tu problema.

OCTAVA PARTE

CONVALECENCIA

30

Solterofobia

Si no eres feliz solo, tampoco lo serás en pareja. La felicidad no viene de las personas, viene del dinero.

Ser soltero es especialmente complicado en un mundo que está diseñado para dos. Las ofertas de viajes son para dos, las paellas son para dos, los packs del súper son para dos, porque ¿qué pretenden que haga yo con dos docenas de huevos? Cocinar para uno resulta complicadísimo, porque ya hay que ser miserable para hacer macarrones para uno y que te salgan macarrones para uno. Ni hablar de hacer la compra. Si compras un bote de zanahoria rallada, te ves condenada a comer de eso toda la puñetera semana, porque si no, se te pone mala. Imposible ser soltero y tener una dieta variada y equilibrada. Y así vas, que un día te toca comerte tú sola un arroz caldoso que has tardado tres horas en hacer y, al día siguiente, te cenas un paquete de Cheetos. Un desastre. Incluso las actividades para *singles* y cruceros para *singles* están pensados única y exclusivamente para que dejes de serlo. La sociedad nos manda mensajes sin cesar: estás inadaptada, eres la pieza que sobra, la fracasada, el calcetín desparejado, la que no ha encontrado a nadie que encaje con ella. La perdedora, la que tiene alguna tarita, la leprosa del amor. Parece una especie de confabulación para que nos sintamos como un auténtico fracaso por no seguir el rumbo del sistema. Estudios, carrera, novio, boda, niños... ¿Te has quedado atascada en la parte del novio? Sal de ahí cuanto antes y sigue al rebaño. Y tú, mientras tanto, vives con esa presión social de encontrar pareja y con miedo a morir sola en tu casa, asfixiada, intentando salir de un vestido de la talla 38, sin que nadie pueda auxiliarte y con los pulmones aplastados como dos tranchetes.

En el año 2001, irrumpió en nuestras pantallas *El diario de Bridget Jones*. Bridget es, una muchacha regordeta con una autoestima bastante *regulinchi*, que piensa que la solución a todos sus problemas es tener una relación con un hombre. O peor, que como está gorda, eso supone un obstáculo para encontrar el amor y ningún hombre va a quererla y a valorarla por no encajar dentro de los cánones de belleza establecidos. Una mujer independiente, con un trabajo estable, una buena vida social y un piso en Londres para ella sola —y yo he vivido en Londres y os puedo asegurar que el metro cuadrado está más caro que el caviar de Beluga— serían motivos más que suficientes para considerar que has triunfado en la vida. Sin embargo, ella basa su felicidad en encontrar pareja y se menosprecia constantemente por su físico, basando su autoestima en su edad y su apariencia. Este personaje pretendía transmitir las inquietudes de la mayoría de las treintañeras. «¿Me quedaré para vestir santos?, ¿encontraré el amor algún día?, ¿acabaré sola y moriré devorada por mis gatos?».

Yo pensaba que a la mujer liberada y feminista, segura y libre, le suda la cococha la aprobación de los demás y desprecia a las Bridgets de este mundo por ser tan pánfilas, dependientes de un hombre y que no paran de lamentarse de sus kilos de más y su sempiterna soltería. Pues no, el personaje caló en un gran grupo de mujeres que decían, por fin, sentirse identificadas por un personaje de ficción. ¿No es terrible? ¿No significa que no hemos avanzado nada?

Lo peor es que este cliché está todavía hoy muy extendido en la sociedad: mujeres que necesitan a un hombre al lado para sentirse completas y, si no, son unas fracasadas, por muy bien que les vaya en otros aspectos de su vida. Y lo peor no es que las haya, sino que piensen que todas tenemos que ser así. Si estás soltera, para el *establishment* es porque hay algo en ti que no va bien, porque eres insoportable, porque eres una loca o porque eres «demasiado exigente» —¿me puede explicar alguien cómo se puede ser demasiado exigente?—. Estar soltera es como un periodo de transición entre parejas, temporadas de infelicidad de las que hay que salir cuanto antes, por muy a gusto que estés.

Por más que, desde los años noventa, algo hayamos avanzado

—no mucho—, esta creencia sigue estando muy vigente. Las personas solteras reciben mensajes constantemente que van calando en el amor propio y la percepción de ellas mismas, y para los que hace falta una autoestima más dura que la pinga de Pinocho. El final feliz de toda película es cuando los dos protagonistas acaban juntos y, si tú no lo tienes, parece como si te faltase un órgano, como si fueras una pieza de puzle intentando encontrar la que encaje contigo para formar una figura perfecta. Seguimos solteras, pero buscando.

Si llevas mucho tiempo soltera, ¡ay, pobre de ti! No faltará la amiga casada que te mire con cierta compasión y te diga, con una frase llena de condescendencia: «Mujer, ya encontrarás a alguien». Eso, en el *perfi-traductor* simultáneo, quiere decir: «Pobrecita, seguro que es inmensamente infeliz sin pareja» o la frasecita de marras que te sueltan y que, encima, pretende ser un cumplido: «¿Cómo no tienes novio con lo mona que eres?», siempre dando por hecho que, si no tienes pareja, es porque ellos no quieren, no porque no quieras tú. Porque claro, ¿cómo no iba a querer alguien tener pareja? O una de mis favoritas, la amiga que intenta echarte una mano sin que tú se lo hayas pedido y pretende emparejarte con el primero que pasa. «Pues yo conozco a un chico majísimo y soltero, ¿quieres que te lo presente?». ¿Os imagináis por un momento que la situación fuera al revés? «Ay, chica, tan mona y todavía casada... ¿Cuántos años llevas chupando el mismo botijo? Tranquila, mujer, ten paciencia, ya os divorciaréis. Conozco un abogado matrimonial estupendo, ¿quieres que te lo presente?».

Esta situación se repite allá donde vayas, las comidas de Navidad son un tormento con este continuo bombardeo impertinente, a menudo, protagonizado por personas cuya vida sentimental tampoco es ejemplo de nada. Y es que hay mucha gente para la que supone una amenaza ver que el mundo no funciona como ellos creen o, al menos, no todos los mundos.

La Doctora Pérfida, que, como sabéis, además de teorizar aporta soluciones, os va a facilitar una serie de recursos para que afrontéis con entereza las incómodas preguntas de vuestro estado de soltería.

Y tú, ¿cómo estás soltera con lo mona que eres?

- Porque estoy loca. Pero loca, loca, ¿eh? Loca de no aceptar las *cookies* y de echar chorizo a la paella.
- Porque, después de tirármelos, les arranco la cabeza. «La mantis» me llaman.
- Porque me gusta cagar con la puerta abierta.
- Y tú, ¿cómo tienes pareja siendo tan tonta?
- Porque soy mona, si fuera fea como tú, tendría un novio como el tuyo.
- Interesante, ¿quiere eso decir que solo las feas están solteras?
- No sé, ¿y tú cómo que sigues casada?

¿Y el novio para cuándo?

- Y tú, ¿la dieta para cuándo?
- Ya tengo, pero lo tengo encerrado en el sótano y le doy de comer cabezas de pescado.
- Y tú, ¿el divorcio para cuándo? Porque si te metes tanto en mi vida personal, considero justo que yo también me pueda meter en la tuya.
- Es que soy muy solidaria, prefiero ceder los hombres que conozco a las mujeres que necesitan una pareja para ser felices.

¿Cómo no tienes pareja? Eso es porque eres muy exigente.

- En efecto, sigo soltera porque estoy esperando a que Álex González me pida salir.
- Sí, podría aprender de ti y bajar el listón.
- Sí, soy muy exigente, no como otras, que se conforman con un mojón con tal de no estar solas.
- Soy tan espectacular que todavía no he encontrado a nadie tan espectacular como yo.
- Soy polígama, con una pareja solo me aburro.
- Tengo tantas opciones que no sé cuál elegir, es peor que escoger zapatos.

Conozco un chico majísimo, ¿quieres que te lo presente?

- ¿Se llama Henry Cavill o Édgar Vittorino? Porque aquí acaba mi lista de candidatos.
- Conociendo a tu novio, no sé si fiarme de tu criterio.
- Y si es tan maravilloso, ¿por qué no te lo quedas tú?
- Si está soltero, alguna tara tendrá, porque ¿no es eso lo que piensas tú de mí?

Y es que estar soltero resulta una opción tan válida como no estarlo. Estar en pareja es una preferencia, no es un objetivo vital. La soltería puede ser una elección, un estilo de vida o un estado transitorio. Ni hombres ni mujeres necesitamos a otra persona para que nos completen, no somos un crucigrama.

Ventajas de la soltería

Ya lo dijo Katharine Hepburn, «no soy del tipo de mujeres que se casan». Se cuestionaba si hombres y mujeres estaban hechos para convivir, siendo más conveniente que viviesen puerta con puerta, como los de Amistades Peligrosas. Que una persona, sea hombre o mujer, grite a los cuatro vientos que adora su soltería o incluso la prescriba casi se considera hoy un acto de rebeldía. Cuando alguien está soltero durante un largo periodo de tiempo, no quiere decir que renuncie al amor, sino que no se conforma con el primer mojón que le hace caso. O, sencillamente, que solo está más a gusto que en brazos. Una vez que saboreas los placeres y las múltiples ventajas de la soltería, empiezas a mirar con lástima a los que antes te miraban con pena a ti. ¿No me crees? Pues lee:

La casa es tuya, toda entera. La cama es tuya, puedes tumbarte en diagonal si quieres o dormir como una estrella de mar atropellada y tirarte pedos hasta que el edredón tenga más gases que las reservas estratégicas rusas. El sofá es tuyo, puedes ver cualquier programa basura sin ser juzgada. Nadie se queja, nadie protesta, nadie te dice que quites esa mierda. Tú tienes el mando, tú tienes el poder, *you've got the power.*

No tienes que limpiar la porquería de nadie. Los platos sucios en el fregadero son tuyos, los pelos de la ducha son tuyos, las bragas sucias en el suelo del baño son tuyas, hasta las anchoas trepando por la taza del váter son tuyas. A quien no le guste que no mire, pero ¿quién va a mirar? Estás tú sola. SO-LA —se requiere leer esto como si fueras Mayte Galdeano—. Te puedes levantar un domingo con más resaca que el Cantábrico y no tienes que darle conversación a nadie, no tienes que explicar dónde estuviste anoche ni con quién ni por qué te bebiste hasta el agua de los espárragos. Puedes ir todo el día sin ducharte hasta poder untar lo que te sale del ombligo, nadie te va a mirar con cara de estar pensando «pero ¿qué le vi yo a este ser?».

No gastas en nadie que no seas tú. Olvídate de tener que comprar regalos para Navidad, para San Valentín, para su cumpleaños. ¿A quién no se le han revuelto alguna vez las tripas de tener que gastar un dinero en hacerle un regalo a la suegra? No hablemos ya de las bodas, menuda ruina. Ahora solo tendrás que ir a las que te apetezca, o sea, las de tus amigos. O ninguna. Se acabó tener que ir a bodas de gente que ni conoces y que no te cae ni bien. Dios, qué liberación.

No hay ninguna familia política a la que aguantar. Si soportar a tu madre más de cuarenta y ocho horas seguidas ya pone al límite tu paciencia, aguantar a gente con la que ni siquiera compartes genes es una tortura que haría ponerse verde de envidia a cualquier agente de la Gestapo. Que si vamos a ver al bebé de mi prima que nació la semana pasada, que si dice mi madre que vayamos a comer el domingo, que dice mi hermana que si al niño le hemos mirado la tiroides, que está ceporro. Si hay algo bueno que tiene la familia propia es que existe la confianza suficiente como para mandarlos a cagar sin que te tiemble el pulso y aquí paz y, después, gloria, pero con la familia política, ay, amiga, ya hay que tener más mano izquierda. Mandar a tomar por el *grijander* a tu suegra se queda solo en tu mente y eso, a la larga, provoca, como mínimo, brotes de acné y que te acabe saliendo un bulto en algún sitio. Y con la salud no se juega.

Tienes más tiempo para ti y tus amigos. De lo anteriormente mencionado, se deriva que, si no tienes que pasar tiempo con su familia, tienes más para dedicarlo a la tuya y, sobre todo, a tus amigos y a polvos potenciales. ¿Te han dejado? Mejor, más tiempo para ir al gimnasio y hacer que se arrepienta. La agenda de las solteras está más apretada que los tornillos de un submarino, no se pierden un safari: *afterworks*, fines de semana, escapadas, fiestas, salidas improvisadas. El hecho de que una esté sola no quiere decir que no se abra al mundo, precisamente, todo lo contrario. Y justamente de abrirse vamos a hablar también —¿has visto cómo enlazo temas? Soy un as de la comunicación.

Tus relaciones sexuales nunca caerán en la monotonía. Puedes ir por la vida pasándote por la cueva todo lo que tenga pulso, cambiando o incluso combinando varios maromos a la vez sin tener que dar ninguna explicación y, lo que es mejor todavía, sin caer en la rutina. Estás más horas abierta que el Opencor. Pasión y encuentros fogosos están garantizados, sin la pesada carga de la costumbre y los problemas cotidianos capaces de matarle la libido a cualquiera, y sin tener que aguantar a nadie todas las noches roncándote en la oreja. Tú te quedas con lo divertido y todo lo coñazo, las reuniones familiares, las facturas, entrar al baño y oler su caca, que se lo quede quien lo quiera, que yo paso.

Ver las series que te dé la gana sin tener que consensuar con nadie. Porque, yo no sé qué pasa últimamente, pero como se te ocurra ver un capítulo tú sola de esa serie que estabais viendo juntos, se considera poco menos que alta traición. Conozco incluso algún espeluznante caso en que, por no poder esperar, han visto el capítulo y luego han fingido que lo veían por primera vez. Escalofriante. Hay gente que finge más delante del logo de Netflix que en la cama. Yo, es pensarlo y se me ponen los pelos del brazo para colgar las llaves.

Eso sin hablar de la pereza suprema que da lo de ponerse a echarse novio hasta que la relación se afianza. Que si otra vez los nervios de la primera cita, que si arréglate, cómprate bragas nuevas, no sea que te suba el refajo y se encuentre con las de cuello vuelto. Venga mensajes, que si WhatsApp para arriba, WhatsApp para abajo, que si responde, que si no responde, que si me salen los dos palitroques azules, que si ahora tienes que fingir que no estás loca. Perezón máximo y los chacras en rompan filas. La verdad es que tener pareja te da un montón de quebraderos de cabeza, discusiones y el trance de tener que pasar por lo que estás pasando ahora mismo, una ruptura. Ya ves, amiga, la mejor manera de no tener problemas de pareja es, precisamente, no tenerla.

31

Aprender a estar solo

Estoy tan bien soltera que, si gano un viaje para dos,
me voy dos veces.

Carl Jung, psiquiatra suizo que, como Skinner, supongo que también llevaba pajarita, afirmó: «La soledad es peligrosa, es adictiva,
porque una vez que te das cuenta de cuánta paz hay en ella, no quieres lidiar con la gente».

Dice el refrán que más vale solo que mal acompañado, pero la
realidad nos enseña que es más bien al revés. Normalmente, preferimos estar mal acompañados que estar solos. Asociamos la soledad
con fracaso, con ser un perdedor, un triste, con envejecer, con el de-
samparo y el rechazo social. En inglés, existe la palabra *loneliness*
para referirse a la soledad que aísla, que duele, que entristece, y la palabra *solitude* para definir la soledad buscada, la de Unamuno, la que
nos conecta con nosotros mismos y con quien somos, la que nos
inspira. En español, solo tenemos una palabra para definir las dos,
cuando, en realidad, son dos cosas muy distintas. Mucha gente no
sabe distinguirlas o, a veces, solo conoce una y, cuando se la encuentran de frente, no son capaces de sostenerla. Si no sabemos manejarla
bien, sobre todo porque nunca nos han enseñado, la soledad nos acaba devorando por los pies como una boa constrictor.

Estar solo no significa «sentirse» solo. Te sientes solo cuando no
tienes un círculo de apoyo, gente que te entienda, alguien a quien
contarle tus dramas o a quien llamar cuando te dé el tabardillo. ¿No
te ha pasado, a veces, sentir una soledad absoluta, a pesar de estar
rodeada de gente? ¿Vacía, frustrada, fuera de lugar? Y, al contrario,

que alguien sea capaz de disfrutar de su propia compañía no significa que no tenga amigos. Si cuando estoy haciendo algo en soledad, lo único que pienso es que estoy aquí porque nadie me quiere acompañar y porque tengo menos amigos que Hannibal Lecter, resulta que, en vez de disfrutar del momento, me estoy centrando en lo que me falta y me voy a sentir mal. Y mal sin razón, porque no es verdad. Tener más vida social que Gunilla en los noventa no es incompatible con poder hacer cosas en solitario (si no sabes quién es Gunilla von Bismarck, búscalo en Google, que no te lo voy a dar todo hecho). Es más, tener momentos de soledad desconectando del resto de la gente es muy enriquecedor y hace que luego disfrutes más de tus relaciones sociales. Porque la soledad nos enseña a gestionar mejor nuestras emociones, nos ayuda a interactuar con otras personas y que estas relaciones sean más sanas. No es que estés sustituyendo un momento por otro, que estés dejando de ver a tus amigos para quedarte sola en casa, sino que estás ampliando tu repertorio de actividades. Lo ideal radica en poder elegir cuándo es mejor estar sola y cuándo estar con alguien, según las necesidades del momento y lo que te pida el cuerpo.

Sí, a estar solo también se aprende. Especialmente, tras una ruptura, necesitamos conectar con nosotros mismos, poner un poco la vida en pausa. Entiendo que, de entrada, sobre todo para aquellas personas que vienen de una relación dependiente y no saben dar un solo paso sin contar con la aprobación de los demás, esto puede ser más difícil que doblar la sábana bajera. Estar solos nos ayuda a ser menos dependientes, a tomar nuestras propias decisiones sin necesitar a nadie. Es una oportunidad para conectar con uno mismo, con nuestros pensamientos, emociones, reflexiones. El miedo a estar solo viene cuando tememos que no nos guste lo que nos vamos a encontrar, cuando no queremos enfrentarnos cara a cara con realidades que nos incomodan o con verdades que no queremos asumir. Preferimos seguir viviendo la vida sin profundizar demasiado en nosotros mismos y, por eso, huimos de la soledad y ocupamos nuestro tiempo hasta terminar agotados, ponemos música o la tele para no escuchar nuestros propios pensamientos. No son más que estrategias para distraer la mente y que esos ruidos y esas imágenes eviten que nos enfrentemos con nuestro propio diálogo interno. Conozco mucha gente que llena su vida de actividades vacías porque, en el fondo, les aterra quedarse a solas con ellos mismos y enfrentarse a sus problemas. Eso se extrapola a sus relaciones personales y no soportan estar solteros ni un solo minuto. ¿Cómo te va a aguantar alguien, si no te aguantas ni tú? ¿Cómo va alguien a querer estar contigo, si ni tú mismo soportas tu propia compañía? Como diría uno de mis grandes amigos —un abrazo, Juan—, «yo paso de conocerme a mí mismo, a ver si no me voy a caer bien».

Recuerdo que, durante una temporada, por trabajo, me veía obligada a comer en restaurantes casi cada día, yo sola. Al principio, me parecía lo más triste del mundo. ¿Cómo voy a comer yo sola?, me decía, ¿qué pensará la gente que me vea? Creerán que no tengo amigos, que soy una insociable, una tía rara, que no me quieren ni pagando en el Badoo. Pues ¿qué va a pensar la gente? Nada. Pero una vez que empecé a hacerlo —sobre todo, por no morir de inanición—, me di cuenta de que no pasaba nada en absoluto. Nadie te mira con lástima como si fueras una marginal. No hay gente señalándote y diciendo: «mira, una persona comiendo sola, seguro que nadie la quiere porque es más mala que quemar cajeros y escupir en los buzones. Vamos a mirarla fijamente hasta que se sienta incómoda, no queremos gente sola en este restaurante». Pues no, a la gente le suda la papaya con quién te sientas a comer; de hecho, enseguida vi que había muchas personas que estaban igual que yo, que acudían a comer solos, algunos por trabajo y otros porque, sencillamente, les daba la gana. Empecé a disfrutarlo realmente, podía estar a mi bola pensando en mis cosas. Cuando llegaba a un sitio agradable o con vistas, me encantaba comer tranquilamente viendo el mar o en una terraza al sol. Se convirtió en un momento de relax y placer para mí. Hasta el punto de que, cuando podía coincidir con algún compañero, me daba incluso pereza. Uf, yo paso de quedar, yo quiero ir a mi rollo.

Una de las cosas más interesantes que he hecho en la vida es animarme a viajar sola. Durante años, estuve sin poder visitar destinos que me apetecía porque no tenía con quién ir. O no nos poníamos de acuerdo en las fechas o en el destino o en el itinerario. Que si esto es muy caro, esto es muy barato, esto es muy cutre. ¿Por qué no hacemos mejor esta ruta o esta otra? ¿Por qué no nos levantamos temprano para ir aquí o a allá? A tomar por el Ohio. Un día, me lie la manta a la cabeza y dije: me voy yo. El primer viaje que hice sola fue a Dubái y a las Maldivas, y lo organicé yo misma. Iba a donde quería, el tiempo que quería y hacía lo que me salía de la brenca, sin tener que consensuar con nadie. ¿Aburrido? Y una mierda. No hay nada mejor en esta vida que estar en una playa paradisiaca de arena blanca, a tu bola, con tu hamaca, tu libro y algún tiburón en el horizonte intentando comerse a un bañista. Eso es paz.

No te digo que, de buenas a primeras, te vayas a ir de mochilera a Tailandia a encontrarte a ti misma —que, bien pensado, si te vas al culo del mundo, ya es mala suerte entre tanta gente encontrarte contigo misma—, pero podemos empezar poco a poco, dando pasitos que te vayan haciendo sentir más y más cómoda, hasta que le acabes cogiendo el gusto a disfrutar de tu propia soledad.

Paso 1: Haz una lista de cosas que te gusta hacer o que te gustaba hacer en el pasado y has abandonado por algún motivo. Pregunta a amigos y conocidos qué hacen cuando están solos en casa. Da igual si son cosas que haces o que prefieres hacer con otra gente, haz la lista lo más extensa posible. Leer, salir a correr, ir al cine, ir a la ópera, jugar al pádel, hacer puzles, maquetas de barcos, punto de cruz, podar bonsáis, ir a conciertos, ir a tocar timbres y salir corriendo, apuntarte a zumba, a *fitness*, o a que te den zumba sin *fitness*. No importa lo larga que sea la lista ni en qué circunstancias te guste hacer esas cosas, anótalo todo sin filtrar.

Paso 2: Clasifica las actividades entre las que puedes hacer en solitario, las que definitivamente necesitas hacer con alguien —como jugar un partido de tenis— y las que puedes hacer solo, pero te da un palo que flipas. Ponlas por orden, de la más fácil a la más complicada. Al principio de la lista puede estar, por ejemplo, leer —suele ser complicado leer con otra persona a no ser que seáis hermanos siameses— y, la última de la lista, irte de viaje a Sri Lanka.

Paso 3: Elige una de esas actividades que puedes hacer en solitario y nunca has hecho, la que te resulte más atractiva o más sencilla. Escoge un momento para llevarla a cabo, sin prisas, sin tener cosas pendientes que hacer a continuación. Crea un clima agradable; si es algo que puedas hacer en casa, ponte música de fondo, un *podcast*, sírvete una copa de vino... Recuerda que esto no es una obligación, no es como hacer los baños. Al principio, es normal que te sientas un poco extraña y no lo disfrutes, pero no pasa nada, tienes que familiarizarte con ello, así que tómate tu tiempo y ve poco a poco. Si después de intentarlo varias veces ves que no funciona, cambia de actividad y prueba otra cosa.

¿Que no se te ocurre nada? De verdad, es que os lo tengo que dar todo hecho. Menos mal que estoy yo aquí, no sé qué vais a hacer cuando yo me muera.

- **Da un paseo por la ciudad.** Si tienes costumbre de ponerte los cascos, quítatelos un rato y escucha tus propios pensamientos. No se trata de desconectar, sino, precisamente, de conectar contigo. Céntrate en lo que escuchas, en los sonidos a tu alrededor, en la gente que pasa, los perrillos, los escaparates. Párate a tomarte un helado, siéntate en un banco.
- **Sal a desayunar fuera.** Es una de mis actividades favoritas y lo hago cada vez que puedo. Elige una cafetería agradable y siéntate en un rincón chulo o en la terraza.
- **Vete a dar una vuelta a un parque.** Elige uno donde no haya niños gritando —o, al menos, no muchos—, bebés en carritos berreando o cacas de perro. Siéntate a leer tranquilamente o túmbate en el césped —vigila de nuevo las cacas de perro— y disfruta del canto de los pájaros y del sol en la cara. Usa factor 50, por favor te lo pido, porque, si hay algo peor que el desamor, es un melasma.
- **Ve a leer a alguna de las bibliotecas de tu ciudad.** Te sorprenderás de los maravillosos rincones de lectura que tienen algunas de estas bibliotecas, con sillones cómodos, espaciosos y donde reina el más absoluto de los silencios, donde no se oyen ni los pasos de la gente, porque la mayoría están enmoquetadas. Aprovéchalos, se pagan con tus impuestos.

Y así, escalando actividades y superando niveles de complejidad en la soledad buscada, llegará un día en que te verás pasando un finde en una cabaña rural con spa, mientras lees un libro con una mascarilla de arcilla verde y dos rodajas de pepino en los ojos, como en las películas. Que yo esto de leer en la bañera nunca lo he entendido, siempre lo he visto incomodísimo y fatal para las cervicales. Y más si llevas dos pepinos en los ojos.

También es interesante aprender no solo a hacer cosas que te gusten sin compañía de nadie, sino a disfrutar del *dolce far niente* o, lo que es lo mismo y dicho en nuestro idioma, del tocarte el níspero a dos manos hasta que te salga un callo como la escama de un dragón. Y no estoy hablando de masturbarte, aunque también puedes hacerlo, sino de dedicar tiempo a no hacer absolutamente nada sin sentirte culpable por ello. La sensación de «estar perdiendo el tiempo», el concepto de procrastinación que está tan de moda, nos obliga a pasar todo el tiempo que tenemos disponible realizando cosas productivas. Si tenemos el finde libre, lo ocupamos en limpiar, poner lavadoras o cocinar los táperes. Está bien que hagamos todo eso, pero no pasa nada si dejamos algunas tareas de lado y nos dedicamos al ocio. Los tiempos de disfrute son necesarios porque nos ayudan a ser más productivos después. Dedicar todo el tiempo a las obligaciones, a la larga, nos acaba saturando y eso no solo es estresante y agotador, sino que baja tu productividad. E incluso, nos sentimos mal cuando descansamos porque «no estamos haciendo nada». Así que recuerda que es importante descansar y ser improductivo el tiempo que necesites.

Soy consciente de lo complicado que puede ser afrontar miedos y situaciones que nos resultan incómodas, pero llevar a cabo estas pautas te ayudará a tener más libertad, sin depender de hacer planes con los demás y, lo que es mejor, sin que tu felicidad dependa de ellos. Ganarás autonomía y autoestima, y tendrás relaciones más sanas porque ya no vas a estar en un noviazgo por miedo a la soledad, sino porque de verdad te apetece. ¿Verdad que nunca pensaste que ir al cine tú sola y comprarte el combo de palomitas *maxi* sin que nadie te juzgue por ello podría ser un buen plan?

32

Cuándo pedir ayuda

—En el futuro, me veo vestida de blanco.
—¿Por la iglesia?
—No, por el psiquiátrico.

Sabéis que me encanta hacer referencia a la cultura pop de este país. En esta ocasión, recurriré a la ruptura entre Alba Carrillo y Feliciano López. Cuando él decidió romper la relación, de una forma más bien abrupta y sin dar muchas explicaciones a Alba, ella, todavía en estado de negación y zumbándole los oídos, hizo las maletas y se fue derechita a ingresar en la clínica de salud mental López Ibor. Como Julieta Serrano en *Mujeres al borde de un ataque de nervios*, todo un referente. No estoy segura de si esta anécdota es cierta o una leyenda urbana, pero me encantaría que fuera verdad. Porque, además de ser algo muy almodovariano, alberga mucha responsabilidad y conocerse a sí misma. Antes de caer en el abismo, me aseguro de estar en un entorno favorable para salir lo mejor parada de toda esa mierda.

La terapia siempre es adecuada cuando se está pasando por un momento vulnerable, incluso, cuando se está transitando adecuadamente o la ruptura ha sido esta misma mañana. Como la migraña, que es mejor empezar a tratarla cuanto antes sin esperar a que el dolor sea tan insoportable que te explote la cabeza. Ya hemos hablado de cuáles son las consecuencias de una mala gestión del duelo amoroso. Dicen que el tiempo lo cura todo, que el paso de los días y los meses es como un antibiótico contra cualquier mal. Y una mierda. Por mucho tiempo que pase, hay personas que se quedan atascadas en un viejo amor que no consiguen sacarse de la cabeza. Como la del muelle de San Blas, se pasan media vida sin asumir la realidad y sin perder la esperanza de que su amor vuelva. El tiempo no solo no cura nada en absoluto, sino que, sin una adecuada gestión de las emociones, puede incluso contribuir a cronificar el duelo y convertir la imagen de tu ex en una auténtica obsesión.

Cómo saber si estoy en un duelo prolongado

Como ya hemos comentado, no existe un plazo establecido para superar una ruptura. No es como romperse un pie, en este sentido, la metáfora no sirve. No son cuarenta y cinco días con la escayola y un mes de rehabilitación. Hay demasiados factores involucrados, desde los recursos de cada persona, personales y circunstanciales, hasta características de la propia relación o de la ruptura. No es lo mismo una relación de tres años, sin convivencia y que termina de mutuo acuerdo, que una de diez años, con hijos de por medio y cuernos con la secretaria —perdón por el cliché—. Así que pueden ser semanas o pueden ser meses, cada uno lleva su propio ritmo. Se trata de una carrera de fondo y es perfectamente normal estar jodidísima un día y, al siguiente, un poco mejor. Aunque sigas teniendo episodios de tristeza, bajones y te dé la llorera en los momentos más inesperados, lo esencial es que haya una progresión y una evolución. Te seguirá sobreviniendo la tristeza, pero seguramente, no será ni tan frecuente ni tan intensa como era al principio.

Hay personas que, a causa de no gestionar de manera adecuada las diferentes fases del duelo, pueden quedarse atascadas en una de ellas. Si alguien se queda bloqueado en la fase de negación o negociación, haciendo ver que la ruptura no es real y que se resolverá enseguida, y optando por el autoengaño, no avanzará, ya que, al estar bloqueando emociones, jamás podrá conectar de forma directa con la rabia o con la tristeza. La negación es también necesaria, ya vimos que es el mecanismo de defensa que utiliza el cerebro para protegernos de la hostia que nos ha caído encima, pero quedarse en esta fase es como ponerse un tapón en el culo porque no soportas el olor de tus pedos. Para salir del atolladero, es obligatorio pasar por todas ellas, hay que oler el pedo, aunque no nos guste. Engañándonos a nosotros mismos y aferrándonos a la negación, estamos posponiendo el momento en que nos va a tocar enfrentarnos a los sentimientos dolorosos. Utilizar cualquier mecanismo que nos aleje de la realidad solo retrasará el proceso de curación. Para superarlo, no queda otra que pasar por el sentimiento de pérdida. Ojalá hubiera un botón que nos permitiera ir avanzando. Ay, qué pereza da la fase de tristeza, ponerme a llorar ahora, ir por ahí como un alma en pena, nada, me lo salto, SKIP. Huy, la fase de rabia, con la de arrugas que salen y el colágeno que se pierde, nada, nada, fuera, SKIP. Eso molaría un huevo, saltarnos las fases menos apetecibles y los aprendizajes asociados, ¿para qué los queremos? Yo, para nada, la verdad, que les den por culo. Pero no, no hay botón, no hay forma de escapar. Podemos negar lo que está pasando y postergar el dolor o nos lo podemos comer con patatas y aprender algo bueno cuando consigamos salir del estercolero del desamor. ¿Es un soberano mojón? Pues sí, lo es, pero son lentejas. Pero no unas lentejas cualquiera, son las lentejas de mi madre, que te las tenías que comer sí o sí o te daba con la chancla.

Otras personas pueden quedarse atrapadas en la fase de rabia, sobre todo, cuando la ex pareja se ha portado como un cabrón por parte de madre, ha habido infidelidades, mentiras, traiciones, robos de herencia, hijos de por medio o ya está con otra. O incluso todas las cosas a la vez, vamos, el combo completo de telenovela venezolana. Te quedas ahí atascada, odiando con toda tu alma, y pasas tanto tiempo fuera de tus estribos que estás empadronada allí. Cada vez que te tienes que encontrar con tu ex es como hacer la declaración de la renta, sabes que vas a salir de mala hostia. Acabáis discutiendo como raperos de tercero de la ESO. Lo odias, lo aborreces, no lo puedes ni ver. Cuando quedas con tus amigas, solo hablas de él como si fueras una matrona, poniéndolo a parir. Que si mira lo que me ha dicho, que fíjate de lo que me he enterado, que tú te crees, que será cerdo, que ojalá se le meta el pito para adentro y se le convierta en clítoris. Pero, en realidad, María Angustias, todo este odio que te devora por dentro te lo estás comiendo tú solita y sabe a bilis que empieza a dar *ascopena*. Esos nervios y esa ansiedad que estás experimentando en la barriga, como siga creciendo y bajando, va a provocar que cagues una pelota de tenis.

Hay quien opta por proyectar una apariencia de falsa superación. Nos autoconvencemos de que romper con ese tarado es lo mejor que nos podía haber pasado —que a lo mejor es cierto—, que lo hemos superado o incluso, a veces, ni siquiera nos permitimos sufrir porque «no voy a soltar ni una lágrima por ese imbécil». Sí, entiendo que da mucha rabia llorar por alguien a quien, posiblemente, no le importas, pero es necesario sufrir para superarlo. Sin dolor, no hay superación. *No pain, no gain*. Nos repetimos una y otra vez que ya no sentimos nada por ese capullo, que no nos revienta verlo con otra, que no nos afecta que nos hablen de él o que nos lo mencionen y que lo hemos perdonado porque estamos por encima de eso. Mentira. Piensas que, evitando o negando el dolor, lo vas a superar antes y no estás más cerca de vencerlo, sino del brote psicótico. Cuesta mucho reconocer que todavía quedan sentimientos y, a veces, incluso no solo de amor, sino que ese amor se ha convertido en odio, rencor o despecho que no tienes ni zorra idea de cómo gestionar. Y el primer motivo por el que no sabes gestionarlos es porque los estás negando.

Algunas, sin embargo, se quedan de forma perenne en la fase de tristeza, entrando en la trampa del victimismo. Esto es muy peligroso porque percibirse como víctima implica que no tienes ningún control sobre las cosas que pasan en tu vida y que, encima, eres una especie de imán para las calamidades. Las personas que asumen el rol de víctima piensan que todo les pasa a ellas y que sus calamidades son las más desgraciadas del mundo y el universo. No hay nadie más infeliz. Entran en una autocompasión constante, destructiva y limitante, donde su vida es como una telenovela turca y ellos son los protagonistas a los que solo acaecen infortunios. Se quedan ante la vida con una actitud de indefensión, como si no pudieran hacer nada para cambiar su destino, como un conejo cuando les pones las largas, inmóvil y sin parpadear. Quedarse anclado en esta fase puede desembocar en actitudes de temor hacia el futuro, ya que no se logra salir del recuerdo de la relación, lo que puede derivar en problemas mucho más graves y que requieren de atención individualizada, como la depresión o el trastorno adaptativo.

Otros signos que te pueden dar pistas de que lo estás llevando *regulinchi* son los siguientes:

Comparas a tu ex con otras potenciales parejas. Cada tío que conoces, ya sea en persona o por alguna *app* de citas, le haces el escáner.

Ninguno es lo suficientemente guapo, ninguno tiene su carisma o ese sentido del humor y esa inteligencia que te fascinaba. Cuando se tiene idealizado a alguien, es imposible que nadie le llegue a la suela del zapato. La perfección es insuperable, así que, con esas expectativas del todo irreales, será imposible que encuentres a nadie que mínimamente se le parezca. Lo malo es que, en este caso, esa perfección solo existe en tu cabeza, no es real, así que ya es hora de que bajes a tu ex del pedestal en el que tú misma lo colocaste.

Tomas decisiones teniéndolo en cuenta. Te han ofrecido un ascenso que te cagas, algo que llevabas esperando mucho tiempo, pero implica viajar más o mudarte a otra ciudad. En lugar de alegrarte, lo primero que piensas es que ese cambio en tu vida te alejaría de tu ex. Al poner tierra de por medio, os estaríais distanciando y eso complicaría mucho una reconciliación, o implica que ya no lo vas a volver a ver y eso te echa para atrás. Te cortas el pelo o te cambias el color y no lo haces por romper con el pasado y verte distinta, sino porque a tu ex le encantaba el pelo corto y, a lo mejor, así llamas su atención. Cuando empiezas a hacer cosas que no habías hecho nunca, como apuntarte a clases de *pole dance*, no lo haces por ti, lo haces preguntándote qué opinará él. Subes ese vídeo a Instagram dando vueltas en la barra como un pollo asado en el horno y solo esperas su reacción. Te apuntas a CrossFit o a *fitness-parrús* y no lo haces por verte mejor, por mejorar tu forma física o por caber en el bañador de la temporada pasada. Lo haces para que vea lo buenorra que te vas a poner y lo que se ha perdido. Que se joda. Todas tus acciones están orientadas a mejorar tu conexión con él o a darle en las narices, en lugar de centrarlas en ti. Son señales inequívocas de que sigues pensando en un futuro juntos. ¿Qué he dicho a lo largo de este manual por activa y por pasiva? Que los cañones, hacia tu persona. Hacia tu persona, no hacia la suya, Marimar (he dicho tantos nombres a lo largo de este libro, que supongo que, en algún momento, acertaré).

No te deshaces de los recuerdos o de sus cosas materiales. Has leído el capítulo de la cápsula del tiempo y estás convencida de que tienes que actuar así, sabes que es lo mejor, pero haces como yo cuando veo la pila de ropa para planchar. Sé que tengo que atacarla y, sin embargo, no lo hago. O sí, pero solo parcialmente. Como el alcohólico que tira por el desagüe todas las botellas que tenía en casa, pero guarda una escondida en el fondo de la alacena, tú tienes en el baño un frasco de su colonia y la hueles cuando te da el bajón. A escondidas y con sentimiento de culpa, porque sabes perfectamente que esa pildorita de metadona no te está ayudando. Te sigues aferrando a esas cosas porque simbolizan a tu ex y todavía no quieres soltarlo sin darte la oportunidad de encarar la realidad y vivir tu dolor dignamente.

No terminas de aplicar el contacto cero. O lo haces a medias o bloqueas y desbloqueas según te entra la bajona. En el fondo, no quieres sacarlo definitivamente de tu vida. Recuerdo una chica que me decía que el contacto cero no le estaba funcionando, que lo había aplicado, pero que no podía dejar de mirar sus fotos. Perdona, ¿qué? ¿Qué fotos? ¿Aplicas el contacto cero y dejas las fotos? ¿Qué clase de contacto cero es ese? Eso es contacto cero a medias, es contacto tres o cuatro. No borraba sus fotos porque no quería desvincularse de él, quería seguir teniéndolo presente. Haciendo eso, solo consigue engañarse a sí misma, torturarse de forma innecesaria y prolongar el sufrimiento hasta que, posiblemente, se vuelva crónico.

Te evades con drogas o excesos muy a menudo. En principio, nada tiene de malo irte con tus amigas a olvidar las penas y acabar arrastrando el *parrús* por cualquier tugurio donde te ofrezcan 2 × 1 de *cervemocho*. Todas hemos roto alguna vez y lo primero que haces es llamar a tu amiga, la de peor influencia, y pillaros las dos un pedo de derrapar en punto muerto. Pero hacer de esto algo habitual para anestesiar el dolor y dejar de sentir no es una opción válida. Porque, al día siguiente, te levantas y tus problemas siguen ahí y tú tienes una resaca que haría que Ernesto de Hannover bajase a la farmacia a comprarte ibuprofeno, de la pena que das. Si piensas que este tipo de conductas te pueden aliviar, estás muy equivocada. De seguir así, puedes terminar como Lindsay Lohan después de romper con Samantha Ronson, con las neuronas derretidas en un centro de rehabilitación de Utah. Así que elige otras vías de escape menos destructivas, ya que, actuando así, solo estás añadiendo un problema más a la lista y, en lugar de tener una movida que superar, vas a tener dos.

Pueden estar presentes otros síntomas, como insomnio, dolor de cabeza, pérdida o ganancia desmesurada de peso. Que se puedan dar a lo largo del duelo no es en sí preocupante, ¿quién no se ha enamorado de un tóxico y ha perdido ocho kilos? El problema, como todo, es cuando estos síntomas se prolongan demasiado en el tiempo.

Si bien no podemos hablar de plazos exactos, los expertos determinan que lo normal estaría entre seis meses y un año. Si, después de año o año y medio, te ves más atascada que Paquirrín sacándose el COU, no presentas ninguna mejoría y estás igual que el día que lo dejasteis o bloqueada en una de las fases, posiblemente, tengas que plantearte que estás pasando un duelo patológico que requiere la ayuda de un profesional. Una atención psicológica te ayudará a salir del bloqueo en el que estás metida, a expresar tus emociones, detectar y eliminar conductas nocivas y pensamientos irracionales, y a trabajar en recuperar tu autoestima y tu vida. Así que no dudes ni un momento y acude al psicólogo. Pero a mí no, a otro.

NOVENA PARTE

ADIÓS, MI CORAZÓN

33

Aceptación

Vendo ataúd nuevo, sin uso. Hace tiempo pensé que
me iba a morir de amor.

Al final de todo proceso de ruptura, viene una fase de aceptación y
aprendizaje. Cuanto más tiempo pasa, menos sufrimos por amor.
No es que nos volvamos más insensibles o más duros, es que aprendemos a gestionar la avalancha de emociones de forma más efectiva.
Conforme pasamos, a lo largo de nuestra vida, por diferentes situaciones jodidas, vamos progresando y aprendemos a manejar mejor
las emociones y los duelos. La primera vez que se rompió tu relación, lloraste un río; la segunda, lloraste solo un lago; y la tercera, ya
te cruzas la rebequita que llevas sobre los hombros en plan madre y
dices «bueno, pues no estaba de Dios». ¿Te acuerdas de cómo sufriste cuando te dejó tu primer novio? Yo estuve llorando una semana,
pensaba que me iba a morir. Ahora lo recuerdo y creo que no estaría
llorando por un tío una semana a no ser que se quedase con mi casa,
mi bolso de Dior y todas mis cuentas bancarias (mentira, no tengo
ningún bolso de Dior). Eso o que el tío fuera Dwayne Johnson, porque a ver dónde voy a encontrar yo uno igual. No se trata de que,
con el paso de los años, una ruptura duela menos, sino que uno
aprende a transitar el dolor de forma más eficaz.

En esta fase, estamos dejando atrás el dolor y la rabia intensa, y
empezamos a mirar hacia delante. No consiste en un olvido total,
como si te hubieran extirpado los recuerdos, sino más bien de una
comprensión de lo que fue la relación, lo que supuso y lo que apren-
dimos. ¿Cómo saber si lo he superado?

Como dije al principio, no existe un periodo establecido para superar una ruptura. Mucha gente se pregunta: «¿Cuándo va a dejar de doler? ¿Cuándo voy a dejar de pensar en él, de ir como un alma en pena? Dame un plazo, porque no puedo soportar este dolor ni un minuto más». Pues y yo qué sé. Por desgracia, no existen plazos ni fechas. Eso que he oído tantas veces de que es un mes por cada año de relación, pues es mentira. Por cada beso, un día; por cada polvo, una semana. Pues no, no es así. Ojalá hubiera una tabla de equivalencias que pudiéramos aplicar, pero si has tenido una relación de tres años y a los cuatro meses sigues jodida, es normal. Más que la duración de la relación, suele ser más decisivo lo que tardes en soltar, el tiempo que te empeñes en seguir aferrada a esos sentimientos. Cada relación es diferente y cada circunstancia también, así que cada persona lo vivirá de forma distinta. Pueden pasar semanas, pueden pasar meses o puede que, a algunas personas, les lleve años —tranqui, ese es el peor de los casos—. Si has elaborado el duelo correctamente, más tarde o más temprano esas emociones que te hundían en la mierda irán perdiendo intensidad, seguirán estando ahí, pero dolerán un poco menos. Irán dejando de monopolizar tu cabeza hasta que llegará un punto en que ni te acordarás de que estabas sufriendo. No quiere decir que no sientas absolutamente nada, una anestesia mental total, sino que esos sentimientos ya no te remueven. Esas emociones tan intensas y tan complicadas que sentías durante la ruptura, esa rabia, esa tristeza profunda, los celos, la ansiedad, los deseos de venganza ya se han ido.

Ya no vives anclada en el pasado. Estás empezando a mirar al futuro, tienes más pensamientos puestos en las cosas que tienes que hacer y que están por llegar que en lo que perdiste, en aquello que ya no está. Has retomado actividades que antes hacíais juntos y has conseguido hacerlo sin pensar en tu ex y sin que cada cosa que haces te recuerde vuestra vida juntos. Tu relación, definitivamente, forma parte del pasado.

Tienes más momentos buenos que malos. A ratos, sientes tristeza o ramalazos de rabia o nostalgia, pero no están presentes todo el día. Vienen y se van. Ya no estás todo el tiempo dándole vueltas a tu situación sentimental y los días que pasabas sintiendo lástima de ti misma te parecen un mal sueño.

Has mejorado tu imagen. «Comentan que ya no te pones esa ropa que te favorecía y te hacía tan mona», cantaban Andy y Lucas en *Son de amores* hablando del desamor, y es que es así, admítelo. Durante la ruptura, parecías Amy Winehouse saliendo del *after*, pero sin dinero y cantando como un gato atropellado. Te duchabas una vez a la semana, cuando te empezaba a salir costra y hasta las mofetas se abanicaban a tu paso. Ahora has empezado a arreglarte, a ponerte de nuevo el rímel y a verte divina de la muerte.

Lo ves más feo. Este indicador es de lo más relevante. Significa que has dejado de idealizarle y eso es un paso de gigante en la superación de la relación. Casi con toda seguridad, tu ex no ha cambiado en absoluto, la que ha cambiado eres tú. Incluso te preguntas qué le viste. Lo ves y piensas: «¿esas orejas eran así o le han crecido? ¿Se le ha puesto cara de gañán o siempre la tuvo?». Esa persona que ves es la que fue desde el principio. Ahora solo lo estás mirando sin las gafas rosas de unicornio.

Ha perdido poder sobre ti. Cualquier encuentro deja de ser un drama. Si antes la sola idea de encontrártelo te daba retortijones, ahora ya no. Si te lo cruzaras por la calle, lo saludarías cordialmente.

Estás feliz con tu soltería. Has empezado a disfrutar de tu soledad, de tu nueva vida y estás abierta a nuevas relaciones, pero sin prisas. Cuando rompemos, pueden pasar dos cosas: que estemos desesperadas por volver a llenar esa vacío que ha dejado o que no queramos ver a un hombre ni en pintura. Las dos son reacciones normales, que dependerán de qué emoción lleva el mando en ese momento. Pero llega un punto en que te reconcilias con todo eso, ni odias a muerte ni los necesitas desesperadamente.

Si hay algo que caracteriza a la fase de aceptación, es el aprendizaje. Por mucho guantazo con la mano abierta que nos dé la vida, poco es comparable a la ensalada de hostias emocional que trae consigo una ruptura verdaderamente dramática. Una vez hemos dejado atrás el rencor, el odio, la tristeza y todo aquello que nos hacía sentir tan mal, lo que queda es lo que hemos aprendido. En retrospectiva, nos resulta mucho más fácil detectar y analizar todos los errores que hemos cometido y las banderas rojas que hemos obviado. Si damos una vuelta por nuestro historial amoroso, descubriremos que somos el resultado de todas nuestras cagadas, algunas más épicas que otras. Cada una de ellas arroja luz sobre lo que queremos y buscamos en relaciones futuras.

Los motivos de las rupturas pueden ser recurrentes y se irán repitiendo a lo largo de tu vida hasta que aprendas la lección. Cuando rompemos, mucha gente acude a la típica frase de «no encontraré nadie igual». Coño, claro, de eso se trata. ¿Para qué quieres encontrar a alguien igual, para que te vaya igual de mal que te ha ido con este? Pretender replicar una relación que ha fracasado es garantía total de que la nueva se malogre también. Así, las relaciones son como la rueda de la reencarnación del hinduismo: cuando una relación muere, es como si se reencarnase y necesita nacer muchas veces, pero sin repetir los errores de la anterior, hasta alcanzar la perfección. Perfección que ya te adelanto que no vas a alcanzar ni de coña, tal vez consigas un triple salto mortal perfecto a base de práctica, pero una relación perfecta, nunca. Aunque sí podemos intentar, al menos, no repetir las mismas cagadas que nos llevaron al fracaso en el pasado. Podremos cometer nuevas, siempre podemos innovar cagándola, pero cagadas antiguas, jamás.

Todo lo que has aprendido no va a funcionar milagrosamente la próxima vez, no eres un robot al que le han actualizado el nuevo software de autoayuda, rupturas amorosas 2.1. En las siguientes relaciones, la experiencia te servirá y no te librará de sufrir, pero será un poco más fácil. Tener una idea de lo que te hace feliz, de qué tipo de parejas escoges y de qué cosas no estás dispuesta a tolerar, te ayudará a mejorar tus relaciones en el futuro. El psicólogo Daniel Wile afirma que «cuando elegimos una pareja a largo plazo, estamos escogiendo un conjunto particular de problemas irresolubles con los que tendremos que lidiar durante los próximos diez, veinte o cincuenta años». Por eso, es fundamental saber cuáles son esos problemas con los que estamos dispuestos a lidiar y cuáles no vamos a soportar ni aunque el susodicho tenga casa en los Hamptons con *infinitypul*. ¿Y en qué nos basaremos para estos criterios de selección? Pues en los errores del pasado.

Vamos a elaborar una lista —sí, otra vez te toca escribir, soy muy pesada, lo sé—. Va a ser el *must have* de tus futuras parejas. O aspirantes a ella, porque cuando alguien no cumple los criterios mínimos, lo mejor es darle puerta lo antes posible, que no estamos para perder el tiempo. Vamos a elaborarla en positivo y eliminando obviedades.

Empieza por las cosas que sean inviolables o innegociables. No pongas cosas como «que sea sincero», evidentemente, a nadie nos gusta que nos mientan, ¿qué tontería es esa? O «que sea buena persona». Pues claro que queremos que sea buena persona, ¿quién quiere salir con un ser despreciable y sin escrúpulos? Nadie. Incluye cosas que sean relevantes para ti y que te ayuden a ir detectando en el futuro qué relaciones no van a ser adecuadas. Empieza por las que consideres imprescindibles.

En segundo lugar, haz otra lista con las cosas deseables, que te gustaría que tuvieran tus futuras parejas, pero con las que podrías ser algo flexible.

Por ejemplo, hay personas para las cuales la fidelidad es un requisito imprescindible y, para otras, puede ser algo deseable y podrían plantearse perdonar una cornamenta o incluso ya lo hayan hecho en el pasado. También puede pasar que antes era algo no negociable y, después de romper con tu pareja, descubrieras que podrías perdonarlo dependiendo de las circunstancias.

Una vez elaborada la lista, es interesante que analices algunos de los requisitos y pienses si están siendo condicionados por experiencias traumáticas. Por ejemplo, «que sea huérfano». El hecho de que tu exsuegra fuera más mala que una diarrea con tos y que te ponía a parir sin ser ella matrona ni nada de eso no quiere decir que todas las suegras tengan que ser igual que ella. Así que cuestiona tus condiciones con la mayor objetividad posible.

Esto te va a ayudar a tener claros tus límites, a asimilar el aprendizaje que te ha aportado la experiencia y a detectar si hay algunas cosas que todavía tienes que trabajar.

En esta fase, aunque ya se ha entendido que la relación forma parte del pasado, sigue habiendo sentimientos que pueden aflorar en determinados momentos. Aunque creas que lo has superado, que por fin empiezas a ver la luz, piensas que ya estás fuerte y que has conseguido sacártelo de la cabeza, de repente, recibes una noticia que te sienta como una bomba: tu ex se va a casar y, nada más y nada menos que con la persona con la que te engañó. En esta fase, se ha superado el dolor, pero la cicatriz puede seguir doliendo en determinados momentos. Y son muchas noticias o sucesos los que pueden llegar a desestabilizarte, desde que te enteres de que se va a casar, que va a tener un hijo o que se va a vivir con otra persona, cuando contigo tardó un año en dejar en tu casa el cepillo de dientes. Esto, a veces, tiende a malinterpretarse. ¿Recuerdas lo que hablamos de la huella emocional? Estás volviendo a conectar con el dolor que sentiste, con la frustración y la sensación de injusticia. El hecho de que la cicatriz duela de vez en cuando es normal, porque somos seres humanos y, cuando alguien ha sido tan importante para ti, es lógico que algunas cosas te afecten. A veces, somos demasiado exigentes con nosotros mismos y pretendemos que algo así no nos mueva ni un pelo de la ceja, que nos volvamos totalmente invulnerables.

¿Qué tengo que hacer entonces? Primero, no te juzgues por lo que sientes y continúa con tu proceso de sanación. Sigue con tu vida y céntrate en ti, y deja que pasen esas emociones que han aflorado y que te están confundiendo. Solo se ha reactivado la huella emocional y es normal que te pases unos días pensando en ello y te hagas preguntas. Pero lo adecuado es que esa sensación no vaya más allá de despotricar una tarde con tus amigas mientras os zampáis una tarrina de helado de un kilo, que vaya pasando con el transcurso de los días y no se enquiste convirtiéndose en un duelo eterno. Hace falta un poco más de tiempo para superar cualquier sentimiento por alguien que ha sido tan trascendente en tu vida. No debemos verlo como una evidencia de que la relación no se ha superado, sino como la prueba de que nos falta pasar por la última de las fases: la asimilación.

34

Asimilación

Ni te quiero ni te odio, quiero ver que me comprendas,
que eres uno más de tantos que yo nunca conociera.

«Se acabó», María Jiménez

Por fin, queridos niños, hemos llegado a la fase de asimilación o de neutralización. Técnicamente, esta fase no pertenece al duelo en sí, ya que, cuando llegamos a ella, ya no estamos en proceso de duelo, está superado y enterrado. Hemos dado un paso más en nuestra evolución y hemos llegado al punto en que no solo lo hemos aceptado y seguimos con nuestra vida, sino que nuestro ex, definitivamente, nos la sopla. Esta fase se caracteriza solo por un punto: la indiferencia absoluta.

Te la bufa lo que tu ex haga o deje de hacer, has dejado de pensar en él por completo y ya no revisas sus redes ni indagas a conocidos para ver qué averiguas de su vida. Han dejado de ser cosas que necesites saber. ¿Que está con otra? Te alegras por él y lo sientes por ella. No te genera ningún tipo de sentimiento, en todo caso, pena por esa pobre infeliz que cree que está conociendo a alguien especial. ¿Que va a tener un hijo? Como si da a luz a un congrio, solo esperas que no se parezca al padre porque, al final, no era ni tan guapo. ¿Que se va a casar? *Pos mu* bien, *pos* bueno, *pos fale, pos m'alegro*. Como si lo operan y no lo cosen, como si lo mandan de expedición a Marte con solo un táper de albóndigas, como si se va a bañar al río con un bloque de hormigón atado a la minga. No le deseas el mal y has dejado de fingir que no te importa, porque es que no te importa de verdad. Te la sopla, te la refanfinfla. Como diría Estopa: me la pela.

No obstante, como a la Doctora Pérfida le gusta dar herramientas, aquí te dejo un sencillo test sin ningún tipo de validez científica que te orientará sobre en qué parte estás de la ruptura.

1. **Un día, limpiando, encuentras el cepillo de dientes de tu ex que se había caído detrás del mueble del lavabo, ¿qué haces?**
   a) Lo utilizo para limpiar las juntas de las baldosas, que están más negras que mi futuro.
   b) Me limpio los dientes con él para sentir su saliva en mi boca por última vez, mientras lloro amargamente.
   c) Se lo mando por DHL junto con un mojón recién sacado del horno.

2. **Vas a comer a un restaurante donde solías ir con tu ex, ¿cómo reaccionas?**
   a) Aprovecho para explorar otros universos culinarios, que a mi ex lo sacas de la tortilla de patata y su estómago se descompone.
   b) Pido lo que solíamos pedir juntos y me dedico a echarlo de menos mientras aliño la ensalada con mis lágrimas.
   c) Voy al baño para borrar los corazones con nuestros nombres y, en su lugar, pongo su teléfono y un texto que diga: «Gayolas a domicilio».

3. **Te encuentras con tu ex en el supermercado, ¿qué haces?**
   a) Aprovecho para comprar condones tamaño XXL y lubricante y hago como que me choco accidentalmente con él. Que se joda.
   b) Finjo que ha sido un encuentro casual y espero que no se dé cuenta de que todavía tengo su clave de Encontrar mi iPhone.
   c) Me dedico a hablar con el personal de caja y a contarles que la tiene como un anacardo. Luego, a la salida, le pincho las ruedas del coche.

4. **Te enteras de que tu ex está saliendo con alguien.**
   a) Doy gracias a Dios de que, por fin, vaya a amargarle la vida a alguien que no sea yo.
   b) Pienso en lanzarme por el balcón calculando la trayectoria para caer encima de un macizo de cactus.
   c) Hago un muñeco vudú con la cara de su nueva pareja y le clavo alfileres después de lamerlos.

5. **¿Con cuánta frecuencia hablas de tu ex con otras personas?**
   a) ¿Ex? ¿Qué ex? Ah, el tipo aquel bajito, ¿cómo era que se llamaba?
   b) Si con hablar de él te refieres a mi *podcast*, está en todas las plataformas.
   c) Yo no tengo necesidad de hablar del cerdo asqueroso ese. Ojalá se le caiga el pito, se le gangrene y se lo coma un perro.
6. **¿Qué sentimiento te produce pensar en tu ex?**
   a) Sentimientos maravillosos, mi ex me enseñó a querer... a querer estar soltera.
   b) Cada vez que me acuerdo de él, muto a Paquita la del Barrio, Rocío Jurado y Amanda Miguel juntas.
   c) No le tengo ningún rencor ni le deseo ningún mal; de hecho, si se estuviera ahogando en un río y yo pasara con una barca, hasta lo saludaría.

Mayoría de A: Tu ex no te puede importar menos, te da lo mismo si se hace astronauta o tonadillera. Enhorabuena. Estás preparada para empezar una nueva vida... Ah, no, que ya la tienes.

Mayoría de B: Aunque ahora estés mal, pronto encontrarás a alguien que te hará entender por qué tu relación no funcionó y te ayudará a olvidar a tu ex de una vez y para siempre. Esa persona es el psicólogo.

Mayoría de C: Olvido es tu apellido. Y Jamás tu nombre. Si buscas la palabra «despecho» en la Wikipedia, sale tu foto. Sales *regulera*, pero como te pille por banda Bizarrap, te saca un álbum entero y hasta Amber Heard te diría que pases página de una vez. Lo bueno de eso es que, escribiendo canciones de despecho, igual te forras viva y puedes comprarte un ala entera en la López Ibor e ingresar en ella de forma inmediata. Mientras eso sucede, puedes ir pidiendo cita con tu terapeuta y volver a leer este manual desde el principio.

Ahora que por fin hemos llegado aquí, te toca valorar si estás lista para abrir la cápsula del tiempo. ¿Te acuerdas? Esa caja donde metiste todos sus recuerdos, fotos y pertenencias. Piensa si estás preparada y, si lo estás, adelante. Sentirás algunas cosas que no te deben asustar. Posiblemente, nostalgia, sonreirás al ver algunas fotos. Pero también otros sentimientos no tan agradables, como vergüenza al ver cómo te sentías en aquel momento. Esa carta de despecho que le escribiste, seguramente, ahora te hace sentir bochorno. «¿Cómo podía estar yo tan colgada por este idiota? Doy vergüenza ajena». No te preocupes, eso también es normal. Yo siento lo mismo cuando veo mi lista de conquistas. También te pasará que, al ver las fotos, no te parecerá tan guapo. «Pero ¿yo qué le vi a este? Si me parecía guapísimo y parece un siluro. Virgen del camino seco, si le falta la antena». Te lo digo porque me ha pasado también. O sea, a mí no, a una amiga.

Es tu decisión qué hacer con esta caja, depende de ti. Puedes devolverla a su sitio o destruir algunas cosas, como la carta, en plan ritual de purificación. Porque olvidar a tu ex no significa borrarlo realmente, como si te hubieras dado un golpe en la cabeza. Olvidarlo significa cerrar el cajón de tu cerebro donde tienes sus recuerdos y que no afecten a tu vida ni a tus relaciones presentes, que ya no te provoque dolor y puedas volver a tu camino. Sin él.

Así que, querida lectora o lector, que has llegado al final de este libro, te doy las gracias por haberme ayudado a hacerme rica. Bueno, lo mismo a hacerme rica, no, pero sí a tapar agujeros. Espero que te haya ayudado a poner en orden tu mente, que la tenías como el Lefties en rebajas. Si al abrir la cápsula del tiempo has sentido todo eso, o mejor, no has sentido ya nada, te felicito. Ya estás curada. Ha llegado el momento que pensabas que no arribaría nunca. Ese jersey que guardabas y que todavía conservaba su aroma y que no lavas desde hace seis meses ya no huele a nada. Mejor, dónalo o haz trapos. Ya no te acuerdas de cuándo es su cumpleaños, has dejado de cocinar macarrones para dos y has vuelto a dormir en el centro de la cama, despatarrada y tirándote los cuescos que te plazcan. Ahora dedícate a ti, te subes al tacón, te pones la pestaña y te vas a vivir la vida. Sola o acompañada, como prefieras. Recuerda que hay muchos siluros —perdón, digo peces— en el mar.

Porque (voy a tirar de tópicos por una vez y sin que sirva de precedente), en ocasiones, la mejor historia empieza cuando aparece la palabra FIN. Y quién sabe, tal vez hoy mismo, donde menos te lo esperes, al girar la calle, al doblar cualquier esquina, al entrar en cualquier bar te esté esperando tu próxima decepción amorosa.

AGRADECIDA Y EMOCIONADA...

A mis padres, que siempre creyeron que algún día llegaría a ser una gran psicóloga; que no lo soy, pero ellos lo siguen creyendo.

A la doctora Jenni Sánchez, que es una eminencia en corrección de textos y en otras muchas cosas.

A Cris, a Esther y a Laura, por ayudarme a preservar las dioptrías de mis lectores.

Y a las «primas» del club de lectura, que serían capaces de leerse cualquier cosa que yo escribiera, aunque fuera una boñiga con lazo.

SOBRE LA AUTORA

La Doctora Pérfida nació en Zaragoza a la edad de cero años. Desde pequeña, sus padres le decían que tenía que sacarse el BUP y el COU, si no quería acabar de menesterosa limpiando parabrisas o de falsificadora de documentos con el Paint. Y como el estudiar y el rascar todo es empezar, se acabó licenciando en Psicología y sacándose dos másteres en Neuropsicología y en Terapia e Intervenciones Psicológicas. Enseguida, se dio cuenta de que estaba peor de la buhardilla que aquellos a los que intentaba ayudar, ya que todo lo que le sobra de belleza le falta de estabilidad mental. Así que decidió escribir un libro para poder ayudar a la gente a superar sus movidas, pero sin tener que aguantarlos en consulta.

Su objetivo es hacerse rica, pero rica de dejar la calefacción puesta todo el día. Pero como este manual no lo va a comprar ni el que lo editó, se conforma con decir que ha escrito un libro, que es una cosa que da mucho prestigio, y mirar a la gente con superioridad.

Si consideras que tu nivel de deterioro es similar al suyo, puedes seguirla en Instagram, donde da consejos gratis. No te servirán de nada, pero al menos, te consolará ver que hay alguien que está peor que tú.

@doctoraperfida

BIBLIOGRAFÍA

ARAGÓN, R. S. y R. M. CRUZ, «Causas y caracterización de las etapas del duelo romántico», *Acta de Investigación Psicológica*, 4(1) (2014), pp. 1329-1343.

CELANO, M., «Competencies in Couple and Family Psychology for Health Service Psychologists», en B. H. Fiese, M. Celano, K. Deater-Deckard, E. N. Jouriles y M. A. Whisman (eds.), *APA Handbook of Contemporary Family Psychology: Family Therapy and Training*, American Psychological Association, 2019, pp. 427-448.

«CHENOA aclara con pelos y señales por qué bajó en chándal y cómo fue su (terrible) ruptura con Bisbal», *El País*, 27 de septiembre de 2017. Disponible en: <https://elpais.com/smoda/chenoa-libro-ruptura-bisbal-memorias.html>.

CHERNEY, T., *Obsessive Love Disorder*, Healthline, 2018.

CLEAR, J., *Hábitos atómicos*, Barcelona, Leader Summaries, 2023.

ETXEBARRIA, L., *Beatriz y los cuerpos celestes*, Barcelona, Booket, 2005.

FISHER, H., *Anatomía del amor: historia natural de la monogamia, el adulterio y el divorcio*, Barcelona, Anagrama, 2017.

— y *Por qué amamos*, Barcelona, Taurus, 2004.

GREENBERG, L., *Emociones, una guía interna*, Bilbao, Desclée De Brouwer, 2008.

KÜBLER-ROSS, E., *Sobre el duelo y el dolor*, Barcelona, Luciérnaga CAS, 2016.

MORENO, E., *Cuando era divertido*, Barcelona, Ediciones B, 2022.

MURIANA, E., L. PATTENO y T. VERBITZ, *Las caras de la depresión*, Barcelona, Herder, 2007.

NAVARRO, R., E. LARRAÑAGA, S. YUBERO y B. VILLORA, «Ghosting and Breadcrumbing: Prevalence and Relations with Online Dating Behaviors Among Young Adults», *Escritos de Psicología*, 13(2), 2021, pp. 45-59.

PARKET, T., «Is It Love or Mental Illness? They're Closer Than You Think», *The Wall Street Journal*, 2019.

PUNSET, E., *El viaje al amor*, Barcelona, Destino, 2007.

RISO, W., *Ya te dije adiós, ahora cómo te olvido*, Barcelona, Zenith, 2017.

— y *Guía práctica para superar la dependencia emocional*, Madrid, Phronesis, 2013.

TIMMERMANS, E., A. M. HERMANS y S. J. OPREE, «Gone with the Wind: Exploring Mobile Daters' Ghosting Experiences», *Journal of Social and Personal Relationship*, 2020.

WEISSMAN, M., J. MARKÓWITZ y G. KLERMAN, *Comprehensive Guide to Interpersonal Psychotherapy*, Basic Books, 2000.

WILE, D. B., *After the Honeymoon: How Conflict Can Improve Your Relationship*, Collaborative Couple Therapy Books, 2008.

WORDEN, W., *El tratamiento del duelo: asesoramiento psicológico y terapia*, Barcelona, Paidós, 2022.